contexto
LATINOAMERICANO

REVISTA DE ANÁLISIS POLÍTICO
no. 1 / septiembre - diciembre de 2006

ocean sur

**Argentina • Brasil • Chile • Colombia • Cuba
El Salvador • México • Puerto Rico • Venezuela**

Contexto Latinoamericano es una revista de análisis político publicada por la editorial Ocean Sur. Su propósito es fomentar y divulgar el intercambio de ideas entre los líderes y activistas de los partidos, organizaciones y movimientos políticos y sociales de la izquierda, con la participación de especialistas de las ciencias sociales, comunicadores y artistas comprometidos con la emancipación de los pueblos de América Latina y el Caribe. En sus secciones, *Palabras del editor*, *Contexto actual*, *Contexto histórico*, *Contexto analítico*, *Contexto cultural* y *Enlaces*, examina los principales acontecimientos políticos, económicos y sociales latinoamericanos y caribeños; informa sobre los foros, redes y campañas continentales y mundiales; expone diversos criterios sobre problemas teóricos y políticos; comenta acciones culturales integradas a la vida política y social de la región; y reseña libros, publicaciones periódicas y páginas web.

contexto
LATINOAMERICANO

Director: **David Deutschmann**
Editor: **Roberto Regalado**
Editora Adjunta: **Ivón Muñiz**
Edición/Corrección: **Esther Acosta**
Diseño Gráfico: **Víctor MCM**
Composición: **Miriam Hernández**
Producción: **Lourdes García Larqué**

Consejo Editorial: **Jesús Arboleya** (Ocean Sur),
Jaime Caycedo (Colombia), **Héctor de la Cueva** (México),
Patricio Echegaray (Argentina), **Fermín González** (Colombia),
Medardo González (El Salvador), **Sergio Guerra Vilaboy** (Cuba),
Gilberto López y Rivas (México), **Fernando Martín** (Puerto Rico),
Vivian Martínez Tabares (Cuba), **Hugo Moldiz** (Bolivia),
Julio A. Muriente Pérez (Puerto Rico), **Valter Pomar** (Brasil),
Mayra Reyes (Nicaragua), **Javier Salado** (Ocean Sur),
Beatriz Stolowicz (Uruguay / México), **Guillermo Teillier** (Chile)

Cada trabajo expresa la opinión de su autor. La opinión de *Contexto Latinoamericano* se expresa en *Palabras del editor* y en aquellas notas que así lo indiquen.

Derechos © 2006 Ocean Sur
Derechos © 2006 Contexto Latinoamericano
contextolatino@enet.cu • info@oceansur.com • www.oceansur.com

ISSN: 1834-0679 • ISBN 10: 1-921235-15-2 • ISBN 13: 978-1-921235-15-3

Suscripciones: Individuales: $50. 00 USD (por tres números)
Instituciones: $200.00 USD (por tres números)

Impreso en Colombia por Quebecor World Bogotá S.A.

sumario

6 PALABRAS DEL EDITOR

CONTEXTO ACTUAL

10 Crónica del proceso constituyente boliviano
Hugo Moldiz

23 Estado, Asamblea Constituyente y autonomías
Raúl Prada Alcoreza

35 Bolivia: la recuperación de un recurso estratégico
Claudio Katz

40 Balance del gobierno de Ricardo Lagos
Manuel Riesco

45 Chile: neoliberalismo e institucionalidad antidemocrática
Guillermo Teillier

54 Avances y desafíos de la unidad: experiencias electorales en Colombia
Jaime Caycedo, Nixon Padilla y Gabriel Becerra

68 Colombia: laboratorio de contradicciones antagónicas
Fermín González

80 Perú: balance de la elección de junio de 2006
Héctor Béjar

86 La izquierda en el Perú después del fenómeno Humala
Renán Raffo Muñoz

93 México: golpe de Estado técnico de la derecha
Luis Hernández Navarro

110 Elecciones en México. Neoliberalismo obliga: crisis y movilización popular
Saúl Escobar Toledo

124 El Plan Bush de «Asistencia a una Cuba Libre»
Ricardo Alarcón de Quesada

138 Cuba insurrecta
Eliades Acosta Matos

sumario

CONTEXTO HISTÓRICO

149 Antecedentes históricos de la Alternativa Bolivariana para la América
Sergio Guerra Vilaboy

163 Cuándo, cómo y por qué surge el Foro de São Paulo
Roberto Regalado

CONTEXTO ANALÍTICO

180 Monroísmo y bolivarianismo confrontan en los Andes
René Báez

191 América Latina: integración regional y luchas de emancipación
Gustavo Codas

200 Conflicto en el río Uruguay
Julio C. Gambina, Rina Bertaccini y Jorge A. Kreyness

209 Puerto Rico: remanente colonial en el siglo XXI
Julio A. Muriente Pérez

219 Che y su «grito desde el subdesarrollo»
Osvaldo Martínez

CONTEXTO CULTURAL

228 Cultura artística y mercado: algunas consideraciones
Alberto Faya Montano

234 El teatro latinoamericano: una instancia para pensar y transformar el presente
Vivian Martínez Tabares

244 El paraíso ha muerto: arte y sociedad como interlocutores
Ivón Muñiz

252 **ENLACES**

palabras del editor

Contexto Latinoamericano es una revista de análisis político publicada por la editorial Ocean Sur. Su propósito es fomentar y divulgar el intercambio de ideas entre los líderes y activistas de los partidos, organizaciones y movimientos políticos y sociales de la izquierda, con la participación de especialistas de las ciencias sociales, comunicadores y artistas comprometidos con la emancipación de los pueblos de América Latina y el Caribe. En sus secciones, *Palabras del editor*, *Contexto actual*, *Contexto histórico*, *Contexto analítico*, *Contexto cultural* y *Enlaces*, examina los principales acontecimientos políticos, económicos y sociales latinoamericanos y caribeños; informa sobre los foros, redes y campañas continentales y mundiales; expone diversos criterios sobre problemas teóricos y políticos; comenta acciones culturales integradas a la vida política y social de la región; y reseña libros, publicaciones periódicas y páginas web.

Contexto Latinoamericano propicia el debate sobre objetivos, programas, estrategias y tácticas de la izquierda; reivindica la necesidad de edificar sociedades sustentables, libres de dominación y subordinación nacional y de clase, basadas en la igualdad de género, etnia, cultura, religión, franja de edad y orientación sexual; denuncia la dominación, injerencia e intervención imperialista en el Sur, en particular, en América Latina; promueve la solidaridad con la Revolución Cubana y la Revolución Bolivariana; respalda el rescate de la soberanía y el patrimonio nacional, y la adopción de políticas de beneficio popular por parte de las fuerzas de izquierda y progresistas que acceden al gobierno en América Latina; apoya al movimiento por la independencia de Puerto Rico y los demás territorios coloniales del continente; e incentiva la interrelación entre las luchas de los excluidos del Norte y del Sur, con especial atención a las diásporas latinoamericanas y caribeñas.

Contexto Latinoamericano nace en un momento crucial, de necesaria reflexión de la izquierda latinoamericana. La manipulación de la elección presidencial mexicana del 2 de julio de 2006, que despojó del triunfo al candidato de la coalición Por el Bien de Todos, Andrés Manuel López Obrador, asesta un golpe demoledor –que debiera ser definitivo– a la candidez con que parte de la izquierda asumió el mal llamado proceso de democratización promovido por el imperialismo norteamericano en América Latina a fines de la década del ochenta, cuando las dictaduras militares ya habían cumplido sus funciones, a saber, detener la ola insurgente desatada a raíz del triunfo de la Revolución Cubana y crear las condiciones para imponer la reestructuración neoliberal.

Es cierto que en las postrimerías del siglo xx se produjo un cambio en el escenario de las luchas populares en América Latina. Hasta entonces, el imperialismo y sus aliados locales ejercían la violencia reaccionaria contra cualquier aproximación de la izquierda a espacios de gobierno, sin hacer distinciones entre las fuerzas que se proponían conquistar el poder político mediante la lucha armada, y las que aspiraban a reformar el capitalismo por medio de la competencia electoral.

Las primeras señales del auge de la lucha electoral de la izquierda latinoamericana se registraron después del fin de las dictaduras militares de Uruguay (1984) y Brasil (1985), momento en que el Frente Amplio (FA) –nacido en 1971– y el Partido de los Trabajadores (PT) –fundado en 1980– empezaron a conquistar espacios en los gobiernos locales y las legislaturas de sus respectivos países. A estas organizaciones se sumó después el Frente Democrático Nacional (FDN) de México, cuyo candidato a la elección presidencial del 6 de julio de 1988, Cuauhtémoc Cárdenas, fue víctima de un fraude similar al cometido recientemente contra López Obrador. Desde entonces, numerosos partidos, movimientos políticos y coaliciones de izquierda –o aglutinados alrededor de un eje de izquierda– ejercen el gobierno en localidades, municipios, provincias y hasta en naciones de América Latina. Entre estos triunfos, resalta la elección de los presidentes Hugo Chávez en Venezuela (1998 y 2000), Luiz Inácio Lula da Silva en Brasil (2002), Tabaré Vázquez en Uruguay (2004) y Evo Morales en Bolivia (2005).

La apertura de espacios legales de lucha social y política que los pueblos latinoamericanos pueden aprovechar en beneficio propio, sin duda alguna, constituye un cambio de naturaleza positiva en América Latina, pero este cambio fue sobredimensionado por las corrientes de la izquierda que, a raíz del derrumbe de la Unión Soviética y del «proceso de democratización» de la región, comenzaron a hablar de triunfo de la «democracia sin apellidos»: burguesa o socialista. Esta fraudulenta noción fue construida mediante la «execración definitiva» del «socialismo real» y la hiper-idealización de la democracia burguesa, cuyos procedimientos *formales* parecían calar, por primera vez, en países cuya historia republicana está plagada de dictadura, autoritarismo e injerencia imperialista.

Los espacios institucionales conquistados por la izquierda latinoamericana mediante la competencia electoral deben ser justipreciados. Esos espacios se abrieron como resultado de la combinación de cuatro factores. Tres de ellos son positivos y uno es negativo. Los factores positivos son: primero, el acumulado político de las luchas revolucionarias libradas en el período comprendido entre 1959 y 1989; segundo, el rechazo de la opinión pública mundial a la fuerza bruta históricamente empleada contra los pueblos latinoamericanos –en particular, debido al saldo de muertos, desaparecidos, torturados, presos y exiliados que dejaron las dictaduras militares entre 1964 y 1989–; y, tercero, el aumento de la conciencia, la movilización y la acción social y política registrado en las luchas contra el neoliberalismo. Como contraparte, el factor negativo –que es preciso evaluar junto a los anteriores– es la imposición de un Nuevo Orden Mundial, concebido para eliminar la autodeterminación, la independencia y la soberanía de las naciones del Sur. Fue, precisamente, la apuesta a que podría someter los Estados latinoamericanos a los nuevos mecanismos supranacionales de dominación, la que, en última instancia, movió al imperialismo a dejar de oponerse *de oficio* a *todo* triunfo electoral de la izquierda, pero, en la medida en que esa apuesta le falla, el imperialismo y sus aliados locales vuelven a utilizar sus viejos métodos de dominación, incluido el fraude y la injerencia grosera en los asuntos internos de las naciones latinoamericanas.

No se trata de negar o subestimar los espacios institucionales conquistados por la izquierda latinoamericana. Gramsci hablaba de la importancia del «espacio de confrontación» existente dentro de la democracia burguesa, que los pueblos pueden utilizar para arrancar concesiones a la clase dominante. No obstante, la experiencia acumulada en estos años demuestra la candidez implícita en el concepto de «democracia sin apellidos», el cual presuponía que el gobierno le «caería en brazos» a la izquierda y que –con solo acceder a él– ella podría comenzar a construir una sociedad libre de todos los males del «capitalismo salvaje» y también de los del «socialismo real». Esa quimera se deshace ante hechos como la campaña de desestabilización contra los gobiernos de Hugo Chávez y Evo Morales; las presiones ejercidas sobre los gobiernos de Lula y Tabaré Vázquez para impedirles romper con la política neoliberal heredada; la injerencia imperialista para evitar el triunfo de los candidatos presidenciales del Frente Sandinista de Liberación Nacional (FSLN) en Nicaragua y del Frente Farabundo Martí para la Liberación Nacional (FMLN) en El Salvador; el derrocamiento y envío al exilio del presidente haitiano Jean Bertrand Aristide por tropas de los Estados Unidos (2004); el intento de fraude para evitar la elección de René Preval a la presidencia de Haití (2006) y el fraude en México contra Andrés Manuel López Obrador, resultado de un pacto entre corrientes neoliberales de distinta filiación partidista, para las cuales la vieja rivalidad entre el Partido Revolucionario Institucional (PRI) y el Partido Acción Nacional (PAN) pasan a un plano secundario por el interés común de convertirse en «cola de león» del capital financiero transnacional.

El primer número de *Contexto Latinoamericano* dedica atención prioritaria a la elección de Evo Morales a la presidencia de Bolivia y a las elecciones presidenciales celebradas en meses recientes en Chile, Colombia, Perú y México. Nuestra intención es complementar estos trabajos en el próximo número con los resultados de los comicios que se efectuarán en el segundo semestre del año en Brasil, Ecuador, Nicaragua y Venezuela, en los que se destacan la búsqueda de la reelección por parte de los presidentes Lula y Chávez, y el cuarto intento de volver a ocupar la primera magistratura de Nicaragua que, desde 1990, realiza el secretario general del FSLN, Daniel Ortega.

Tras dos décadas de acumulación de experiencias en la lucha electoral de la izquierda latinoamericana, y en virtud de la cantidad y la importancia de los comicios presidenciales que se efectuarán en el transcurso de 2006, *Contexto Latinoamericano* surge en circunstancias muy favorables para fomentar un debate sobre los resultados positivos y negativos obtenidos. Comienza así a cumplir su propósito.

Crónica del proceso constituyente boliviano

HUGO MOLDIZ

El 2 de julio de 2006, los bolivianos eligieron 255 delegados que los representan en la Asamblea Constituyente instalada el 6 de agosto de este año en la ciudad chuquisaqueña de Sucre, donde en 1825 se fundó Bolivia. El sujeto político e histórico principal de esta asamblea es aquel que hace 180 años, en esa misma ciudad, estuvo excluido por los hijos de la corona española: el movimiento indígena originario. Del total de los asambleístas, 142 pertenecen al Movimiento al Socialismo (MAS), la fuerza política y social que, bajo el liderazgo de Evo Morales, el primer presidente indígena, no solo de Bolivia, sino de toda América Latina, protagoniza la primera revolución del siglo XXI.

Lo que está en discusión en la Asamblea Constituyente es su carácter: hay corrientes que apuestan a que Bolivia será otra, a partir de la promulgación de la nueva Constitución Política del Estado, que deberá ser aprobada mediante referéndum; mientras otras tendencias, con una lectura conservadora y aferradas a un sistema de creencias –ideológico y cultural– ya agotado, esperan que la Asamblea se limite a hacer una reforma constitucional, pero sin abrir un proceso revolucionario que elimine la «democracia de pactos» que los desgastados y desacreditados partidos de las clases dominantes aspiran a restaurar.

La apuesta del gobierno indígena-popular, de los movimientos sociales y de los partidos políticos de izquierda, está orientada a vencer en la Asamblea Constituyente un obstáculo más del largo y complejo proceso de construcción de un nuevo poder en Bolivia que tendrá que rebasar los estrechos límites de la legalidad y la institucionalidad edificada por las corrientes neoliberales en los últimos 20 años. Es más, el desafío consiste en sentar las bases de un nuevo orden constitucional e institucional, que supere el armazón de 180 años de una caricatura republicana, que solo sirvió de ropaje a un colonialismo interno que despedía un inocultable olor de desprecio y exclusión por las naciones o pueblos indígenas u originarios.

El proceso constituyente (de un nuevo poder) no hay que reducirlo a un enfoque jurídico-legal. Hacerlo implicaría considerar que la Asamblea Constituyente arrancó con la promulgación de la ley de convocatoria, que dio un segundo paso con la elección de los asambleístas, que el tercero fue la instalación de sus sesiones, que el cuarto es la redacción del texto constitucional, que el quinto consiste en la aprobación de ese texto por la vía de un referéndum y que el sexto será su promulgación. Demasiado simple para pensar que se está frente a una revolución. Pero los tiempos jurídicos van por detrás de los tiempos políticos e históricos.

Desde una visión política, el proceso constituyente (del nuevo poder) arrancó en abril de 2000, en una de las primeras manifestaciones de la crisis de Estado (crisis de hegemonía) que todavía no ha encontrado su punto de resolución final, pero que se va encaminando por un sendero antimperialista, antineoliberal y anticolonial gracias a los triunfos que el pueblo, liderado por un sujeto colectivo indígena-campesino-popular, está logrando, paso a paso, con una combinación dialéctica de la democracia de las calles y la democracia representativa. No cabe duda de que Bolivia está en medio de una revolución democrática (de nuevo tipo) y cultural, como la caracteriza el presidente Evo Morales, sobre todo si analizamos cómo transcurre el proceso de deconstrucción del poder dominante y de construcción de un nuevo poder. Con el propósito de facilitar la comprensión, dividiremos este proceso en tres etapas.

Primera etapa: la democracia de la calle

A manera de periodización inicial del proceso constituyente, se puede señalar que el primer paso de la marcha indígena-popular hacia la construcción de un Estado multinacional o intercultural, incluyente y con justicia social, se ubica entre los años 2000 y 2005. Si bien las primeras señales de que Bolivia entraba en una crisis estatal se remontan a 1998, un año después que el ex dictador Hugo Banzer asumiera la conducción del país –año que coincidió con las primeras manifestaciones de la crisis de la globalización y el neoliberalismo en el mundo (crisis del sudeste asiático y los efectos tequila, zamba y tanga)–, en abril de 2000 es que se empieza a marcar la profundidad de la crisis estructural.

Las jornadas de abril de 2000, más conocidas como la «Guerra del Agua», que terminaron con la expulsión de la transnacional Bechtel,[1] evidenciaron el surgimiento de nuevos movimientos sociales y de novedosas formas de articulación de las clases subalternas, que compensaban con creces la ausencia de la Central Obrera Boliviana (COB), la máxima organización sindical del país, que desde 1985 sufre una pérdida de capacidad de convocatoria y movilización. Los sujetos sociales más importantes de esa movilización urbana en el central departamento de Cochabamba, fueron los campesinos regantes y los trabajadores fabriles.

La segunda manifestación de que algo se estaba incubando en Bolivia se produjo en el «septiembre rojo» del propio año 2000. Una movilización de indígenas-campesinos colapsó las carreteras del eje troncal (La Paz-Cochabamba-Santa Cruz) en oposición a la política de erradicación de los cultivos de coca que el gobierno estadounidense le impuso al gobierno de Banzer, y también en rechazo a una ley de privatización del agua. El país se paralizó por más de dos semanas, hecho que demostró la capacidad articuladora de los movimientos sociales rurales con los urbanos, y la debilidad negociadora del gobierno, que recurrió a la represión, con un saldo de más de diez labriegos de la coca muertos y decenas de heridos. La protesta cocalera surgió ante la intención del gobierno de abrir tres bases militares, con presencia estadounidense, en la zona del Chapare, como parte de la ampliación del denominado Plan Colombia, después rebautizado como Iniciativa Regional Andina.

La tercera expresión de la irrupción indígena y popular en la vida política boliviana se dio en enero de 2002, cuando el presidente Jorge Quiroga –que asumió la conducción del país debido a la renuncia de Banzer por razones de enfermedad– apeló a una dura represión de los cultivadores de coca de la central zona del Chapare cochabambino, quienes volvieron a rechazar la política de erradicación de coca, endurecida ahora con un decreto supremo que penalizaba su cultivo más de lo que ya hacía la ley antidrogas 1008. La negativa a levantar la medida y la represión desatada por Quiroga dejó un saldo de una decena de muertos y casi treinta heridos.

A partir de las jornadas de abril de 2000, los campesinos fueron perdiendo el miedo a la represión y llegaron incluso a desarrollar formas de violencia que también provocaron bajas al aparato policial-militar. La muerte de dos policías en Sacaba, lugar donde funcionaba un mercado de coca, quiso ser aprovechada por los partidos de derecha que, alentados por diplomáticos estadounidenses, «expulsaron» a Evo Morales del Congreso

---

[1] Además de brindar un mal servicio en las áreas urbanas, la transnacional Bechtel negaba su concurso de atención a las zonas rurales y formaba parte de un plan de privatización del recurso natural alentado por el gobierno de Banzer.

Nacional, con la acusación –nunca probada– de haber sido el autor intelectual de la reacción de los labriegos. El irregular desafuero aplicado al diputado izquierdista, lejos de debilitar su imagen, la fortaleció dentro y fuera del país.

La movilización social ingresó en una tregua. Salvo escaramuzas, la calma volvió al país debido a las elecciones generales del 30 de junio de 2002, efectuadas en medio de una abierta intervención del embajador de los Estados Unidos, Manuel Rocha, quien dijo que si Bolivia votaba por Evo Morales su nación recortaría la cooperación económica. Tras un sorpresivo resultado electoral, que situó al MAS como la segunda fuerza política, el derechista Movimiento Nacionalista Revolucionario (MNR) asumió en agosto la conducción de Bolivia, con Gonzalo Sánchez de Lozada a la cabeza, quien, a diferencia de lo acontecido en su primera gestión presidencial (1993-1997), se vio obligado a estructurar una megacoalición con partidos neoliberales para alcanzar un nivel de gobernabilidad que no tenía en las calles. Antes de que transcurriera un año de su elección, en febrero de 2003, Bolivia fue escenario de la expresión más alta de la crisis de Estado. El 12 de ese mes, se produjo una poderosa movilización urbana en rechazo al intento de dictar un «impuestazo». Esa movilización y un motín policial que estalló paralelamente estremecieron las estructuras del poder, y demostraron la imposibilidad de que las clases dominantes siguieran gobernando de la misma forma como lo hicieron durante dos décadas.

Estimulados por la presencia simbólica de indígenas-campesinos, en las jornadas de febrero, los jóvenes de las zonas marginales de la sede de gobierno, de origen indígena, provocaron una crisis política e institucional que se agravó con un enfrentamiento armado entre policías y militares. El aparato del Estado se quebró y pasaron 48 horas para su restablecimiento. Los cuerpos represivos causaron más de treinta muertos y casi un centenar de heridos. Sánchez de Lozada, las clases dominantes y los partidos de derecha no se dieron por aludidos y, subestimando el proceso de acumulación política que se estaba desarrollando en los grupos sociales oprimidos, buscaron aprobar la exportación del gas a los Estados Unidos por un puerto chileno. Esto provocó, en septiembre, una ola de protestas de los sectores populares, particularmente de los campesinos aymaras del altiplano del departamento de La Paz. La respuesta gubernamental fue la violencia ejercida contra el bloqueo de caminos, con un saldo de casi una decena de muertos y heridos, lo que actuó como detonante de la protesta urbana. Particular importancia empezó a cobrar la movilización de los vecinos de la ciudad de El Alto, contigua a La Paz, que protagonizaron la sublevación más importante contra el régimen de Sánchez de Lozada, quien había perdido el mínimo de credibilidad con el que asumió el gobierno.

El 8 de octubre, el gobierno nuevamente reaccionó con la represión en la ciudad de El Alto, esta vez con un saldo de cerca de 50 muertos: los días de

Sánchez de Lozada estaban contados. A la movilización de campesinos del altiplano y los vecinos de El Alto, cuyo denominador común es su origen aymara, se sumaron las capas urbanas de trabajadores y fracciones de clase media blancoide. El día 17 de ese mes, al caer la tarde, Sánchez de Lozada se fugó del país rumbo a los Estados Unidos, donde actualmente reside junto a Carlos Sánchez Berzaín, el ministro de la Presidencia a quien los testimonios y pruebas identifican como el autor intelectual de la represión.

Como en febrero del propio año 2003, las clases subalternas estaban en condiciones de tomar los centros institucionales del poder en sus manos (las sedes de los poderes Ejecutivo y Legislativo). Pero, más por intuición que por una reflexión profunda, optaron por no dar un pretexto de intervención a los Estados Unidos y sus aliados, y gracias a la fuerte presencia parlamentaria del MAS en el Congreso y en los movimientos sociales, viabilizaron la sucesión del vicepresidente Carlos Mesa, a quien se le dio la misión de liderar la «transición histórica».

De octubre de 2003 a junio de 2004

En octubre de 2003, como consecuencia de una de las sublevaciones democráticas más importantes de los últimos 50 años –solo comparable con la insurrección popular del 21 de julio de 1946–, los movimientos sociales le impusieron al país una agenda: una nueva ley de hidrocarburos que le devuelva su control al Estado; un referéndum sobre el tema del gas y el petróleo; una Asamblea Constituyente para refundar el país; y la celebración de un juicio al ex presidente Gonzalo Sánchez de Lozada y a quince de sus colaboradores, por los violentos hechos de febrero y octubre.

A pesar de que el desenlace del 17 de octubre –calificado por muchos como una insurrección inconclusa–, no hubiese sido posible sin la adhesión del conjunto de un amplio abanico social, especialmente de las llamadas capas medias urbanas, esa agenda es resultado de una iniciativa del movimiento campesino-indígena y de fracciones proletarias y populares del viejo sindicalismo (proletariado y cooperativistas mineros, maestros y comunidad universitaria, por citar las más importantes). El protagonismo de los antiguos y nuevos sujetos sociales fue tan importante que no solo le devolvió, en el plano simbólico, fuerza a la debilitada COB, sino también volvió a levantar la perspectiva del proyecto histórico de los trabajadores. Pero, dado que la asunción de Carlos Mesa ya se leía como un accidente debido al empate catastrófico de fuerzas, el bloque o polo antagónico a los movimientos sociales fue acumulando energía, y ocho meses después, en junio de 2004, irrumpió en el escenario político con otra agenda.

El lugar de la irrupción del bloque oligárquico fue el oriental departamento de Santa Cruz. El 22 de junio, una marcha por «la autonomía y el trabajo» fue la cobertura para la realización del primer Cabildo del siglo XXI en Bolivia. El Comité Cívico de Santa Cruz, que durante meses no perdió oportunidad de criticar al gobierno de Carlos Mesa por lo que consideraba una inclinación izquierdizante, aprobó una agenda de once puntos que colocaba la demanda de autonomía como su principal aspiración. La dirigencia cívica cruceña retomaba la bandera de la autonomía, ya exigida durante la administración de Jaime Paz Zamora (1989-1993), y reiteraba que el atraso del país era el resultado del exacerbado centralismo. Como los cívicos asumían la necesidad de construir una mayoría regional para materializar su proyecto, se empezaron a dar los primeros pasos para la constitución de la denominada Media Luna, integrada por Santa Cruz, Tarija, Beni, Pando y Chuquisaca.

Octubre de 2004, se van acercando

En octubre de 2004, Bolivia recordaba el primer año de la renuncia de Sánchez de Lozada, el representante más emblemático del neoliberalismo. Los movimientos sociales, aprovechando el impulso que representaba el festejo de su más importante triunfo en 17 años de aplicación de las políticas de libre mercado, volvieron a ser protagonistas de grandes protestas que exigían el cumplimiento de la agenda de octubre. Y no dejaban de tener razón: tres meses antes, el 18 de julio, la administración Mesa convocó a un referéndum sobre el tema del petróleo, cuyos resultados, sin embargo, no se tradujeron en la «ley corta» que el Ejecutivo remitió a consideración del Congreso una semana después de la consulta.

A pesar de que los movimientos sociales actuaron divididos en el período transcurrido desde octubre de 2003 hasta octubre de 2004, la presencia simbólica de las jornadas que pusieron fin a la administración anterior hizo que el Congreso Nacional autorizara a la Corte Suprema de Justicia la instauración de un juicio de responsabilidades contra Sánchez de Lozada. Todavía con las masas en la calle, la Cámara de Diputados aprobó en grande, el 20 de octubre de 2004, el anteproyecto de la ley de hidrocarburos que el MAS había presentado.

Los movimientos sociales se anotaron dos triunfos en un mismo mes, pero la derecha no tardó mucho en reaccionar, incluso en coincidencia con el presidente Mesa, quien ya daba señales de su desacuerdo con aspectos de la norma que él mismo propuso poco después del referéndum, como es el caso de la migración obligatoria de los contratos. La iniciativa de Santa Cruz, esta vez secundada por Tarija, se desarrolló entre el 19 y el 26 de octubre. La dirigencia cívica de esos departamentos se opuso a que los recursos del petróleo tengan que ser compartidos con otros departamentos. El 26 de octubre es el hito de la contraofensiva. Ese día la Asamblea de la Cruceñidad aprueba avanzar hacia un Estado Federal y promover la realización de un referéndum el 5 de diciembre, la misma fecha en que se efectuaban las elecciones municipales. La conminatoria, finalmente, fue levantada debido a la imposibilidad material de organizar la consulta. Por su parte, los cuestionamientos al proyecto de la ley de hidrocarburos aprobado por la Cámara de Diputados –que incluso merecieron el respaldo del secretario adjunto del Departamento de Estado para la Región Andina de los Estados Unidos, Charles Shapiro– se debilitaron como resultado de la disputa entre dos de los componentes de la Media Luna, Santa Cruz y Chuquisaca, ya que ambos se atribuyen ser propietarios del pozo Incahuasi X-1, ubicado entre la provincia cruceña Cordillera y la chuquisaqueña Luis Calvo.

Enero 2005, ya cerca

Como ya había ocurrido en octubre de 2004 –cuando el choque de las dos agendas se dio en tiempos y espacios diferenciados, pero mucho más cercanos en comparación con octubre de 2003 y junio de 2004–, en enero de 2005 se vuelve a reiterar la relación dialéctica entre los dos bloques en pugna. Esta vez la pulseada surgió pocos días después de que el presidente Mesa decretara el incremento en el precio de dos carburantes –la gasolina y el diesel–, lo cual provocó rechazo en todo el país. Durante la primera quincena de enero la iniciativa le correspondió a los movimientos sociales, que insistían en una nueva ley de hidrocarburos y en la convocatoria a la Asamblea Constituyente, pero la nota mayor la dieron las juntas de vecinos de la ciudad de El Alto, que entró en paro indefinido hasta lograr el compromiso gubernamental de rescindir el contrato con la empresa francesa Aguas del Illimani. El rechazo a la presencia de esa empresa extranjera simbolizaba los cuestionamientos a la forma como los gobiernos precedentes entregaron los recursos naturales a las transnacionales y, en particular, al proceso de «capitalización» ejecutado en la primera gestión de Sánchez de Lozada (1993-1997).

La reacción del polo opuesto no se hizo esperar. Aprovechando el rechazo al nuevo precio del diesel, el Comité Cívico de Santa Cruz volvió a la carga con su demanda autonomista y, convirtiendo los intereses particulares de sus clases dirigentes en intereses generales, efectuó el segundo Cabildo del siglo XXI. Tras cerca de quince días de tensión con el gobierno, el 28 de enero, con la participación de alrededor de 250 000 personas, se dejó de lado la conformación del Primer Gobierno Provisional Autonómico debido al compromiso del presidente Mesa de impulsar el referéndum autonómico. Así surgía la «agenda de enero», como una reformulación de la agenda de junio de 2004. El choque entre los bloques en pugna y el fracaso de Mesa en conducir la transición en la dirección que el pueblo esperaba desde octubre de 2003, concluyó con la renuncia del Jefe de Estado y la transmisión de mando al presidente de la Corte Suprema de Justicia, Eduardo Rodríguez

Veltzé, el último funcionario en línea a ser llamado para conducir el país según la Constitución boliviana.

La principal crítica de los movimientos sociales a Mesa, la que determinó un mayor distanciamiento del MAS –organización que hasta enero de 2005 actuó como garante no oficial de la estabilidad de ese gobierno frente a la arremetida conspirativa de la derecha gonista–, fue su negativa a cumplir con el mandato del referéndum de julio de 2004: recuperar el control de los hidrocarburos a favor del Estado. De esta manera, las movilizaciones de mayo y junio de 2005 dieron paso –tras un corto interinato de Rodríguez Veltzé– a un acuerdo de las fuerzas políticas de adelantar las elecciones generales y de prefectos para diciembre del mismo año, y convocar a la elección de asambleístas y referéndum autonómico para julio de 2006. Las demandas de los sectores populares y las de los grupos oligárquicos se cruzaban una vez más: todos estos episodios de la sublevación indígena y popular forman parte de la quinta crisis estatal de la historia boliviana, que cuestionó el poder de las clases dominantes.

Como puede apreciarse, los escenarios principales de la primera etapa del proceso hacia la Asamblea Constituyente fueron las calles y los caminos. Los centros institucionalizados del poder (Poder Ejecutivo y Poder Legislativo) se vieron arrinconados por la democracia deliberativa que los movimientos sociales desarrollaron y ejercieron en las ciudades y en las zonas rurales de todo el país. La democracia de las calles venció a la democracia institucionalizada que durante 20 años estuvo al servicio de intereses de grupos minoritarios.

La sorpresa electoral

A todos los combates librados victoriosamente en las calles y caminos de Bolivia, unas veces en el altiplano, otras en los valles y también en el oriente, se suma, durante la primera etapa, la sorpresa electoral que el MAS dio en las elecciones de junio de 2002, cuando se ubicó como segunda fuerza política nacional, a poca distancia del Movimiento Nacionalista Revolucionario (MNR), de Gonzalo Sánchez de Lozada, quien asumió entonces por segunda vez la conducción del Estado. En esos comicios, el MNR obtuvo 22,4% de la votación, el MAS cosechó 20,9% y la derechista Nueva Fuerza Republicana (NFR) alcanzó casi el 19%. Esto implica que el espacio político que ocupaba todo el espectro de la derecha se redujo, en virtud del creciente espacio ganado por las fuerzas emergentes del campo popular. La importancia de este hecho puede apreciarse mejor, si se toma en cuenta que las cuatro elecciones anteriores –correspondientes a los períodos 1985-1989, 1989-1993, 1993-1997 y 1997-2002– estuvieron caracterizadas por el predominio de los partidos de derecha, incluida una presencia casi hegemónica de estos partidos en el Parlamento.

El resultado obtenido por el MAS y el Movimiento Indio Pachacuti (MIP) en los comicios de junio de 2002, fue expresión de una ola de descontento social que trascendía el ámbito exclusivamente electoral: era el acumulado de 17 años de resistencia obrera, popular y campesina –a veces articulada y otras dispersa– a la aplicación de un modelo neoliberal que, a pesar de los ofrecimientos de la clase dominante, por el contrario, agudizó la pobreza, la miseria, la dependencia y la exclusión social. En todos estos años, Bolivia ha sido escenario de masivas protestas populares como la protagonizada por el proletariado minero en la «marcha por la vida» de 1985, en rechazo al decreto supremo fundacional (21060) de las políticas de ajuste estructural recetadas e impuestas por el Banco Mundial (BM) y el Fondo Monetario Internacional (FMI). Sin embargo, si bien el decreto 21060 provocó el despido, en menos de un mes, de 30 000 trabajadores mineros de los casi 40 000 de la estatal Corporación Minera de Bolivia (COMIBOL) y de otros miles del sector privado por la vía de la libre contratación –lo que ocasionó la pérdida de la influencia proletaria en el seno de las organizaciones sindicales y un proceso de debilitamiento de las laborales– surgieron, con una fuerza inusitada, otros actores en la lucha contra el neoliberalismo: los campesinos y los pueblos originarios.

A partir de la irrupción campesino-indígena en la lucha social y política –al principio escasamente valorada por las organizaciones de la izquierda boliviana–, las clases dominantes encontraron cientos de obstáculos para gobernar como ellos pretendían: marchas por la defensa del agua, por una nueva redistribución de la tierra y por la defensa de la coca, aparecían como señales inequívocas de que el pueblo estaba buscando y encontrando nuevas formas de enfrentamiento con el sistema y, sobre todo, empezando a construir las bases de su propio poder.

La segunda etapa: las masas que ocupan calles y caminos, también triunfan en las urnas

La segunda etapa del proceso constitutivo de un nuevo poder en Bolivia, corta por su duración, se caracteriza por la victoria política del 18 de diciembre de 2005. El 53,7% de la votación obtenido por el MAS y por Evo Morales, es la expresión de un triunfo que trasciende lo electoral, para convertirse en parte de la acumulación política, orgánica e histórica de las clases subalternas. El antecedente a este segundo paso fue la derrota que la lucha política de masas le infringió a la megacoalición que pretendía instalar en la presidencia a Hormando Vaca Diez, no solo con la intención de obstruir el juicio de responsabilidades a Gonzalo Sánchez de Lozada y su gabinete, sino sobre todo para detener el avance de un pueblo decidido a cambiar el rumbo de la historia.

Las ánforas se convirtieron en los escenarios donde se expresó el avance indígena-popular. En ellas se hizo evidente que el equilibrio inestable de fuerzas –que hasta entonces era el rasgo fundamental de la situación–, se estaba empezando a inclinar a favor de los intereses nacionales y populares. Jorge Quiroga, candidato presidencial por PODEMOS –una organización de derecha en cuyas listas se reciclaron políticos desprestigiados de los gobiernos que manejaron el país en 20 años de neoliberalismo–, alcanzó un 28% de la votación, mientras la Unidad Nacional (UN), del empresario Samuel Doria Medina, apenas llegó a 7%.

Sin que el histórico triunfo le pusiera una venda en sus ojos, y con una construcción gramatical expresada en «sujeto colectivo», el presidente electo, Evo Morales, en un discurso en la sede de la organización de los campesinos productores de coca en Cochabamba, con quienes esperó los resultados de los comicios realizados ese día, dio a conocer los ejes centrales del gobierno que proyectaba llevar adelante. No fue un texto estructurado formalmente: fue del tipo de intervenciones que aprendió a hacer desde las trincheras sindicales, y que mejoró como parlamentario y político. No habló con un lenguaje académico, pero sí con la claridad que el pueblo esperaba para cerrar la histórica jornada. Con la bandera boliviana a sus espaldas y la whipala por delante, el primer presidente indígena del país trazó lo que «el gobierno del pueblo» –pues siempre habló en términos colectivos– iba a hacer a partir de enero. El presidente electo de Bolivia no se perdió en la coyuntura. En las palabras pronunciadas en la noche de aquel domingo, dio señales claras de que el inicio de un nuevo ciclo de la historia nacional requería enfrentar las causas estructurales que determinaron la situación de pobreza de los bolivianos en los últimos 20 años, y también las condicionantes histórico-sociales que caracterizaron al país desde el momento mismo de su fundación.

Evo Morales, que ha logrado sintetizar y encarnar la situación de exclusión que durante 180 años de vida republicana sufrieron las mayorías indígenas y populares, se comprometió a erradicar las causas que determinaron la existencia del colonialismo interno. De ahí que, sin dubitación alguna, sostuvo que desde el 22 de enero «empieza la nueva historia de Bolivia», en la que se buscará paz con justicia social, igualdad y equidad para quienes nunca la tuvieron. A esa demanda de cambio y transformación que la gente expresó a través del voto, Morales dio una respuesta contundente: «tenemos la enorme responsabilidad de cambiar nuestra historia», y sentenció que «la voz del pueblo es la voz de Dios, y la voz de Dios es la voz del pueblo».

Uno de los principios anunciados por Morales como presidente electo fue la lucha contra todo tipo de racismo. Contrariamente a lo que los sectores conservadores esperaban –verlo lanzando mensajes teñidos de racismo– su discurso estuvo cargado de amplitud y unidad. En breves minutos y con pocas palabras, puso el dedo en la llaga del Estado de orientación mestizo-criollo que durante 180 años negó la condición de seres humanos a la población indígena. Estaba obligado a hacerlo, no solo por interpretar el voto que había recibido, sino por ser testimonio vivo de esas prácticas excluyentes. Pero también se presentó como el presidente de todos los bolivianos. Sin nada que condujera a pensar en cosas u objetivos ocultos, Morales convocó a construir una sociedad más justa para todos, para los indígenas y no indígenas: «Somos –dijo– de la cultura de la vida y no de la muerte». Y, para que no quedara duda de esa voluntad y posición antiracista, lanzó un mensaje a su principal base social, política y electoral: «no toda la gente de la ciudad desprecia al movimiento campesino» y, viendo más allá del color de la piel, subrayó que en los centros urbanos existen miles de personas no indígenas, dignas y honestas que buscan el cambio.

Además de expresar su compromiso de dar un giro a la historia nacional, el presidente electo adelantó que cumpliría otra de las demandas estructurales que en los últimos cinco años se hicieron manifiestas: el cambio del modelo neoliberal. «Se trata –explicó– de resolver los problemas sociales y económicos de las mayorías, cambiando ese modelo económico que bloquea el desarrollo del pueblo boliviano». El rechazo al consenso de Washington es contundente y, aunque con una mirada economicista, la sentencia no convoca a dudas: «luchar contra el neoliberalismo es luchar contra el modelo económico».

En las palabras de Morales no había necesidad de manifestar la convicción que desde hace 20 años se mantiene latente en las organizaciones sociales subalternas. El modelo generó más pobreza, incrementó la tasa de desocupación y deterioró los indicadores sociales, por lo que «cambiar el modelo neoliberal y acabar con el estado colonial» resumía la expectativa de la mayor parte de la población. Pero si con algo el presidente electo remató su triunfo del domingo 18 es con su concepción de la democracia: «Mandar Bolivia obedeciendo al pueblo boliviano», con lo cual afirmó que iba a gobernar con los movimientos sociales. Y, como el resto de sus palabras, el mensaje estaba cargado de un alto valor simbólico. Para Morales, la democracia es tal en la medida en que las estructuras estatales (sociedades políticas) no se divorcian de la voluntad de las organizaciones sociales (sociedad civil).

El presidente electo, que provenía de ese otro tipo de democracia social y comunitaria, estaba decidido a garantizar la participación protagónica de la sociedad civil en la toma de decisiones. Evo, además, no solo dio señales de que iba a gobernar en función de los intereses del país, sino que reivindicó el carácter antimperialista de la revolución boliviana y la amistad estrecha con los gobiernos y pueblos de Cuba y Venezuela, lo cual ratificaría luego como Presidente.

En síntesis, entre 1985 y 2002 Bolivia experimentó un predominio casi absoluto de la sociedad política sobre la sociedad civil, mientras que entre 2002 y 2005, la institucionalidad democrático-burguesa se debilitó y las masas asumieron el protagonismo. En este último período, la democracia deliberativa de las calles, de las comunidades y los vecinos, venció a la democracia institucionalizada que reduce a los ciudadanos y ciudadanas a su mera condición de votantes.

Tercera etapa: la gran batalla

Evo Morales asumió la conducción de Bolivia el 22 de enero de 2006. Su toma de posesión como el sexagésimo quinto presidente de esa nación tuvo tres momentos igualmente representativos: el sábado 21 juró seguir por el camino de los grandes mártires indígenas en un acto celebrado en Tiwanacu, el centro simbólico de poder de las naciones originarias; un día después se le colocó la banda presidencial en la sede del Congreso Nacional, donde por vez primera un presidente, al prestar juramento, rendía homenaje a luchadores revolucionarios asesinados por el imperialismo y las clases dominantes en América Latina, como Ernesto Che Guevara, Marcelo Quiroga Santa Cruz y Luis Espinal; por último, volvió a jurar lealtad con la causa del pueblo en la histórica Plaza de los Héroes. De esta manera Evo Morales, quien sintetiza ahora la larga acumulación histórica de las naciones indígenas oprimidas y de las clases explotadas, inauguraba la tercera batalla por la segunda y definitiva independencia de Bolivia.

Desde los primeros meses de su gestión, el gobierno indígena-popular, democrático y revolucionario, se convirtió en una máquina de medidas: pone en marcha, con apoyo de Cuba y Venezuela, un plan de alfabetización que en 30 meses hará de Bolivia el tercer país latinoamericano libre de analfabetismo; impulsa la presencia de médicos cubanos en zonas rurales donde jamás había llegado un galeno; inicia la instalación de 20 hospitales equipados con tecnología de punta donada por Cuba; incorpora al país a la «Operación Milagro» –un plan masivo de cura de cataratas y otras enfermedades de la vista desarrollado por Cuba y Venezuela–; reduce las tarifas de energía eléctrica para las familias pobres; incrementa el salario mínimo en un promedio del 13,2%, el más alto de los últimos diez años, y deroga el artículo 55 del decreto supremo 21060, mediante el cual, con el pretexto de una «libre contratación», quedaron sin empleo miles de trabajadores. Por si fuera poco, a tono con la demanda popular y la conciencia colectiva sobre los recursos naturales, procedió a nacionalizar los hidrocarburos, y se dispone a poner en marcha la revolución agraria con la que miles de campesinos sin tierra o que la tienen insuficientemente accederán a ella.

Todas las medidas adoptadas por el gobierno de Evo Morales, a las que hay que sumar una política de austeridad –reducción en poco más del 50% del sueldo del presidente, vicepresidente, ministros, viceministros y directores, además de diputados y senadores– y de transparencia –eliminación de los gastos reservados–, determinaron que el pueblo le brinde su apoyo al gobierno en la elección de asambleístas realizada el 2 de julio de 2006. El MAS es la única fuerza política con presencia nacional que mantuvo su nivel de votación, frente a una oposición (PODEMOS y UN) que bajó (a 15% y 7%, respectivamente) en relación con las elecciones de diciembre de 2005. Además, se ubicó en el primer lugar en los departamentos más importantes de la denominada Media Luna: Santa Cruz y Tarija. Ahora, el desafío es subir un peldaño más en la lucha por el poder dentro de la Asamblea.

La clave de la victoria no radica en cuántos artículos de la Constitución sean cambiados. Aún en el hipotético caso que se modificara el ciento por ciento de esos artículos, ello no es garantía de la conformación de un poder cualitativamente distinto al instalado hace 180 años. La clave de la victoria es fortalecer al sujeto constituyente, indígena-popular, y entender que las batallas en la elección de los asambleístas y los trabajos de la Asamblea Constituyente, son solo dos pasos de los muchos que las fuerzas de izquierda deberán dar hacia la construcción de una sociedad y de un orden estatal sustitutivo del capitalismo decadente y su modelo neoliberal.

Es un error crear expectativa exagerada sobre el resultado de la Asamblea Constituyente. Un país no se cambia con las leyes. La sustitución de las relaciones de poder existentes por otras de naturaleza solidaria, humana, comunitaria y colectiva, intercultural e inclusiva, solo se alcanza mediante la construcción de un nuevo poder. En ese proceso, la Asamblea tiene un carácter simbólico y político de vital importancia. Su carácter derivado (solo reducido a un enfoque jurídico-político) u originario (como parte de un proceso histórico-político), y el avance hacia la constitución de un nuevo poder, dependen de cómo se vaya resolviendo la lucha que adquiere una doble dimensión: clasista y anticolonial. Por eso, la Asamblea Constituyente es un escenario para institucionalizar las medidas adoptadas por el gobierno, mediante decreto supremo, desde el mes enero, y para forjar un nuevo orden acorde con el tipo de Estado a construir. Pero, sobre todo, es un escenario decisivo para el proceso de construcción del nuevo poder.

HUGO MOLDIZ es comunicador social y uno de los coordinadores del Estado Mayor del Pueblo, instancia de enlace entre los movimientos sociales, los partidos de izquierda y el gobierno bolivianos.

Estado, Asamblea Constituyente y autonomías

RAÚL PRADA ALCOREZA

En Bolivia estamos inmersos en una discusión. No sé si llamarla discusión de fondo, pero debería ser una discusión en la que se pueda identificar el objetivo que cada fuerza persigue en la lucha de clases y en la lucha de nacionalidades que hoy se libran en el país. A partir de la interpretación del mapa de fuerzas en pugna, la deconstrucción de sus discursos y el análisis de sus prácticas, podemos afirmar que la estrategia de la oligarquía cruceña[1] no solo busca la autonomía regional, sino apunta al control privado de los recursos naturales. Este control tiene que adoptar una forma política que puede ser, desde una modalidad de gobierno autonómico hasta el separatismo. Si esa hipótesis es correcta, estamos en una encrucijada de dramáticos desenlaces potenciales.

Un escenario posible es la guerra de secesión. Ciertamente, hay alternativas a este desenlace apocalíptico, pero por el carácter y la intensidad de las fuerzas en juego, el tipo de estrategias desplegadas y los dispositivos de poder que se desarrollan y extienden, podemos apreciar que vamos a un enfrentamiento que rebasa los confines de lo político. Puede que la marcha hacia el desenlace atraviese por una coyuntura electoral e ingrese en una etapa postelectoral, caracterizada por el perfil de un Congreso y gobierno elegidos en las urnas. Sin embargo, ninguno de los desenlaces potenciales está desvinculado del horizonte definido por los movimientos sociales, que abarca la Asamblea Constituyente y la nacionalización de los hidrocarburos. El tema autonómico está ubicado dentro de ese horizonte, en parte, como

---

[1] Se refiere a los grupos oligárquicos que tienen su base en la ciudad de Santa Cruz de la Sierra. (*N. del E.*)

contrapropuesta de los sectores conservadores y, en parte, como desafío al nuevo diseño de Estado.

La intensidad del debate se expresa en los pronunciamientos de los más notorios miembros del Comité Cívico de Santa Cruz. Sin embargo, también hay contradicciones dentro de ese Comité: no todos piensan como los sectores radicales de la derecha. Con sus planteamientos no coinciden, sobre todo, los sectores populares que en el Cabildo de enero de 2005 impidieron la lectura de una declaración con tono separatista. Incluso se presentaron varios proyectos de declaración de carácter reivindicativo, económico y social. Finalmente, la aprobada por consenso busca pactos entre los sectores sociales del país. El debate anterior al Cabildo, referido a la declaración y sobre la presencia o no de la bandera boliviana, muestra los síntomas del problema. En esa perspectiva, debemos analizar la correlación de fuerzas existente en el Comité Cívico, sobre todo en relación con la composición social del departamento de Santa Cruz.

El campo social del departamento de Santa Cruz no es homogéneo. Hay una estructura social jerárquica consolidada de forma vertical y elitista. Una minoría controla el monopolio de la tierra, las finanzas, la economía, los circuitos de influencia, la prefectura, el gobierno municipal y los medios de comunicación. El monopolio de los dispositivos políticos departamentales lo ejerce una oligarquía regional, que es, al mismo tiempo, una burguesía nacional intermediaria en busca de establecer la hegemonía regional basada en la concentración de los recursos y del espacio virtual.

Los empresarios controlan todos los medios de comunicación disponibles, excepto las radios populares, el canal de televisión popular (RTP) y otros medios alternativos. Mediante el monopolio de los medios, crean una realidad virtual: es una *hiper-realidad* que termina siendo la única que tenemos en cuenta porque suplanta la realidad. Por ejemplo, los medios de comunicación ocultan las vivencias sociales de las provincias y las formas de existencia de las mayorías de los cambas, mestizos y rancheros. A estos sujetos reales los desaparecen y los sustituyen por la representación del camba en los términos ideológicos del discurso de «nación camba», un producto de la hiper-realidad creado para justificar la implantación de una forma política que sustente el control privado de los recursos naturales de la región. Esta es una práctica discursiva incipiente, desplegada por una minoría que siempre se ha creído hispánica, y que ha usado el término de camba de modo despectivo, pero que ahora trata de invertirlo para darle valor ideológico de aglutinamiento porque busca la hegemonía parcial al interior de la frontera regional.

Es tan serio el asunto que, días antes del Cabildo, después de la elección del Prefecto, se tocó a las puertas de la Octava División del Ejército para invitar a sus comandantes a apoyar esa elección y la autonomía de facto. Ese plan falló, pero nos encontramos en una situación paradójica, pues parece que lo único que mantiene la unidad nacional es el ejército. Esa institución, que tiene el monopolio de la violencia legal junto con la policía, es la que amarra el territorio nacional con la red de sus cuarteles.

Si analizamos los discursos sobre las autonomías y la Asamblea Constituyente, nos introducimos en una discusión ideológica. Los discursos en contra de la Asamblea Constituyente, y los discursos a favor de los regímenes autonómicos, terminan siendo como una máscara. Por ello hay que develar la estrategia escondida, que puede ser de índole diferente a lo expresado en la enunciación discursiva. Se puede decir que estas discusiones son ideológicas, pues su objetivo es convencer: se persigue obtener una ganancia por medio del procedimiento de la argumentación. Nos encontraríamos en el campo de la retórica si los discursos pusieran empeño en el arte del convencimiento y en la técnica de la argumentación. Sin embargo, los emisores de los discursos ponen poco empeño y poco decoro en el uso de los procedimientos retóricos. Estamos más cerca de los métodos impactantes de las campañas publicitarias.

La reproducción ideológica depende de los métodos propagandísticos; su heurística se reduce a los medios de comunicación. En ello hay pobreza y riqueza al mismo tiempo: pobreza argumentativa y riqueza tecnológica. Ha tenido lugar una ocupación del espacio virtual por los aparatos ideológicos, los dispositivos mediáticos y los agenciamientos de las prácticas discursivas. La lucha ideológica se trasladó al espacio de monopolio de la publicidad. Esta lucha tiene varios niveles, atravesados al menos por dos proyectos. Uno es el de la nación camba, cuya emergencia data del período de las luchas sociales que nos llevan a octubre de 2003. Esta es la respuesta ideológica y política de la burguesía intermediaria, de las oligarquías regionales asociadas a los monopolios transnacionales, frente al avance de los movimientos sociales. El otro proyecto es el relativo al gobierno autonómico departamental.

Para poner las cosas en su sitio, es preciso aclarar que, desde la perspectiva de la teoría y de la antropología políticas, no se puede hablar de una nación camba. El paisaje, las costumbres, las tradiciones no hacen una nación. El sentimiento regional no es condición de posibilidad histórica para construir una nación, menos aún la mera pretensión de una oligarquía regional. Para conformar una nación y una nacionalidad es fundamental el sujeto social, la constitución de la subjetividad, la construcción de un imaginario colectivo, y la materialidad relacional y estructural de una sociedad histórica. Claro que hay cambas: son los habitantes de una región en la cual afincaron costumbres, tradiciones, estilos, formas de vida y modos de hablar el castellano; pero estos particularismos y regionalismos concurren en todas partes del mundo, en todas las naciones y en todos los Estados. No hay, pues, una nación camba: lo que hay es una región o, más bien, un ámbito de micro-regiones que comprenden geografías y ecologías de los llanos, la Amazonia y el Chaco. Allí no se dan las condiciones que conforman una nación o una nacionalidad: lengua, costumbres, identidades colectivas, instituciones culturales y sujetos sociales identificados con una nacionalidad histórica. Estas condiciones las encontramos en el modelo español reciente, en el que se basa el proyecto cruceño en su diseño de un gobierno autonómico. Sin embargo, este es un modelo que se diferencia sustancialmente de las condiciones históricas de la formación social boliviana, sobre todo de la condición departamental de Santa Cruz de la Sierra.

En el caso español, estamos hablando de nacionalidades que, por lo menos, tienen un milenio en su formación. Son nacionalidades que fueron sometidas como parte del proceso de constitución del Estado territorial del imperio ibérico. Por lo tanto, estamos hablando de una larga historia de lucha de esas nacionalidades. Si se ha llegado en España a un régimen autonómico basado en nacionalidades, es debido a esta larga historia de luchas. En última instancia, si se quiere aplicar el modelo autonómico español en Bolivia, debería hacerse de forma consecuente: reconociendo a las nacionalidades originarias; pero de esto no se habla: ¿dónde está entonces el sustento histórico, político y cultural de la propuesta autonómica de la oligarquía cruceña?

El manejo del tema autonómico en Bolivia corresponde más a una campaña política y publicitaria. Se trata de un discurso y una propuesta que funcionan como dispositivo enunciativo y de poder. Parece que se está pensando en un proceso autonómico como el español, es decir, un proceso de transferencia de competencias y atributos desde el Estado nacional. Así las cosas, el gobierno autónomo viene a formar parte de las reformas del Estado, de la desconcentración y descentralización administrativa y política, de la delegación de competencias. Las autonomías tienen el carácter de gobiernos limitados, dentro de la esfera de un gobierno absoluto, que es el Estado nacional, pero descentralizado y desconcentrado. Visto de esta forma, el discurso autonómico formaría parte de una estrategia reformista que usa tácticas de negociación. El objetivo mayor vendría a ser el lograr la máxima autonomía posible. Este planteamiento tiene algunas analogías con el proceso vasco. Sin embargo, entre el pueblo vasco y la oligarquía cruceña hay una diferencia abismal.

El derecho de las autonomías se basa en el derecho a la autodeterminación nacional. En la historia política aparece como el derecho de las minorías al autogobierno. Como anotamos antes, el problema es que, en el caso cruceño, no tenemos una nacionalidad, sino un departamento. ¿Cómo se puede plantear un gobierno autónomo sobre la base de la cartografía departamental, si la propia geografía política expresa en el espacio el carácter centralista del Estado? Lo que es notorio entonces es la falta de una propuesta autonómica basada en las configuraciones geográficas y ecológicas regionales. Para esto hacen falta dos cosas: un estudio exhaustivo e integral de las regiones y un nuevo ordenamiento territorial. Por otra parte, el régimen autónomo se basa en un nuevo diseño de Estado. Por lo tanto, antes de pasar a la formación de gobiernos autónomos, es condición histórico-política indispensable formar el nuevo Estado. Ese nuevo Estado se construye de manera consensuada en una Asamblea Constituyente. Primero hay que poner los cimientos y las paredes, para que el techo no se caiga.

La discusión sobre el régimen autónomo está lejos de haber concluido y de haberse formulado, a no ser que confundamos la propuesta autonómica con los borradores presentados, que sirven más a una campaña publicitaria. Además, el régimen autónomo debe discutirse dentro de una diversidad de propuestas sobre el diseño de Estado. En el caso de la propuesta del Comité Cívico de Santa Cruz, estamos hablando de gobiernos autónomos departamentales. La geografía departamental no coincide con la geografía regional. Aunque la etimología de la palabra región viene de *regio* –que significa algo así como la magnificencia del rey–, con lo que región vendría a ser una distribución espacial relativa al poder del rey, ese término se ha modificado en el sentido de adquirir cada vez más una tonalidad geográfica y ecológica. A partir de esa acepción, la propuesta de crear gobiernos autónomos basados en las regiones tiene que incorporar otro tipo de consideraciones, referidas a las propiedades intrínsecas de la región, a su expansión y a sus delimitaciones. Desde esta perspectiva, hay que incorporar los tópicos ecológicos, las distribuciones de la geografía humana, la geografía económica y la geopolítica de los recursos naturales. Incluso con esta gama de tópicos y características, la región no termina convirtiéndose en una condición de posibilidad histórica para un régimen autónomo; para ello se requiere del sujeto regional, que es el pliegue subjetivo de la sociedad regional. Sin sociedad y sin sujeto social, no se sostiene un régimen autónomo.

Habría que preguntarse si en la formación boliviana existen estos sujetos y estas sociedades regionales o si estamos ante una formación social abigarrada: es decir, ante una sociedad compleja, integrada por diversas composiciones socioculturales transversales, que atraviesan la geografía social. En el segundo caso, estamos ante una sociedad integrada, aunque híbrida, atiborrada de mezclas, con un sustrato de mayorías indígenas. Así parece ser la formación social boliviana. Visto de esta manera, no es viable un régimen autónomo. En cuanto a la crisis estatal, parece más adecuado plantear una forma de Estado abierta, con procesos de desconcentración y descentralización administrativa y política, acompañados de procesos de democratización en todos los niveles de la formación política. Esto significa institucionalizar el control social. En el primer caso, que parece menos probable, estaríamos ante la existencia consolidada de sociedades y sujetos regionales. La pregunta es qué clase de régimen autónomo es sostenible y sustentable, sobre todo en una forma de Estado abierta, una República expansiva e intensiva, generada por el ejercicio de la democracia radical.

Las cuestiones relativas a una República y a la forma democrática de Estado son fundamentales a la luz de una evaluación histórica. De acuerdo con la interpretación de Rancière, la democracia acontece cuando los que no tienen parte se convierten en el todo, vale decir el Estado mismo. El gobierno del *demos* es el ejercicio del poder de las mayorías, aunque se reconozca el derecho al disenso de las minorías. La presencia de las mayorías se manifiesta, inclusive en el caso de la representación, cuando el gobierno del pueblo se viabiliza de manera mediatizada, por medio de las instituciones, los partidos, las agrupaciones ciudadanas, los pueblos indígenas u otras formas de participación. La República supone la realización de la política como síntesis del conflicto social, debido a la desmesura de las mayorías. La República es la figura escatológica de la democracia. El substrato de la democracia son las multitudes. No son las minorías las que definen el decurso histórico de la democracia, aunque terminen dominando, mediante un sistema *policial*, que acaba suspendiendo la política y anulando la democracia. La democracia efectiva es la suspensión de las dominaciones.

La discusión sobre la Asamblea Constituyente y los gobiernos autónomos ha derivado en una polémica ideológica. Los grupos tradicionalmente dominantes buscan descalificar la Asamblea Constituyente. Actúan de modo parecido y por los mismos medios que cuando se trata de desaprobar la reivindicación nacional sobre los hidrocarburos. El empresariado y los comités cívicos se han convertido en los defensores a ultranza del proyecto de gobiernos autónomos departamentales. En cambio, las organizaciones sociales sospechan de este proyecto autonómico, deliberan sobre la Asamblea Constituyente y exigen la recuperación de los hidrocarburos. De las organizaciones sociales, las más interesadas en la Asamblea Constituyente son los pueblos indígenas. Como se podrá ver, a pesar de que las posiciones están distribuidas en el mapa político, el debate todavía se halla en ciernes, no tanto por falta de voluntad sino, sobre todo, debido a que el monopolio virtual de los medios masivos de comunicación evita la discusión.

Un diseño de Estado derivado de la Asamblea Constituyente, tiene como condición de posibilidad histórica un nuevo ordenamiento territorial. Esta condicionalidad es más patente cuando se trata del régimen autonómico. Hablar de autonomías departamentales con el objeto de descentralizar el aparato administrativo-político y mantener al mismo tiempo la cartografía departamental es un contrasentido. La desconcentración y la descentralización pasan por un nuevo ordenamiento espacial. Por otra parte, el concepto de autonomía supone la ampliación del ejercicio democrático. La democratización implica la participación abierta de las mayorías regionales y nacionales. Esto significa que el gobierno autónomo no puede ser construido sobre el eje del monopolio de minorías privilegiadas, si es que no se quiere distorsionar el sentido democrático de la autonomía.

Detrás del proyecto autonómico se encuentran importantes estratos de la burguesía intermediaria. Por esto, si queremos encontrar los alcances del proyecto, es conveniente hacerse la siguiente pregunta: ¿cuál es el origen de la burguesía nacional? La respuesta requiere de un contexto histórico, vale decir, de la comprensión de que se trata de una burguesía desarrollada en un país periférico del sistema-mundo capitalista. Por otra parte, no podemos disociar la conformación de la burguesía nacional de la historia del Estado subalterno, en las sociedades poscoloniales. Se trata de una burguesía que ha sido creada y financiada desde el Estado, como proyecto político y económico de la Revolución nacional (1952). Esta burguesía ha sido criada y malcriada por las dictaduras militares. Después, durante el período neoliberal, se ha hecho cargo del gobierno y se ha convertido en el Estado mismo. Hablamos de burguesía nacional no solamente porque se trata de la materialización del defectuoso proyecto nacionalista, sino también porque se trata de una burguesía intermediaria, constituida en los marcos de las fronteras de la República periférica.

Después de los acontecimientos de octubre de 2003, llama la atención que la burguesía nacional haya optado por refugiarse en su región de seguridad, prácticamente en el lugar donde se sienten como en su casa, donde se sienten todavía patrones. Esta regionalización de la burguesía parece responder a la emergencia actual, a la necesidad perentoria de defender, en los momentos cruciales, sus intereses amenazados por el movimiento social. Estos intereses se pueden resumir en las formas de propiedad de la burguesía. En el gobierno de transición ha vuelto a su asidua intervención, nombrando nuevamente a los ministros. ¿Por qué esta burguesía opta por refugiarse en su región de seguridad, renunciando con esta actitud a la hegemonía nacional? Es posible que ello se deba a que se haya sentido desbordada por la movilización social. Estos son los antecedentes de la ofensiva de la derecha a escala nacional, con la cual trata de arrebatarle la iniciativa al movimiento social. Es lo que se ha pretendido hacer antes de mayo y junio de 2005, en el contexto de lo que podríamos llamar la continuación de la guerra de los hidrocarburos.

Gunder Frank caracterizaba a las burguesías latinoamericanas como lumpen burguesía. Una burguesía trabada en las estructuras de la dependencia, en el contexto de un sistema capitalista, organizado en términos de un centro de acumulación y una periferia que transfiere riqueza y valores. Se trata no solo de una burguesía intermediaria en la cadena de la dependencia, sino de una burguesía sumisa al capital internacional, una burguesía que renuncia a competir por el excedente y deja que las transnacionales se lleven la parte del león. Entonces, estos buitres se alimentan de lo que deja el saqueo del capital global, pero, se sienten, en todo caso, superior a sus coterráneos, quienes tienen que sufrir el despotismo colonial de familias que afincan sus privilegios en la discriminación racial. Esta lumpen burguesía boliviana es el principal obstáculo para llegar a la Asamblea Constituyente y para recuperar los recursos naturales de la nación. Se opone encarnizadamente a ambos proyectos nacional-populares. Prefiere la fragmentación territorial de la nación antes de ver cumplidos estos anhelos democráticos de las multitudes. Prefiere seguir obsequiando los recursos naturales a las transnacionales, recursos de los que se cree dueña, antes de optar por un proyecto de desarrollo nacional auténtico. Prefiere mantener el atraso en el país con tal de preservar sus privilegios suntuarios, sus ocios encomiables, sus latifundios en descanso, sus viajes de turismo, su formación endémica, de la que se siente orgullosa, como si la estupidez se convirtiera en saber en las provincias de la periferia.

Después de la concentración de junio de 2004, convocada por el Comité Cívico de Santa Cruz de la Sierra, cuando la oligarquía regional cruceña trató de presentar una supuesta agenda vinculada a intereses regionales y a declaraciones autonomistas, los perfiles de la coyuntura volvieron a modificarse y dibujaron un escenario bajo el signo del montaje publicitario y la campaña política de las clases dominantes, esta vez fuertemente regionalizadas en el oriente del país. Los medios de comunicación, incluyendo la prensa progresista, como el *Juguete Rabioso*, tratan de mostrarnos un contexto polarizado, entre un occidente, donde ejercen la hegemonía los movimientos sociales y un oriente en el cual la ejerce la burguesía cruceña. Esta esquematización y maniqueísmo en el análisis y la información muestra de por sí el sesgo reduccionista y simplista de esas interpretaciones coyunturales. En primer lugar, el movimiento no solo se concentra en el llamado espacio andino, sino que se ha extendido al Chaco y al Oriente, incluye a movimientos indígenas del Chaco y la Amazonia, al Movimiento Sin Tierra (MST), a los que se agrupan con diferentes demandas sociales urbanas, a las distintas organizaciones proletarias y campesinas. Todas estas instancias del movimiento social en el oriente tienen contradicciones con la oligarquía cruceña, la cual también define su propia composición en un espacio económico no homogéneo que se extiende desde los agroindustriales y agroexportadores hasta los sectores vinculados al capital financiero, desde estos hasta la tradicional casta de los latifundistas y terratenientes. Muy vinculados a los terratenientes se encuentran los ganaderos, quienes tienen su mercado asegurado en los habitantes del occidente. También tenemos a los comerciantes, más bien importadores que exportadores. Un núcleo jerarquizado de esta clase dominante, mejor podríamos decir, de esta distribución de clases dominantes, se encuentra organizado en tres o cuatro logias de importancia, que nos recuerdan a las asociaciones racistas, pero también a las logias masónicas, debido al tipo de procedimientos discriminadores que despliegan, a las reuniones secretas y a los pactos silenciosos. Ciertamente hay otras organizaciones de carácter más visible y legal, a diferencia de las sociedades secretas como las anteriores. Lo que ha cobrado importancia en el último período liberal es la Cámara de Industria, Comercio, Servicios y Turismo de Santa Cruz (CAINCO), así como la ya tradicional Cámara de Agropecuaria del Oriente (CAO). Esta es la composición organizativa de la oligarquía del departamento de Santa Cruz. Sería mucho extender su representación a todo el oriente boliviano, que comprende otros departamentos, como los dos amazónicos, el Bení y Pando, y también quizás parte de otros departamentos que amarran distintas ecologías, como es el caso de Tarija y Chuquisaca, sobre todo en lo que se refiere al Chaco Boreal boliviano. Esta composición organizativa de la oligarquía no abarca las composiciones y estructuras organizativas de otras clases que habitan la cálida región. No se puede reducir la compleja distribución de las clases regionales, tampoco sus dinámicas sociales y económicas, a lo que sucede con las formas orgánicas y de expresión de la oligarquía cruceña. Esto es dejarse llevar por impresiones. Más grave aún cuando estas impresiones son mediáticas. La evaluación de las demandas de autonomía tiene que hacerse considerando varios contextos, desde aquellos relacionados con los condicionamientos históricos de la región, donde pueden encontrarse las raíces del discurso regional, pero también las estrategias del olvido o la amnesia de las procedencias de las formaciones regionales, hasta los contextos referidos al campo social, a las estructuras económicas e ideologías políticas, pasando por los imaginarios regionales. Es indispensable en esta evaluación considerar las contradicciones inherentes a los campos sociales, políticos, económicos y culturales de la región. Son estas contradicciones las que nos pueden arrojar luces sobre las formaciones regionales. Debemos encontrar los elementos que sintetizan estas contradicciones del entramado histórico y del tejido social y político del presente. No se trata de descuidar la elucubración delirante de los líderes de la oligarquía, ni tampoco los discursos de réplica ideológica, la relativa a los grupos dominantes de las otras regiones, pero también la correspondiente a los grupos subalternos, sino de enmarcar estos datos sueltos en el entramado de los contextos efectivos.

El sentido político de las autonomías

No se puede juzgar solo por la forma una propuesta política, sino también por el contenido. Entiéndase por contenido el sentido histórico-político, dado por las fuerzas que se apropian de dicha propuesta. La consigna de las autonomías regionales está en manos de los comités cívicos de las ciudades de Santa Cruz y de Tarija. De estos dos comités, el que tiene más peso es el Comité Cívico de Santa Cruz, no solo por su peso económico sino también por la larga trayectoria de esta organización que aglutina a las élites cruceñas.

Desde la década del cincuenta el Comité Cívico ha desempeñado su papel como factor de poder regional, aglutinando a las poderosas clases de hacendados, agropecuarios, industriales y comerciantes. Su oposición al centralismo estatal se ha vuelto proverbial.

Con relación al discurso regionalista, que se habría estructurado en distintos momentos, en contextos un tanto diferentes, con referentes del discurso que no necesariamente son los mismos, manteniendo, sin embargo, un perfil sostenido de los sujetos del discurso, la oligarquía terrateniente antes, la neo-oligarquía agraria ahora, es indispensable encontrar las contradicciones que imagina. ¿Se trata de la oposición entre Estado unitario y región? ¿Se trata de la oposición entre centralismo y región? O como se apunta ahora, según voces que vienen de un lado y de otro, ¿se trata de la contradicción entre una región pujante económicamente y otra región en crisis? También se dice que se trata de la contradicción entre una región en la cual los movimientos sociales imanan una agenda política y otra región donde son los empresarios los que definen diferente agenda política.

El interés que defiende la oligarquía regional es el suyo propio, pero resulta del tamaño de su imaginación. No se da cuenta de que el verdadero interés que está en juego es el de los dueños del mundo, los monopolios transnacionales. Ella no deja de ser una intermediación despreciable en la cadena de dependencia. Esta oligarquía tiene sus corifeos. No vamos a hablar de los parlamentarios, que han demostrado su eficiencia en la corrosión de las buenas costumbres. Nos referiremos a los intelectuales, los unos y los otros, los conservadores y los críticos. Sobre todo a estos últimos.

Los intelectuales, entrampados en la guerra mediática controlada por los empresarios, han sido sorprendidos por la demanda de autonomía montada por las corporaciones empresariales, y han quedado anclados en una perplejidad desarmante. Hacen también coro a la demanda oligárquica de autonomía parcelaria, por encontrar en ella aspectos renovadores en la coyuntura de un Estado desmoronado en sus propias miserias. Los intelectuales críticos olvidaron de pronto los problemas fundamentales del país. Les dio como una amnesia repentina. Ha desaparecido del horizonte el problema heredado de la colonia. Ya no hay mayorías oprimidas, ni mayorías indígenas, ni naciones autóctonas o, más bien, no existe la nación poblada por la mayoría oriunda, recuerdo de civilizaciones y culturas destruidas por la conquista, el colonialismo y el imperialismo. Ya no hay proletarios, ni clases explotadas, a las que pertenecen esas mayorías que se rompen el lomo sin lograr beneficiarse con su propio trabajo. Lo que tienen delante los ojos académicos es el modelo español autonómico u otras derivaciones.

Tanto los intelectuales conservadores como los críticos discuten el probable diseño de Estado a partir del supuesto de autonomías regionales. No se detienen a pensar que la condición histórica de la mayoría indígena hace inviable semejante pretensión de diseminación territorial. ¿Un Estado autonómico donde se distribuye hasta desaparecer la mayoría indígena? Es un contrasentido histórico y político querer construir una forma de Estado con autonomías de minorías, relegando la potencia social de las multitudes. Esto solo puede pasar en un país donde los patrones todavía siguen mandando, sobre todo en algunas zonas.

En las regiones de Bolivia, concebidas además como departamentos, con la arbitrariedad de la suma geográfica, no se ponen en juego nacionalidades, sino los intereses económicos de estratos privilegiados de la sociedad. Las nacionalidades indígenas, aymara, quischwa, guaraní, moxeñas, tacanas, no están delimitadas en la circunscripción de los departamentos. Por el contrario, son transversales a estas cartografías, a estas reminiscencias de los repartimientos coloniales. Las nacionalidades indígenas son territoriales, abarcan el espesor y la extensión territorial, articulan las territorialidades que componen ecológica y culturalmente una nación inconclusa. Constituyen el contenido preponderante de la estructura social. Sus instituciones atraviesan el mapa institucional de una formación social híbrida. Sus lenguas cobijan mundos no desaparecidos, empero no reconocidos. En este caso, la memoria es una oportunidad de alternativa política a la diseminación criolla. Si las raíces culturales de una formación social se encuentran en estas nacionalidades, entonces la perspectiva política estratégica se encuentra también en estas raíces.

En el supuesto caso que se opte por autonomías departamentales, mal llamadas regionales, este diseño de descentralización administrativa y política, se da lugar en un continente estatal, una forma de Estado, que incluye el contenido de las partes. Esta forma de Estado se construye sobre la base de la articulación y cohesión del ejercicio de las mayorías, dando compacidad a las partes en el horizonte de estrategias compartidas, donde los recursos naturales, el régimen de aguas, el de tierras, las políticas de integración, las relaciones internacionales, la defensa nacional, son competencia del Estado nacional. Las atribuciones de las autonomías se circunscriben a la administración, a la legislación, a la definición de políticas dentro de los límites dados por el carácter de las transferencias del Estado al gobierno autonómico, aunque esos límites pueden ser modificables a lo largo del desarrollo de estos procesos.

La condición de posibilidad espacial de las autonomías es el ordenamiento territorial. Las cartografías políticas tienen que redibujarse en un mapa que equilibre las regiones desde varias perspectivas: ecológicas, de reservas y recursos, de potencialidades económicas, de continuidades territoriales y culturales, de historia y costumbres, de afinidades institucionales y proyectos compartidos infraregionales y transregionales. Pretender mantener los departamentos tal como han sido heredados por la geografía política de la República, no es más que borrar con el codo lo que se escribe con la mano, no es más que consolidar el mismo antiguo régimen centralista criticado. El Estado se expresa extensamente en el territorio, en el diseño territorial, en la cartografía institucional y en la geografía política. Una forma de Estado con autonomías requiere una modificación sustancial del ordenamiento territorial. Para ello, es imprescindible realizar investigaciones exhaustivas que deriven en una propuesta territorial.

Más allá de la desconcentración y de la descentralización administrativa y política por la vía autonómica, es necesario democratizar urgentemente todas las instancias de gobierno y de Estado, se requiere pasar del Estado de Derecho al Estado Social y del Estado Social a la forma de Estado abierta, como una matriz modificable por la fuerza de los cambios, las demandas y los procesos actuales –de la transversalidad de los movimientos sociales a los mapas institucionales redituables y modificables–. Esto implica pensar una forma de Estado y de gobierno sometidos al control social, donde este no solo adquiera carta de ciudadanía sino que, además, integre el propio ejercicio democrático.

Si se tiene vocación democrática, no hay otro camino, fuera de los procesos revolucionarios, que la Asamblea Constituyente, para definir una nueva forma de Estado y la participación en él de los procesos autonómicos. Los corifeos de las autonomías departamentales tienen que definirse por una salida democrática o por una salida de facto. Y si es una salida de facto, deberán enfrentar la posibilidad de una alternativa construida desde las perspectivas de las multitudes, es decir, el desencadenamiento del poder constituyente como vía revolucionaria de las transformaciones históricas.

RAÚL PRADA ALCOREZA es sociólogo y miembro de la Asamblea Constituyente boliviana a propuesta del Movimiento al Socialismo (MAS).

Bolivia: la recuperación de un recurso estratégico*

CLAUDIO KATZ

La decisión adoptada por el gobierno de Evo Morales de nacionalizar el gas natural constituye la antítesis simbólica de las privatizaciones de la década de 1990, y podría introducir una divisoria de aguas en el proceso político latinoamericano. Esa nacionalización se inscribe en la tendencia hacia el restablecimiento de la propiedad estatal de los recursos energéticos, que se viene produciendo a escala internacional. Con el precio del barril por encima de los 70 dólares, y con los Estados Unidos embarcados en guerras imperialistas para asegurarse el abastecimiento de combustible, todos los países productores tienden a incrementar la participación del Estado en la renta petrolera. Tal apetencia se comprueba en los gobiernos de cualquier signo, y en países tan diversos como Rusia, Irán, Arabia Saudita o Nigeria.

Actualmente, las empresas públicas controlan el 80% de las reservas y el 40% de la producción petrolera global, y se observa una reconstitución del cartel de productores semejante al proceso que potenció a la Organización de Países Exportadores de Petróleo (OPEP) en los años setenta y ochenta del siglo XX.[1] En este contexto, la nacionalización dispuesta en Bolivia ha sido recibida con cierta comprensión por todos los sectores capitalistas que no están directamente involucrados en el negocio petrolero. Pero, la medida que adoptó el gobierno de Morales presenta aristas más problemáticas: por un lado, está en juego la reestatización general de los recursos que habían sido transferidos a empresas privadas, y no solo una renegociación puntual de contratos; por otra parte, Bolivia posee riquezas de gas de gran peso regional.

---

* Este ensayo es versión de un capítulo del libro *El rediseño de América Latina*, del mismo autor, que será publicado, próximamente, por Ediciones Luxemburg, Buenos Aires.
[1] Fernando Krakowiak: «Las nacionalizaciones que se tapan», *Página 12*, Buenos Aires, 8 de mayo de 2006, p. 12.

La nacionalización es una medida impactante que constituye el punto de partida de un giro más radical, si se extiende al conjunto de América Latina. El alcance efectivo de la nacionalización es por ahora una incógnita. Se dispuso un plazo de 180 días para adecuar todos los contratos a una nueva reglamentación, que transforma a los concesionarios en contratistas. Este cambio le otorga al Estado atribuciones para decidir el volumen de la extracción, los destinatarios de cada producto y los precios de venta del combustible. La letra chica de los nuevos acuerdos es todavía desconocida y surgirá en parte de las auditorías en curso para verificar los datos de reservas, utilidades e inversiones. No obstante, es un hecho que el Estado boliviano aumentará drásticamente su participación en las utilidades de la explotación en función de la productividad de cada yacimiento. Como el sector público absorberá entre el 50% y el 82% de estos beneficios, los ingresos del Tesoro se duplicarán de inmediato (de 400 a 700 millones de dólares). El proyecto de nacionalización también contempla sustituir la exportación en bruto por emprendimientos de industrialización local del gas. También se propicia la reconstrucción de la vieja empresa estatal Yacimientos Petrolíferos Fiscales Bolivianos (YPFB) a partir de la recuperación de las acciones petroleras que administraban los fondos de pensión privados.[2]

La nacionalización fue anunciada con gestos de autoridad (el envío del ejército a custodiar los yacimientos) y mensajes de negociación dura. Lo que está en juego es una compleja maraña de contratos, que definirá cómo se reparte la renta (por medio de impuestos, precios y regalías), cómo se gestiona la extracción del combustible y qué soporte legal tendrán los nuevos convenios. Esta medida no implica la expulsión de las empresas, ni la asunción estatal de todas las actividades del sector: más bien se apunta a establecer una fuerte regulación estatal, en un país con serias limitaciones para hacer efectivo, de inmediato, el manejo público integral y excluyente de esta actividad.

La nacionalización del gas boliviano es un importante paso adelante, cuya afirmación depende tanto del monto como de la utilización de la nueva renta estatal. Si los fondos públicos se destinan a favorecer a los grupos capitalistas, la nacionalización reproducirá todos los vicios del estatismo petrolero que se han verificado desde México hasta Kuwait. Una capa de burócratas reciclará el excedente para enriquecerse y para facilitar la acumulación subsidiada de los empresarios afines al gobierno de turno. Por el contrario, si los fondos se canalizan hacia el incremento de los salarios,

---

[2] La estrategia de nacionalización fue expuesta por el ministro de hidrocarburos. Andrés Soliz Rada: «Negociaremos el nuevo marco con cada una de las petroleras», *Clarín*, Buenos Aires, 3 de mayo de 2006. Andrés Soliz Rada: «El gasoducto será una alianza solo de empresas estatales», *Página 12*, Buenos Aires, 14 de mayo de 2006, p. 12. Soliz Rada renunció a su cargo el 15 de septiembre de 2006. (*N. del E.*)

el inicio de la reforma agraria, la financiación de los pequeños agricultores, la creación de empleo y el sostenimiento de la obra pública podrían sustentar una redistribución de los ingresos favorable a la mayoría de la población.

Una larga experiencia de estatizaciones burguesas demuestra que el número de empresas traspasadas al sector público no es sinónimo de mejoras para los sectores populares. Solo la presencia, control e intervención directa de los movimientos sociales en la administración de los nuevos fondos permitiría asegurar su utilización en beneficio de la población. En Bolivia, se plantea el doble desafío de recuperar los hidrocarburos y colocar su usufructo al servicio de las mayorías oprimidas.

La decisión adoptada en el Altiplano refuta todos los argumentos que subrayan la inconveniencia o imposibilidad de confrontar desde la periferia con las grandes compañías transnacionales. Si un país tan pobre y saqueado como Bolivia puede iniciar esta acción, ¿qué impide a las grandes naciones de Sudamérica recuperar el manejo efectivo del petróleo y el gas? Ya en otro país del área andina, Ecuador, se dispuso la caducidad de un contrato fraudulento que manejaba la petrolera norteamericana Oxy. No obstante, los principales gobiernos de la región toleran una escandalosa gestión de los hidrocarburos que nutre los bolsillos de los grandes capitalistas.

En México, la empresa estatal PEMEX regula la actividad y controla un millonario presupuesto que financia la alianza dominante de burócratas y monopolistas. La privatización lateral de la compañía complementa este desfalco y prepara un sistema de abastecimiento a los Estados Unidos que eventualmente reemplazaría la provisión venezolana de crudo a la primera potencia. Otro caso es la compañía PETROBRAS de Brasil, presentada como una gran empresa estatal, pero el 60% de su paquete accionario está controlado por fondos de inversión que se cotizan en las Bolsas internacionales. Por eso, los directivos de la compañía reaccionaron con tanta furia cuando se anunció la nacionalización de sus pozos en Bolivia. Tampoco disimularon su irritación los grandes industriales de São Paulo que aprovisionan sus fábricas con gas importado a bajo precio desde el Altiplano, y le exigieron a Lula una actitud dura frente a Morales, que el gobierno del Partido de los Trabajadores (PT) convalidó.

Una defensa igualmente descarada de los intereses capitalistas realizó el gobierno español a pedido de REPSOL. Al igual que PETROBRAS, esta empresa conoce al dedillo la magnitud de las reservas de gas que atesora Bolivia y no tiene ninguna intención de retirarse del país. Prefiere perder una tajada de la renta, antes que renunciar a las ganancias que obtendría con la explotación de los yacimientos del Altiplano. Por eso utiliza toda la artillería diplomática de la Unión Europea para ampliar su presencia en este negocio.

La nacionalización del petróleo y el gas, y su control por parte de la población, es una necesidad en todos los países, pero esta exigencia presenta alcances diferentes en cada nación. Argentina o Brasil tienen a su disposición todos los medios, recursos económicos y dispositivos técnicos para encarar una tarea que Bolivia o Paraguay no pueden desarrollar con la misma facilidad. Las empresas mixtas con el sector petrolero privado que han debido suscribir algunos países (como Cuba), no tienen justificación en otras naciones (como Venezuela).

Lo novedoso del contexto actual es el grado de impacto zonal de las medidas que adopta cada nación. La discusión se ha regionalizado y las iniciativas de nacionalización en un país brindan argumentos para extender su aplicación al conjunto de Latinoamérica. Estos acontecimientos en el terreno energético son vitales, pero el principal campo de una integración popular se ubica en la esfera social. La gran batalla actual gira en torno a la redistribución del ingreso, la mejora de los salarios y la implantación de normas que aseguren educación, salud, trabajo y vivienda para todos.

CLAUDIO KATZ es economista, profesor de la Universidad de Buenos Aires (UBA), investigador del Consejo Nacional de Investigaciones Científicas y Técnicas (CONICET) y miembro de Economistas de Izquierda (EDI).

américa, mi hermano, mi sangre

Un Canto Latinoamericano de Dolor y Resistencia

OSWALDO GUAYASAMÍN
PABLO NERUDA

américa, mi hermano, mi sangre

En una colaboración histórica entre la Fundación Guayasamín, la Fundación Pablo Neruda y las editoriales Ocean Press y Ocean Sur, se unen por vez primera la obra de dos de los artistas más importantes de América Latina, el poeta Pablo Neruda y el pintor Oswaldo Guayasamín.

Con texto bilingüe en inglés y español, este libro utiliza extractos de la obra magistral de Neruda, *Canto General*, junto con pinturas de todos los periodos claves de la obra de Guayasamín a través de su larga carrera artística. *América, Mi Hermano, Mi Sangre* da vida a las batallas, derrotas, victorias y héroes de la historia de resistencia de América Latina.

130 páginas, ISBN 1-920888-73-X

 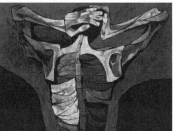 

Este libro termina aquí. Ha nacido de la ira como una brasa, como los territorios de bosques incendiados, y deseo que continúe como un árbol rojo propagando su clara quemadura. Pero no sólo cólera en sus ramas encontraste: no sólo sus raíces buscaron el dolor, sino la fuerza, y fuerza soy de piedra pensativa, alegría de manos congregadas. Por fin, soy libre adentro de los seres.
—PABLO NERUDA

www.oceansur.com ■ info@oceansur.com

Balance del gobierno de Ricardo Lagos

MANUEL RIESCO

El gobierno de Ricardo Lagos terminó en Chile su mandato (2000-2006) en medio del aplauso generalizado, en especial, del empresariado, los medios de comunicación y los organismos internacionales bajo la influencia de los Estados Unidos. También terminó con un elevado apoyo de la opinión pública, hecho que le facilitó a Michelle Bachelet, candidata de la coalición oficialista, Concertación de Partidos por la Democracia (Concertación), ser electa a la Presidencia de la República para el período 2006-2010, en la segunda vuelta de los comicios, celebrada en enero de 2006.

En los últimos dos años de su gobierno, a Lagos le tocó la suerte de ejercer la primera magistratura durante la recuperación de la economía nacional, ocurrida tras una recesión cuya profundidad y extensión fueron causadas, en gran medida, por sus propias políticas. Más importante aún es que ese período final de su mandato coincide con la maduración de procesos que comienzan a permitirle a la sociedad chilena romper, en los más diversos ámbitos, con la represión a la que estuvo sometida a partir del golpe militar de 1973. Aunque Lagos tuvo muy poco que ver con estos procesos, el final de su gestión coincide con la crisis generalizada de la inacabable transición «a la chilena» hacia la democracia.

El gobierno de Lagos es el más reciente de la cadena de gobiernos que han seguido en Chile el modelo neoliberal, imperante en el país desde hace tres décadas. La crisis del neoliberalismo, cada día más evidente en todo el mundo –y dentro de él en América Latina– se manifiesta también en Chile, donde se aprecia, con creciente nitidez, que «los de arriba» no pueden continuar gobernando como hasta ahora, mientras «los de abajo» están mayoritariamente convencidos de la necesidad de establecer un nuevo modelo de desarrollo, cuyo programa comienza a delinearse con contornos claros. ¿Cuánto demorarán estos últimos en traducir tal convicción en acción política masiva? Eso, de momento, nadie puede responderlo, pero parece inevitable que ocurra tarde o temprano: las recientes protestas de los estudiantes secundarios dieron prueba de ello.

A lo largo del siglo xx, el Estado chileno presidió la modernización del país mediante dos estrategias sucesivas, violentamente enfrentadas entre sí, pero que, al mismo tiempo, en cierto modo, forman una unidad. Durante ese proceso, Chile atravesó por una dolorosa transición desde su pasado agrario tradicional, de la cual nacieron actores modernos cuyo parto ha durado todo un siglo. Concluido ese proceso, el país se encuentra de nuevo ante la encrucijada de otro cambio trascendental en su estrategia estatal de desarrollo. Sin embargo, la estrategia emergente parece demandar un entrelazamiento más estrecho con otros procesos que tienen lugar en América Latina, lo cual no fue percibido por el gobierno de Lagos.

Durante la mayor parte del siglo xx, las políticas económicas y sociales desarrollistas del Estado chileno lo transformaron en el principal actor, tanto de la industrialización, como de la promoción del cambio social. Este desempeño estatal alcanzó su clímax hacia el fin de la década de 1960 y principios de la de 1970, cuando encabezó las profundas reformas y transformaciones revolucionarias que cambiaron la estructura agraria tradicional de manera radical. A la larga, dichos cambios demostraron ser irreversibles, y los turbulentos sucesos que los posibilitaron parecen ser la clave para comprender la posterior evolución política y económica del país, junto con los cambios impuestos en las funciones del Estado.

La estrategia del Estado chileno cambió tras el sanguinario golpe militar de septiembre de 1973, que puso fin tanto a la agitación revolucionaria como a la democracia. Las tres décadas siguientes se dividen en dos períodos de similar duración: primero, 17 años de dictadura militar encabezada por Pinochet, y después una lenta transición a la democracia que se ha venido desarrollando desde 1990. El papel del Estado en política económica y social fue desmantelado con revancha durante la dictadura. Aunque la acción estatal continuó forzando un rápido cambio, este fue en beneficio de la emergente clase empresarial. Por su parte, los esfuerzos de los gobiernos que siguieron a la dictadura para revertir el daño causado a las instituciones estatales, muy visible en áreas de la infraestructura, han sido dificultados, tanto por la falta de instituciones plenamente democráticas, como por el predominio de la ideología neoliberal en cuadros académicos y gubernamentales.

Funciones similares a las desempeñadas por el Estado chileno se evidenciaron en toda América Latina a lo largo del pasado siglo, sobre el trasfondo de la inmensa y tectónica transición, aún en pleno curso, de una región que deja atrás su pasado agrario tradicional, y sienta estructuras socioeconómicas modernas. La forma de esas estructuras ha variado en dependencia de las diferencias que se pueden apreciar, tanto en el ritmo y el grado de avance del proceso, como en las trayectorias históricas seguidas por los diversos países y regiones. Sin embargo, lo que ha sido definido como el *Estado de bienestar desarrollista latinoamericano*, se manifestó en la mayoría de los países tras la crisis de 1930, y alcanzó su máximo desarrollo en los años 1970 y 1980. De modo similar, en la mayor parte de América Latina, la estrategia desarrollista cedió el campo al conjunto de políticas que luego se dio en llamar el Consenso de Washington. En el presente, otro cambio de dirección, que se aleja del neoliberalismo, pareciera estar teniendo lugar en países latinoamericanos claves. Una nueva estrategia de desarrollo, centrada en lo que se ha denominado *el neodesarrollismo de bienestar social latinoamericano* puede estar conformándose, y pareciera necesitar un espacio regional mayor y más integrado para poder alcanzar su pleno desenvolvimiento. Sin embargo, el gobierno de Lagos hizo oídos sordos a estas tendencias emergentes.

Lagos: los últimos estertores de una transición «en la medida de lo posible», que permaneció fiel al modelo neoliberal

La dictadura de Augusto Pinochet terminó en 1989, luego de un masivo levantamiento popular que tuvo lugar durante la década de 1980, en la estela de una fuerte depresión económica. Millones de chilenos hicieron su propia *Intifada*, que duraría cuatro años, en los cuales, por ejemplo, en una sola noche fueron asesinadas más de 60 personas por las fuerzas represivas. Durante los tres gobiernos democráticos que ha habido en Chile desde 1990, todos de la Concertación, la economía creció a ritmo muy acelerado hasta 1997 y después atravesó una recesión que, si bien no fue violenta, significó una caída drástica en los ritmos de crecimiento, la cual se prolongó hasta el año 2003. La política fiscal de Lagos fue en gran medida responsable de esa prolongación, puesto que durante su primer año en el gobierno, en medio de la recesión, contrajo el gasto público y lo mantuvo muy restringido a lo largo de su mandato. De todas formas, el crecimiento de la década de 1990 permitió que algo chorrease hacia abajo. La pobreza, que alcanzaba a la mitad de la población al fin de la dictadura, ha bajado a una quinta parte, y todos los indicadores sociales han mejorado, tal como lo registra el Índice de Desarrollo Humano (IDH) del Programa de Naciones Unidas para el Desarrollo (PNUD). Sin embargo, la mayor parte de ese crecimiento fue a parar al segmento de altos ingresos –los pocos que son felices– a medida que la distribución del ingreso en Chile se ha tornado aún más escandalosa en años recientes, como denunció hace poco la Iglesia Católica.

El Producto Interno Bruto (PIB) creció 80% entre 1989 y 1997, medido según una serie con base en 1986 y, nuevamente, creció 25% entre 1997 y 2004, mientras que en 2005 volvió a crecer más de 6%, con lo cual el PIB más que se duplicó durante todo el período (2,3 veces desde 1990 hasta 2005). El gasto público creció más que el PIB de 1989 a 2000, y un poco por debajo de este entre 2000 y 2005, durante el gobierno de Lagos. Lo mismo ocurrió con el gasto público social. Como resultado, el tamaño del Estado casi se triplicó en el período (el gasto público aumentó 2,8 veces entre 1990 y 2005), el gasto público en salud más que se triplicó (3,4 veces) y en educación se multiplicó por más de cuatro (4,4 veces). No obstante, sus niveles eran tan bajos en 1990 que, aún después de esta recuperación, el tamaño del Estado, el gasto público social –actualmente en 14% del PIB, inferior al promedio de América Latina–, y aquellos destinados a educación y salud permanecen muy reducidos, aún para los modestos estándares de la región. En proporción al PIB, los últimos son menos de la mitad que antes del golpe de 1973, y medidos en moneda constante por alumno y habitante, respectivamente, son similares o inferiores a los de aquel entonces. Sin embargo, hay una creciente percepción de las limitaciones de los esquemas neoliberales de protección social, los cuales se encuentran en franca crisis, al menos en previsión y educación.

Después de 20 años de experimentos con dichos esquemas en Chile, sus virtudes y, especialmente, sus serias debilidades y limitaciones, parecen estar bien claras hoy por hoy. Hablando en general, la principal desventaja de los sistemas privatizados de protección social es que remiten sus beneficios al 20% de la población de mayores ingresos, o poco más. Sin embargo, también esos sectores se muestran poco satisfechos, y demandan poner coto a los crecientes costos de la salud, la educación y la administración previsional, así como a diversas regulaciones. De otro lado, la cantidad de recursos focalizados en los segmentos de menores ingresos, en programas de alivio a la pobreza, por ejemplo, aunque efectivos hasta cierto punto para aliviar los indicadores sociales y la condición de los más pobres, han demostrado ser muy insuficientes: «apenas alcanzan para el último quintil, pero no para el que sigue, que es asimismo atrozmente pobre», como ha declarado un ex ministro de hacienda de Chile. Mientras tanto, tales esquemas han probado ser bien poco efectivos para la vasta mayoría de la población, que ha quedado muy desprotegida, o ha vuelto a los sistemas públicos cuando le es permitido hacerlo, como ocurre con la salud.

Sin embargo, esta situación pareciera estar llegando a su fin, a medida que la opinión pública se aleja rápidamente de las tendencias prevalecientes hasta ahora, y temas que hasta hace poco estaban confinados a unas pocas voces críticas, están empezando a transformarse en parte de la agenda pública, como ocurre con las reformas en curso a la previsión y educación, o al sistema electoral binominal. Los avances bien notables que se han logrado en materia de derechos humanos desde la detención de Pinochet en Londres, han constituido el principal tema político en Chile, acaparando primeras planas a diario, pero han cursado, en lo fundamental, al margen del sistema político, el cual, por lo general, se ha opuesto en bloque a los mismos.

El gobierno de Lagos permaneció fiel a los compromisos de impunidad de la transición, y realizó durante su mandato dos de las principales iniciativas con ese fin: el rescate de Pinochet desde Londres y la llamada «mesa de diálogo», que presionó sin éxito por el término de los juicios, una semana antes de la vista en tribunales de la causa del ex dictador. Sin perjuicio de ello, los avances señalados han alentado la lucha por la defensa de los derechos humanos, a medida que la misma tímidamente se empieza a abrir paso en los ámbitos de la lucha por los derechos sociales y económicos.

Una nueva estrategia de desarrollo pareciera estar tomando forma en Chile, donde políticas públicas fuertes y renovadas adquieran un papel protagónico, solo que esta vez construyendo sobre lo que ahora sí puede entregar: una moderna sociedad civil, que es la hija de todo el proceso antes descrito. Estas políticas se van a consolidar inevitablemente, tarde o temprano, luego de lo cual la percepción pública acerca de lo que ha sido la transición chilena y el gobierno de Lagos habrá cambiado sustancialmente, y cuando ello ocurra, difícilmente será para mejor.

MANUEL RIESCO es investigador del Centro de Estudios de la Realidad Nacional (CENDA) de Chile.

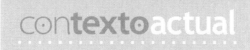

Chile: neoliberalismo e institucionalidad antidemocrática

GUILLERMO TEILLIER

En enero de 2006, se efectuó en Chile la segunda vuelta de la elección presidencial en la que Michelle Bachelet, candidata de la Concertación de Partidos por la Democracia (Concertación), integrada por el Partido Demócrata Cristiano (PDC), el Partido Socialista de Chile (PSCh), el Partido por la Democracia (PPD) y el Partido Radical Socialdemócrata (PRSD), derrotó al candidato de la derecha, Sebastián Piñera, de la alianza entre Renovación Nacional (RN) y la Unidad Democrática Independiente (UDI). En esa segunda vuelta, el Partido Comunista de Chile (PCCh) brindó su apoyo condicionado a Bachelet, sobre la base de una plataforma democratizadora de cinco puntos.[1] Los hechos demuestran que esta postura de los comunistas está influyendo en la realización de ciertas reformas, cuyo éxito dependerá de la

---

[1] La posición adoptada por el Partido Comunista en relación con la segunda vuelta fue promover una plataforma con cinco exigencias a la candidatura de Michelle Bachelet, en virtud de que el 5% obtenido por la coalición Juntos Podemos Más (JPM) en la primera vuelta dirimiría el resultado de la segunda. Las demandas fueron que Bachelet se comprometiera a: 1) eliminar el sistema electoral binominal y reemplazarlo por un sistema electoral proporcional, no excluyente y representativo; 2) modificar las normas laborales con el fin de establecer el derecho a la negociación colectiva para todos los trabajadores y el derecho efectivo de huelga; 3) usar fondos del actual superávit fiscal para elevar en un 100% las pensiones mínimas y las pensiones asistenciales de vejez e invalidez, y para desarrollar un plan especial de obras públicas que alivie la situación de desempleo de las localidades más deprimidas del país; 4) dar una señal concreta de su disposición de prestar mayor atención a los problemas medioambientales y de los pueblos originarios, mediante el rechazo al proyecto minero de Pascua Lama; y 5) brindar apoyo a las organizaciones que defienden incansablemente los derechos humanos, empeñarse, junto a ellas, en lograr la verdad, la justicia y la reparación a las víctimas de la dictadura.

capacidad de la izquierda para profundizar la movilización social en curso y el proceso de convergencia social y política.

Chile es el país latinoamericano en el que con mayor claridad se observa la aplicación, casi sin contrapeso alguno, del modelo neoliberal impuesto bajo la dictadura de Pinochet, apoyado en una institucionalidad antidemocrática, hecha a la medida de los intereses de los monopolios transnacionales y los grupos de poder criollos, plasmada en la Constitución Política del Estado mediante un plebiscito fraudulento realizado en 1989. Esa institucionalidad es la que propicia el desmantelamiento del Estado, la privatización de las empresas públicas, la apertura a la inversión extranjera y la enajenación de casi el 65% del cobre y otras riquezas mineras nacionalizadas durante el gobierno de Salvador Allende.

Su carácter antidemocrático se evidencia en la instauración de mecanismos de «amarre» como la ley electoral vigente,[2] que no solo excluye del parlamento a las fuerzas de izquierda y a los dirigentes sindicales y gremiales, sino que además mantiene un empate en el número de parlamentarios electos entre la derecha pinochetista y la Concertación, aunque la derecha pinochetista obtenga solo el 35% de los votos. Ello le permite a esta última bloquear, por medio de los quórum calificados, las reformas a las leyes de rango constitucional: es un poder de veto equivalente a una dictadura parlamentaria.

En Chile está vigente un Código Laboral del que se borraron los derechos conquistados por los trabajadores durante décadas de lucha. De igual modo, una disposición constitucional prohíbe que el Estado emprenda inversiones productivas de desarrollo. Más aún, en estos tiempos de «transición a la democracia» se han introducido normativas que se contradicen con la propia Constitución, que permiten el traspaso de yacimientos cupríferos a empresas transnacionales y casi imposibilitan que el Estado las recupere, pues para hacerlo tendría que pagar hasta el último gramo de las reservas estimadas del yacimiento, no sólo del cobre, sino de todos los minerales asociados a este.

Los gobiernos de la Concertación han consolidado y profundizado el modelo neoliberal. El Tratado de Libre Comercio (TLC) suscrito con los Estados Unidos deja a los chilenos más vulnerables y enfrentados a nuevos y graves peligros, como lo demuestra el impacto de la caída del dólar sobre los exportadores y los productores nacionales y las leoninas cláusulas que enajenan nuestra soberanía económica.

---

[2] El sistema electoral binominal distribuye todos los cargos de elección popular entre las fuerzas políticas que obtengan las dos mayores votaciones, lo cual excluye a las demás, incluso si obtienen un porcentaje significativo del voto. La injusticia de ese sistema queda demostrada por el hecho de que, con un sistema proporcional, la coalición Juntos Podemos Más, hubiera elegido al menos ocho diputados en estos comicios, pero no eligió siquiera uno.

Chile podría alcanzar un desarrollo cualitativo y sustentable, mediante la elevación significativa del valor agregado de nuestras exportaciones y una reindustrialización basada en sectores de punta, como lo han hecho otros países emergentes. Por ejemplo, refinar y manufacturar todo el cobre que se extrae, y hacer otro tanto con el molibdeno, el oro, el litio, la madera, el carbón y otros recursos marítimos y agropecuarios que poseemos en abundancia, y aprovechar la capacidad de nuestros profesionales y técnicos para exportar servicios. Se necesita la iniciativa del Estado con recursos financieros propios, para abrir paso a la creación de nuevas fuentes de trabajo que termine con la cesantía estructural, en gran medida oculta en las estadísticas oficiales.

Vivimos en medio de la gran paradoja de un país que ve transitar ante sus ojos riquezas inimaginables, conoce de utilidades fabulosas de la banca, el gran empresariado y las empresas transnacionales, toma nota de la jactancia de los tecnócratas del sistema que cuentan por miles y miles de millones los dólares acumulados en las arcas fiscales, mientras se eterniza una situación de carencias sociales inconcebible en medio de tanta opulencia financiera.

En el año 2005 el superávit alcanzó a 5 403 millones de dólares, equivalente al 4,8% del PIB. Los excedentes por el alto precio del cobre, alcanzarán este año a los 10 000 millones de dólares, que se colocan en los volátiles mercados financieros del exterior o bien, se ponen directamente en manos de las transnacionales, con serios riesgos de pérdidas, como ha ocurrido en los últimos meses, todo ello, sin contar el 10% de las ventas de la Corporación del Cobre (CODELCO) que pasa directo a las Fuerzas Armadas para la compra de armamentos.

Estamos ante una oportunidad extraordinaria, aunque dure pocos años, que puede perderse, si Chile no da ahora un salto en su desarrollo económico y social. Lo que no es transitorio sino permanente, son las elevadas ganancias que se están llevando 17 transnacionales y unos pocos grupos nacionales. La magnitud de tales ganancias lo grafica el hecho de que el año pasado, hasta el mes de septiembre, todas las compañías privadas del cobre habían entregado al Fisco chileno, por tributación, la suma de 1 240 millones de dólares, correspondiente a más del 60% de todo el cobre que se exporta. Entretanto, CODELCO, que ha sido reducida a extraer el 36% del mineral exportado, aportó al Fisco más de 4 000 millones de dólares.

En nuestro paraíso neoliberal hay más de 800 000 indigentes, 3 millones de pobres, 500 000 cesantes crónicos, 700 000 familias en viviendas precarias, como lo reconocen cifras oficiales subestimadas. El 80% de los trabajadores que están laborando, son subcontratados. Los trabajadores informales, que en realidad son cesantes, llegan a los 700 000 que se suman a las cifras oficiales de cesantía. De las 800 000 micro y pequeñas empresas, que generan el 68%

de los puestos de trabajo, 400 000 están cerradas por deudas, quiebras o la imposibilidad de competir con los grandes monopolios y las importaciones.

La baja inversión pública en salud se traduce en dramáticas carencias que afectan a hospitales y policlínicos públicos, lo que obliga a muchos a incurrir en gastos catastróficos por enfermedades que las Instituciones de Salud Previsional Privadas (ISAPRES) y clínicas transforman en lucrativos beneficios. El 40% de los chilenos no está adscrito a ningún sistema de previsión. La mitad de los trabajadores afiliados a las Administradoras de Fondos de Pensiones (AFP) alcanzará solo a la pensión mínima, mientras otro alto número ni siquiera podrá percibir esta. Sin embargo, las AFP que monopolizan el negocio cobran elevadas comisiones y utilizan los ahorros de los trabajadores para invertirlos y participar en las ganancias de las grandes empresas.

Mientras el 80% de los chilenos accede al 39% del ingreso total, el 20% más rico del país se queda con el 61%. En buena medida el poder económico de los más ricos proviene de las privatizaciones de las empresas públicas y de los créditos, subsidios y ventajas tributarias que les han concedido la dictadura y los gobiernos de la Concertación. Los magnates chilenos ya se codean con sus pares de los países más ricos, donde poseen fuertes inversiones. Los altos ejecutivos, relacionadores, asesores, abogados y consultores a su servicio gozan de ingresos superiores a sus colegas latinoamericanos e incluso europeos, gracias a los bajísimos impuestos que pagan. En contraste, unos 10 millones de chilenos viven en hogares donde los adultos deben mantener a sus hijos con ingresos, cada uno, apenas superiores al ingreso mínimo.

El sistema de educación, estructurado sobre la base de la denominada Ley Orgánica Constitucional de Enseñanza (LOCE), dictada un día antes que Pinochet dejara el poder, coloca la llamada libertad de enseñanza por sobre el derecho a la educación, contraponiéndose absolutamente a la concepción de la educación como un derecho humano fundamental cuyo acceso debe estar garantizado en iguales condiciones para toda persona, ya que la ha transformado en una mercancía cuya calidad depende básicamente de la capacidad económica de cada cual de acceder al «mercado educacional».

En la actualidad casi el 50% de los establecimientos educacionales del país son subvencionados y el Estado invierte un poco más del 4% del PIB, por debajo del 7% que es la media internacional; el resto del gasto es de cargo directo de la población, con lo que se llega al 7% que exhiben los índices oficiales. Conjuntamente con lo anterior, se han desfinanciado las universidades públicas, y se las ha obligado a un autofinanciamiento que va en desmedro de su función social. El neoliberalismo impone una educación para una economía de sobreexplotación de recursos naturales, de escaso valor agregado y basada en la generalización del trabajo precario.

Podríamos abundar en muchos otros aspectos sobre las consecuencias de la aplicación de este modelo, como la contaminación acelerada del medio ambiente, la usurpación de derechos sobre la tierra a las minorías étnicas y su no reconocimiento constitucional como pueblos, el incremento de la especulación financiera, la desigualdad profunda entre sexos, en desmedro económico, social y cultural de la mujer. El crecimiento de la delincuencia, la drogadicción, el empobrecimiento y desintegración cultural, el individualismo, la falta de solidaridad y seguridad, la criminalización y represión de la movilización social. Junto a ello, está la persistencia de la falta de verdad y justicia, en la inmensa mayoría de los casos de los detenidos desaparecidos, de los ejecutados y otras víctimas de la dictadura de Pinochet instalada en Chile por el imperialismo norteamericano el año 1973.

El asunto es cómo avanzar en medio de esta instalación neoliberal y antidemocrática, bajo gobiernos de una inspiración ambigua, engañadora, que exhiben un aura de continuidad con las mejores tradiciones de la izquierda, pero que ya no es ni socialista ni portadora del ideario de Salvador Allende, que se han afincado en el poder con la misma institucionalidad que Pinochet se reservaba para asumir una nueva etapa de gobierno dictatorial y que además juegan con los miedos de la gente ante un eventual regreso al poder de la derecha más cavernaria, por lo tanto promueven el «voto útil», que les ha servido en cada oportunidad para desalentar a aquellos que están predispuestos a buscar una alternativa electoral al neoliberalismo. Ante esta situación, aparece como un aspecto central en el desarrollo de la política del PCCh establecer adecuadamente la contradicción principal del período, pues ello nos permite visualizar las fuerzas motrices, las alianzas y las formas de lucha que corresponden a este momento histórico concreto.

El carácter pactado del término de la dictadura tuvo como ejes principales la exclusión de la escena política de quienes durante 17 años estuvimos al frente de la lucha de masas por la democracia y la justicia social, y la postergación indefinida de los contenidos esenciales que movilizaron a millones de chilenos en la lucha contra la tiranía, para imponer el neoliberalismo, cuya base institucional es la antidemocrática Constitución pinochetista, que rige hasta hoy. Por ello hemos definido que la contradicción principal del período es entre neoliberalismo y democracia, y a la revolución democrática como objetivo histórico estratégico cuya vigencia se mantiene.

Acontecimientos que se han sucedido a partir del año 2003 recién empiezan a configurar una nueva etapa de movilización popular, entre ellos, el exitoso paro nacional convocado por la Central Unitaria de Trabajadores (CUT) el 13 de agosto de ese año, que consolidó una plataforma antineoliberal en el Congreso Refundacional de la CUT. Las jornadas de conmemoración de los 30 años de la Unidad Popular, por su envergadura y la repercusión que alcanzaron entre los jóvenes, al conocer estos, al fin, masivamente la experiencia de ese proceso, han contribuido enormemente al despertar de las conciencias. Emergió en este período un movimiento de fuerzas de izquierda, articulado primero en el Juntos Podemos y después en el Juntos Podemos Más, que luego de obtener un 9,6% en las elecciones municipales, acordó un programa común de gobierno, una lista parlamentaria unitaria y una sola candidatura presidencial para las recientes elecciones nacionales. El resultado electoral del Juntos Podemos en las elecciones municipales es el triunfo político electoral más importante que ha logrado el Partido desde el fin de la dictadura.

Los días 20 y 21 de noviembre del año 2004 ocurrió otro hecho de masas relevante en el contexto del Foro de Cooperación Económica de Asia y del Pacífico (APEC), en torno al cual se desarrolló una protesta nacional y una marcha en Santiago de miles de personas que expresaron su rechazo al neoliberalismo y a Bush.

Una constante en este período ha sido la lucha por la verdad, la justicia y contra el punto final. Irrumpieron movilizaciones de centenares de miles de inquilinos deudores en mora, la acción ciudadana contra CELCO, Pascua Lama y La Farfana, proyectos económicos de alta contaminación, el repudio a la tragedia de Antuco, maniobras militares que significaron la muerte de decenas de conscriptos, las luchas del pueblo mapuche por su reconocimiento, las tierras y la libertad de sus presos. Es muy significativo el 7,4% nacional obtenido en las elecciones parlamentarias junto con las votaciones superiores a ese promedio en 10 distritos, y entre 10% y 23% en 4 distritos, pues fueron logrados a pesar del binominalismo, sin tener parlamentarios ni puestos de gobierno, con muchísimos menos recursos y acceso a los medios de comunicación, y luchando contra la percepción de que, dado el sistema electoral binominal, no resultaríamos electos cualquiera fuera nuestro esfuerzo.

Quizá el acontecimiento que remeció con más fuerza, a comienzos del año 2005, la conciencia y los sentimientos de millones de chilenos fue la participación del pueblo en el multitudinario homenaje a nuestra querida compañera Gladys Marín, en su funeral, hecho que amplió y profundizó el horizonte de nuestras miradas y las de muchos dirigentes sociales y políticos.

Queda claro que el crecimiento de las fuerzas que plantean una alternativa al neoliberalismo no se puede medir solo en votos, sino, sobre todo, en su capacidad para desarrollar una política de transformaciones profundas en el movimiento popular. No será posible avanzar en nuestro objetivo histórico, la revolución democrática, si no se logra mayores niveles de organización y presencia de masas. Hay una directa relación entre los objetivos estratégicos y las transformaciones revolucionarias que se necesitan para un período determinado y la concepción del partido que debemos construir, convencido, activo y unido, parte integrante y decisiva de los procesos sociales en curso, para implementar a fondo nuestra política sin titubeos e inhibiciones.

En medio de dificultades, pero con notables avances, es posible afirmar que Chile ya no es el mismo de hace seis meses. Las fuerzas políticas y los movimientos sociales populares son actores crecientemente decisivos en estos días, y han abierto grandes posibilidades de erosionar la hegemonía de los sectores neoliberales. Como ejemplo de sus avances, basta citar las heroicas batallas de los miles de trabajadores del subcontrato de CODELCO contra la discriminación laboral; la lucha político-electoral de diciembre de 2005 que afianzó las posiciones del JPM; la posición táctica del PCCh respecto de la segunda vuelta presidencial, que permitió trastocar con un contenido democratizador lo que parecía una exclusiva disputa en el seno del bloque dominante y ha abierto paso a la constitución de un amplio entendimiento de partidos, movimientos, fuerzas sociales, personalidades e intelectuales que han acordado luchar por el cambio del actual sistema electoral binominal e incluso la posibilidad de realizar un plebiscito para tal objetivo, lo que ha potenciado las exigencias de los trabajadores para una real reforma del sistema previsional. Junto a ello se da como el hecho más relevante la irrupción del movimiento estudiantil que mostró al país la crisis e inequidad de una educación construida de acuerdo con los mandatos del Banco Mundial y del Fondo Monetario Internacional.

El nuevo gobierno, encabezado por Michelle Bachelet, no dejará de ser un gobierno neoliberal. Lo que ha ocurrido es que ante el descontento social creciente, el oportunismo de la derecha que ha usado tal descontento, y la expresión crítica y propositiva de la izquierda, la Concertación se ha visto ante la necesidad de un reposicionamiento. Esto es lo que explica que, por primera vez, en medio de contradicciones en su seno, se manifieste una cierta disposición a reconocer la necesidad de cambios y el legítimo papel de los movimientos sociales y fuerzas políticas excluidas, que impulsan demandas democráticas. Ante señales de agotamiento del modelo, la Concertación intenta una nueva rearticulación para su desarrollo en el tiempo. Se ha visto en la disyuntiva de mantener un modelo que empieza a mostrar fisuras no menores, o realizar cambios para su permanencia hacia el futuro.

El surgimiento de un nuevo momento político en el país ha creado condiciones favorables para generar una convergencia de fuerzas sociales y políticas, incluidos sectores de centro, que, de distintas maneras y en diversos momentos, confluyan en el rechazo al neoliberalismo y se planteen un programa de profundas transformaciones democráticas y de justicia social para Chile.

Tras ese objetivo nos proponemos alcanzar un nuevo tipo de gobierno democrático, soberano y de justicia social, sustentado en una mayoría nacional activa y participativa. Esta es la meta principal para el período histórico que vivimos, y el camino para lograrlo es la unidad y la lucha de todo el pueblo, que marca este momento con la movilización creciente de distintos sectores sociales, lo cual se entrelaza con la formulación del paso táctico en la segunda vuelta presidencial, cuyo contenido programático y proyección ha aportado significativamente en el desarrollo de los últimos acontecimientos.

La clave en el proceso unitario es que las alianzas se produzcan y se generen en el trabajo de masas, en el proceso de construcción de este amplio espacio que significa la convergencia social y política, un campo fértil de crecimiento e incidencia para la correlación de fuerzas que necesitamos. Es en esta perspectiva que nos planteamos incidir en sectores del centro político para avanzar hacia un programa democrático de transformaciones sociales y políticas. Una izquierda capaz de incidir de esta forma, puede plantearse procesos de cambio que nos pongan en la dimensión de conquistar un gobierno de mayorías nacionales, con una hegemonía democrática y popular que permita sustentar los avances y las tareas de la revolución democrática.

No vemos contradicciones entre la búsqueda de esta alianza amplia y la unidad de la izquierda que hoy engloba una pluralidad de fuerzas sociales, partidos, movimientos, tendencias, personalidades y otras formas de acción política, que expresan lo mejor de la experiencia histórica nacional e internacional de las luchas populares y revolucionarias, que se plantean llevar a cabo profundas transformaciones democráticas al modelo de dominación del capital financiero, sobre la base de la más amplia unidad de todo el pueblo.

Nuestro desafío es cómo nos apropiamos más del nuevo momento, pues ello nos permitirá dilucidar cuáles son los factores más dinámicos en los que debemos apoyarnos para aislar a los sectores que representan al capital financiero transnacional, y lograr así los avances de rango estratégico que nos hemos trazado para el presente período en el que los sectores populares van entendiendo que no se trata solo de defender tal o cual reivindicación particular, sino que hay que apuntar a las bases institucionales del modelo.

Han facilitado este momento las conquistas democráticas y progresistas de las luchas populares en el mundo y en América Latina y el Caribe, que se abren paso ante el fracaso del sistema neoliberal y los efectos desastrosos de la globalización capitalista, particularmente en nuestro continente.

Los últimos años han marcado la agresividad política, militar y económica del imperialismo norteamericano en diferentes partes del mundo. Lleva a cabo su guerra contra Afganistán e Irak. Amenaza a Siria, a Irán y a diversos países, con el fin de apoderarse del petróleo y de otras riquezas del Medio Oriente y de Asia Central. Presiona para subordinar a sus políticas a Rusia, China e India, remilitarizando el Japón. Desata el racismo antiárabe y el antiislamismo, que son usados para impulsar en estos días la cruel y desenfadada intervención terrorista de Israel contra Palestina y el Líbano. En América Latina, intensifica y perfecciona su estrategia de agresión e intervención para detener las luchas populares y los procesos revolucionarios, como lo ilustra el llamado de Condoleezza Rice a constituir un frente común contra el gobierno de Hugo Chávez o el endurecimiento del bloqueo contra Cuba. En apoyo a esta política busca el concurso del gobierno de Uribe en Colombia y ahora del de Alan García en Perú y presiona al gobierno de Chile.

La descripción de estos procesos no puede llevarnos a ignorar su carácter contradictorio, es decir, el hecho de que corresponden a una situación de debilitamiento de la hegemonía imperialista, en donde la tendencia principal es progresista y emancipatoria. En respuesta a la política de agresión y de guerras de los Estados Unidos, se desarrollan avances importantes en la lucha de los pueblos. Nadie en América Latina y en el Caribe puede ignorar los significativos avances del MERCOSUR y de la Alternativa Bolivariana para la América (ALBA) en la integración de los pueblos y su independencia del imperialismo. El pueblo de Chile no es ajeno a dicha realidad.

GUILLERMO TEILLIER es presidente del Partido Comunista de Chile, profesor universitario y economista del Centro de Estudios de la Realidad Nacional (CENDA).

Avances y desafíos de la unidad: experiencias electorales en Colombia

JAIME CAYCEDO, NIXON PADILLA y GABRIEL BECERRA

El 28 de mayo de 2006 culminó en Colombia un complejo momento de confrontación entre el régimen encabezado por el presidente Álvaro Uribe Vélez, que propugna un denominado Estado comunitario, e importantes sectores populares que promueven la unidad entre sí para crear un gobierno democrático alternativo. Puntos culminantes en esa confrontación fueron las elecciones legislativas del 12 de marzo y las presidenciales del 28 de mayo recién pasados, cuyo rasgo más destacado es que en ellas entró en vigor un conjunto de reformas al sistema electoral. En particular, en la elección al parlamento se introdujo el umbral y la cifra repartidora de escaños del sistema D' Hondt,[1] que obligan a la disminución del número de partidos y a su reagrupamiento, mientras que en la elección presidencial se estableció la reelección inmediata, con el fin de consolidar el proyecto neocolonialista y fascistoide de Uribe.

Una reflexión sobre los resultados de la elección legislativa

En las elecciones legislativas del 12 de marzo se aplicaron por primera vez los procedimientos de la reforma electoral aprobada en 2003, que obligan al reagrupamiento de los partidos y aplican el voto preferente. Como se sabe, las elecciones en Colombia son un proceso mediatizado que ofrece un reflejo distorsionado de la realidad. En esta oportunidad, los resultados numéricamente

---

[1] Estas reformas figuran entre las recomendaciones realizadas por una Misión de la Universidad de Harvard, encabezada por Alberto Asesina, que fue financiada por el Banco Interamericano de Desarrollo (BID). Su propósito es el reacondicionamiento institucional de los sistemas políticos y electorales dirigidos a paliar la crisis del Estado en América Latina y a asegurar la gobernabilidad, es decir, impedir que la izquierda y las fuerzas populares puedan acceder al gobierno.

favorables al uribismo no cambian, en lo esencial, la composición política de la legislatura, pero muestran reacomodos que, si bien expresan los mismos intereses de clase dominante, permiten entrever contradicciones y matices favorables a la lucha popular. En primer lugar, se observa la agudización de la crisis del bipartidismo histórico, cuyo peso relativo disminuye. El Partido Conservador sufrió una merma en los votos recibidos y en el número de legisladores electos con relación a 2002. También el Partido Liberal que, a diferencia del Conservador, forma parte de la oposición al presidente Uribe, vio reducido su caudal, aunque logró recuperar algunos de los cupos del Senado que había perdido, después de los comicios de 2002, por el paso de una fracción sustancial de su bancada al uribismo. Esta tendencia declinante del bipartidismo no es un fenómeno coyuntural; por el contrario, va a continuar en el futuro.

Una razón estructural de la declinación del bipartidismo colombiano es el cambio en la composición de la clase burguesa. La mayor parte de los cuadros parlamentarios del uribismo provienen, justamente, de la dirigencia liberal disidente y del Partido Conservador oficial. El modelo neoliberal, contrainsurgente y represivo, favorece las opciones de acumulación de capital por la vía de la corrupción administrativa, el narcotráfico, la violencia, la especulación financiera y terrateniente, y la inserción en las cadenas de la transnacionalización. Como un rasgo característico de este proceso, una parte de los nuevos dirigentes que salen del bipartidismo se realinean en posiciones más reaccionarias. El reacomodo de esas fracciones de la burguesía se ha visto apalancado por los cambios en el sistema de poder, por su corrimiento cada vez más a la derecha y por su menosprecio a las formas democráticas, aún las de la democracia burguesa.

El tinglado político de clase que rodea a Álvaro Uribe Vélez está formado por el Partido Conservador –representante del latifundismo–, por el grupo denominado Cambio Radical –acaudillado por Enrique Vargas Lleras, desprendido de la derecha del liberal y vinculado al lobby parlamentario del militarismo–, y por la familia Santos –propietaria del diario *El Tiempo*, vocero del sector financiero y único diario nacional–. Pero el mandatario carece de un partido propio, coherente y unificado, que recoja sus planes. La mayoría parlamentaria con que cuenta no modifica esta debilidad, que se acrecienta y deriva hacia nuevas contradicciones.

La proliferación de agrupaciones de derecha en las que se refugiaron los depurados del uribismo, creó partidos de bolsillo, con intereses propios, con los que Uribe debe negociar a cada paso. Las cartas del mandatario que forman el bloque mayoritario en el parlamento son: el Partido Conservador, el Partido de la U, Cambio Radical, Colombia Democrática, Alas-Equipo Colombia, Colombia Viva y Convergencia Democrática. Estas dos últimas son las organizaciones en las cuales, con el apoyo vergonzante de Uribe, hallaron refugio candidatos conocidos por sus vínculos con el narcotráfico y el paramilitarismo. Se trata de un remedo de «pluralismo», burocrático y electorero que, bajo el paraguas del poder, se apoya en todos los vicios del clientelismo tradicional.

Frente al bloque uribista, emerge el Polo Democrático Alternativo (PDA), con resultados electorales positivos que obedecen a la unidad alcanzada por sus miembros. Esta unidad encarna el sentimiento profundo existente en amplios sectores de la izquierda y el movimiento popular colombiano, que refleja la tendencia manifiesta en América Latina en respuesta al desastre del modelo neoliberal y a la exigencia popular de encontrar una alternativa. El PDA es una coalición política conformada mediante la fusión del Polo Democrático Independiente (PDI) y de Alternativa Democrática (AD). El PDI es una organización de centroizquierda entre cuyos dirigentes se encuentra el actual alcalde de Bogotá, Luis Garzón, y que postuló como precandidato a la presidencia a Antonio Navarro Wolf, ex dirigente del desaparecido Movimiento 19 de Abril (M-19). Por su parte, AD es un frente de partidos, organizaciones y movimientos políticos y sociales de izquierda que postuló como precandidato a la presidencia al jurista Carlos Gaviria, quien ganó la candidatura presidencial del PDA en una elección primaria en la cual se impuso frente a Navarro Wolf.

El PDA es una fuerza en ascenso, con proyección nacional, que se perfila como el eje articulador de la oposición en virtud de la crisis de los partidos tradicionales. En los comicios parlamentarios de marzo, esta coalición logró elegir a diez senadores y ocho diputados.[2] A este resultado contribuyeron: el programa de unidad adoptado en el proceso de fusión entre el PDI y AD, la táctica de llevar candidaturas únicas de la coalición a todos los cargos electivos, y el triunfo de Gaviria frente a Navarro en la consulta realizada para elegir al candidato presidencial.

Contrario al discurso de la llamada «moderación», fomentado por la derecha y asumido por algunos sectores del PDI, las posiciones identificadas con la izquierda fueron las favorecidas en las consultas internas realizadas en el PDA. No se trata solo de una preferencia por personas y liderazgos. Frente a las iniciativas programáticas «efectistas» que prometen mayor o menor cantidad de empleos y viviendas –y que solo se diferencian en el aspecto cuantitativo–, la gente quiere una propuesta cualitativamente distinta: ni asistencialismo, ni conciliación con Uribe; tal es la enseñanza del resultado electoral del PDA.

El caudal electoral cosechado por los candidatos a la legislatura por el PDA fue importante: más de un millón de votos, que representan un punto de partida muy positivo. Por separado, los integrantes de esa coalición no habrían

---

[2] Esta cantidad equivale al 10% del Senado que es elegido en una circunscripción nacional única. El porcentaje en la Cámara de Representantes es menor debido particularmente a la mayor competencia de grupos regionales en las circunscripciones departamentales (que son 32 en el país, tres de minorías y una más en el exterior).

logrado el mismo resultado. Lo que antes resaltaba como una fuerza solo en Bogotá, se amplió a escala nacional. Ese es el fruto de la unidad, pero también del atractivo que ofrece la lucha en una perspectiva que va más allá de lo electoral. La fuerza del PDA es mayor en los sectores urbanos y, especialmente, en las grandes concentraciones urbanas, como Bogotá, Cali, Medellín y Barranquilla. En Bogotá, con casi el 15% de la votación y tres representantes a la Cámara, el PDA demuestra ser clave. En el departamento de Nariño, frontera andina con Ecuador, el PDA figura en primer lugar. También vale la pena destacar que, dentro del espectro de fuerzas que conforman el PDA, el Frente Social y Político (FSP), integrante de AD, eligió a dos senadores y dos diputados. Esta cifra podía haber sido superior, pero la dispersión de candidaturas le impidió –por muy pocos votos– obtener otro escaño en el Senado, lo que representa una experiencia negativa.

El balance de la elección presidencial

La elección presidencial del 28 de mayo fue manipulada para garantizar la reelección de Álvaro Uribe. El presidente-candidato impuso condiciones nuevas, entre ellas no debatir con otros candidatos ni aceptar la discusión sobre los resultados de su gestión de gobierno. En rigor, Uribe nunca actuó como candidato sino como presidente en reelección. Por su parte, la ley de garantías fue una ficción, que solo permitió obtener financiamiento público a algunos candidatos. A partir de estas condiciones, tres hechos resaltan en el balance de la elección: el triunfo del «reeleccionismo», la alta votación recibida por la izquierda y el declive del voto del Partido Liberal.

La votación a favor de Álvaro Uribe fue proporcionalmente alta en Bogotá, Antioquia y los departamentos del Eje Cafetero, mientras Carlos Gaviria triunfó en Guajira y Nariño, y quedó casi nivelado con Uribe en Atlántico, Cauca, Putumayo. Por su parte, el candidato del Partido Liberal, Horacio Serpa, obtuvo votaciones importantes en Santander, Córdoba y Sucre, pero cayó a un distante tercer lugar. En total, Uribe captó no menos de 1,5 millones de votos del Partido Liberal.

La candidatura de Carlos Gaviria captó el voto de castigo contra Uribe, pero también un voto calificado influido por la izquierda: el voto de primera vez, el voto estudiantil y juvenil. Es importante resaltar que Gaviria nunca negó su pertenencia a la izquierda, a pesar de sufrir el acoso periodístico sobre su alianza con los comunistas[3] y sobre su permanencia en el Senado

---

[3] Durante la campaña electoral, Uribe esgrimió contra Gaviria y contra el proceso de unidad el calificativo de «comunismo disfrazado», que supuestamente pretendía «entregar el país al terrorismo». [Para una mejor comprensión de lo referido por los autores en el texto y en esta nota, debe recordarse que el Partido Comunista Colombiano, miembro ya del Frente Social y Político y de Alternativa Democrática, se integra también al Polo Democrático Alternativo. (*N. del E.*)]

(después de haber sido electo candidato presidencial) supuestamente para no permitir que un comunista ocupara su escaño.[4] El principal problema de su campaña fue la demora en arrancar, ya que el proceso de unidad entre el PDI y AD, y la elección primaria efectuada para seleccionar el candidato presidencial del PDA consumieron un tiempo precioso. Si Gaviria hubiese contado con más tiempo para su campaña, habría ganado muchas nuevas adhesiones, pero no logró remover la costra dura del abstencionismo escéptico y apolítico, que no cree en las instituciones ni toma partido para destruirlas o reformarlas. De todo ello se desprende que la propuesta de la izquierda colombiana aún no moviliza a esa franja de indiferencia profunda, que sí lograron movilizar Hugo Chávez, en Venezuela y Evo Morales, en Bolivia.

Los movimientos guerrilleros no adoptaron ante esta elección una actitud pro abstención y boicot. El avance de la izquierda expresa una reafirmación mediante el voto de la necesidad de alcanzar acuerdos humanitarios entre las organizaciones insurgentes y el gobierno colombiano, y de encontrar una solución política negociada al conflicto armado, en lugar de proseguir en busca de la solución militar pregonada por el régimen. Esto significa que emerge una nueva disposición de lucha del pueblo –que puede generar un movimiento de masas de alcance decisivo– y que la actitud inteligente es buscar formas de acción que permitan avanzar a la iniciativa popular. En ese sentido, se requiere un cambio del enfoque y la política del movimiento armado frente a las elecciones, las que identifica únicamente como medio de legitimación del régimen, y no como una forma de lucha política válida para las fuerzas populares. También es importante un cambio de su actitud hacia los alcaldes, concejales, ediles y otros funcionarios locales en las zonas de guerra, para ganarlos a la idea del cambio y de la paz democrática, en un amplio frente alternativo al militarismo y al montaje paramilitar del régimen. Es fundamental comprender la necesidad de ir al fondo político de los problemas, con la perspectiva de que, junto al pueblo y en conexión con las masas, lo pertinente es la convergencia hacia la unidad, para que la influencia del movimiento armado ayude al avance de las formas políticas de lucha.

El significado de la reelección de Uribe

La maquinaria electoral puesta en marcha a favor del presidente-candidato, el desequilibrio de la información electoral transmitida por los medios de comunicación, la campaña publicitaria sucia y macartista utilizada para promover la «defensa alarmada» del *statu quo*, la ausencia de garantías, las detenciones

---

[4] Se hace referencia a que Jaime Caycedo, secretario general del Partido Comunista Colombiano, era el suplente a quien correspondía ocupar el escaño de Gaviria en el Senado, en caso de que este último hubiese renunciado a él, hecho que era de público conocimiento. (*N. del E.*)

y demás medidas represivas contra la oposición, los actos de provocación y los montajes de supuestos complots destinados a justificar la militarización, se sumaron a la actividad de los aparatos de seguridad, y a la coacción ejercida sobre empresarios, rectores de universidades y directores de institutos privados de enseñanza, para que promovieran el «voto útil» como única opción. Pero, lo esencial es que Uribe preparó el ambiente para su reelección mediante la supuesta desmovilización de los paramilitares, su redistribución estratégica en los centros urbanos y su permanencia real en tradicionales áreas de influencia.

Con el paramilitarismo, el sistema de poder dispuso de una fuerza político-militar activa, desmovilizada solo en apariencia, que pasó de actuar como auxiliar en la guerra contrainsurgente a convertirse en el aliado político más incondicional del régimen. El unanimismo artificial, mediante la presión y el temor, es un rasgo del fascismo, que se ha venido consolidando como característico del régimen uribista. Bajo estas condiciones, la reelección es un estímulo a la política de guerra contrainsurgente, a la alianza estratégica con el imperialismo y al Tratado de Libre Comercio (TLC) firmado con el gobierno de los Estados Unidos.

El presidente Álvaro Uribe acumula un exagerado poder, pues cuenta con la mayoría parlamentaria y ejerce creciente injerencia en la composición de las Cortes y el Consejo de Estado, en la designación del llamado ministerio público (Contraloría, Procuraduría y Defensoría) y en el poder judicial. De hecho, la separación de poderes de la democracia burguesa, parece condenada a sucumbir ante el presidencialismo. La pretensión, ya planteada por Uribe al Congreso, de introducir una nueva reforma constitucional que permita la reelección presidencial indefinida, muestra la audacia perversa oculta tras el resultado de la elección del 28 de mayo.

No existe una política de paz del Estado colombiano que permita alentar la ilusión de que Uribe va a reorientar su segundo mandato hacia la solución política, el diálogo y los acuerdos humanitarios con la insurgencia. Lo que en su primer gobierno ocupó el lugar de una política de paz fue el arreglo vergonzoso con el paramilitarismo y la aprobación de la ley 975, con el pomposo nombre de Ley de Justicia y Paz. Pese a haber sido declarados inexequibles varios de sus artículos en sentencia de la Corte Constitucional, quedan en firme la alternatividad penal y, de hecho, la no extradición a los Estados Unidos de quienes cumplen sus requisitos. Conocida como la «ley de la impunidad», está en vías de consolidarse como el mecanismo que le da una bendición legal al grupo más destacado de narcoparamilitares amigos del gobierno, devenidos grandes inversionistas con las tierras y el dinero provenientes de su actividad criminal al servicio del régimen.

Los grandes cultivos de palma africana, caucho y cacao; los sistemas de televisión por cable; el sistema de salud subsidiado por el Estado; el robo y contrabando de gasolina; las empresas de «chance»,[5] y los casinos y juegos de «maquinistas» son, entre otros, los negocios de lavado de capitales del narcotráfico que se insertan en los circuitos económicos legales. Por estos medios, el capital acumulado por la producción y exportación de drogas de uso ilícito pasa a la vida legal para dirigirse, en el mejor de los casos, a la ganadería y la agroindustria, o hacia la especulación bursátil, especialmente mediante los denominados bonos de tesorería. Una burguesía surgida del entronque del tráfico de narcóticos, la corrupción y la expropiación violenta de los productores agrarios (campesinos pobres y medios desplazados de sus tierras) con la economía legal, es una base social sin escrúpulos, heterogénea, ambiciosa y cruzada, capaz de recurrir a cualquier medio para mantener el ciclo de acumulación perversa pero legitimada. Este podría ser un rasgo del *narcocapitalismo* colombiano, enriquecido por una vía rápida y efectiva, que es hijo de la descomposición de la burguesía clásica, de la dependencia y de la globalización imperialista.

Uribe usa el sólido resultado electoral obtenido por él en las elecciones de 2006 para consolidar el proyecto del autoritarismo rampante, la exclusión sistemática, el manejo omnímodo del poder y el movimiento hacia la dictadura personal e institucional que buscan los sectores más negativos de la vida política colombiana. Los cambios en el gabinete reflejan las pugnas por el botín burocrático, del que salen triunfantes especialmente el Partido Conservador y el grupo del diario *El Tiempo*. También salta a la vista el sentido clasista del gobierno contra los trabajadores y demás sectores sociales explotados, que refleja la intención de emprender una nueva fase de revancha social. No sorprende que Uribe continúe la privatización de la Empresa Colombiana de Petróleos (ECOPETROL) y del Instituto de Seguros Sociales (ISS), como lo hizo con TELECOM y la casi totalidad de los hospitales públicos. El extremo de esta política antipopular es la reforma del sistema impositivo, que reduce los impuestos directos a los capitalistas, los aumenta a los asalariados, amplía el impuesto al valor agregado (IVA) a los productos de primera necesidad, y plantea, de manera demagógica, devolver una parte de este IVA a las familias de estrato 1 y 2.[6]

Pese a las ilusiones de algunos, lo que se despunta en el segundo mandato de Uribe es el continuismo de las políticas oficiales. El mandatario actúa con cautela porque se encuentra en medio de la pugna entre los grupos

---

[5] Se trata del sistema de rifas y apuestas de origen privado, que entraron a competir con las tradicionales loterías departamentales.
[6] La llamada estratificación socio-económica desde el nivel 1 (el más bajo) hasta el 6 (el más alto) es una forma de clasificación social residencial que consagra tratamientos diferenciados, especialmente, a los pobladores urbanos dentro de un concepto de segmentación del espacio y de las condiciones materiales de la calidad de vida, dentro de la lógica del mercado y el monopolio de la renta del suelo por el capital financiero.

que vienen a cobrar el apoyo que brindaron a su reelección. Con otras palabras, se exacerban las pujas entre grupos uribistas por la repartición de cargos y cuotas de poder. Sin embargo, desde el Consejo Gremial y otros sectores de la burguesía, surgen voces que llaman a la revisión de lo pactado, incluido el contenido del TLC con los Estados Unidos, reclaman una moderación del lenguaje y de la confrontación con los países vecinos de América Latina, e insisten en la necesidad de abrir el contacto directo con las Fuerzas Armadas Revolucionarias de Colombia (FARC).

Un fenómeno inocultable es la descomposición de varios de los aparatos represivos, penetrados por el narcotráfico y el paramilitarismo, como se hizo evidente en la crisis del Departamento Administrativo de Seguridad (DAS), en los diversos incidentes del llamado «fuego amigo» y en las masacres de civiles (a quienes se hace aparecer como guerrilleros caídos en combate) perpetradas por destacamentos del Ejército. La corrupción y venalidad de los mandos de las fuerzas armadas resaltan los rasgos fascistas del militarismo y su sumisión incondicional al poder financiero, terrateniente y transnacional, ubicado en la ultraderecha del espectro político. Es notable la arrogancia triunfalista del paramilitarismo y de los mandos de las fuerzas armadas, que impulsan nuevos métodos de represión contra las marchas indígenas y campesinas, las huelgas y movilizaciones de los trabajadores, las protestas estudiantiles, y ejercen una política de amenaza e intimidación a los sectores populares.

La confrontación al movimiento popular

En Colombia se reafirma hoy la continuación de la política de «seguridad democrática» que, con respecto al movimiento de masas, se caracteriza por la conjugación de la represión «legal» con la guerra sucia, a las que ahora se añade un nuevo ingrediente: la ilusión de que la «popularidad» de Uribe, reforzada por la alta votación con que se produjo su reelección, favorece una «apertura magnánima» en su segundo mandato. No obstante, la rápida solución de los conflictos sindicales de ECOPETROL, CARBOCOL o ASONAL, contrasta con la brutal represión a las movilizaciones indígenas y campesinas ocurridas en el sur en mayo de este año. En la actualidad, se perfila un intento de «disciplinar» al movimiento obrero por medio de la cooptación, método que no es incompatible con la deslegitimación y la marginación ejercida contra los sectores populares que luchan y resisten (trabajadores, indígenas, campesinos, estudiantes). Al mismo tiempo, se desmonta la autonomía de las universidades públicas con una combinación de medidas restrictivas del presupuesto, anuncios de complots terroristas, amenazas, y crímenes contra profesores, alumnos y trabajadores. No hay duda de que es necesario seguir más de cerca esos procesos, seguramente cambiantes, cuyo objetivo es aislar a la izquierda y destruir los avances de unidad que vienen ganando espacio en la conciencia popular.

El nuevo papel del paramilitarismo como principal soporte de Uribe y su modelo de «Estado comunitario» consiste en la consolidación de un aparato paraestatal de represión legalizado que, en realidad, constituye un aparato político-militar disimulado y legitimado en zonas suburbanas obreras y populares, en regiones campesinas de desplazamiento, y en zonas rurales aledañas a grandes ciudades. Todas esas regiones son espacios estratégicos de concentración de población urbana y rural, que resultan de absoluta prioridad para la construcción del movimiento popular y para el desarrollo de su organización unitaria. Por consiguiente, es preciso desarrollar medios y métodos de trabajo que permitan contrarrestar la ofensiva de ese proyecto fascista de presión e incorporación forzosa de los sectores populares a la política del gran capital.

La ofensiva de la derecha contra el movimiento obrero y popular no es solo propagandística. Por medio de las organizaciones no gubernamentales (ONG's), penetra y divide a los movimientos populares con valores e ideas reciclados de la ideología dominante, impuestos, de manera vertical, como requisitos para el financiamiento de proyectos que, por lo general, están sujetos a determinados patrones de comportamiento político. Esta situación es visible en los casos de los movimientos de mujeres, jóvenes, LGBT,[7] indígenas, afrocolombianos y comunales, en los que se observa cómo una parte significativa y bien costeada de las ONG's ha venido alineando a sectores populares al lado del gobierno e incide, desde dentro, en el movimiento sindical. Esta es una nueva forma de penetración ideológica y organizativa destinada a cooptar a los movimientos populares y a desactivar su lucha independiente. Otras formas de cooptación que tienden a generalizarse son el llamado sindicalismo de participación, la contratación sindical y las cooperativas de trabajo asociado, con las que el régimen pretende sustituir a las organizaciones propias de los trabajadores.

Los mecanismos como el sistema de salud subsidiado para los sectores que no pueden pagar un seguro médico (SISBEN), los subsidios (ridículamente bajos) al desempleo, a la indigencia y a la vivienda de interés social –en varios casos reducidos a la mitad para aumentar cobertura, como si el propósito fuera redistribuir la miseria–, influyen a favor del régimen en los grupos sociales de pobreza extrema, los desclasados y los desplazados por la violencia, que pueden votar, como lo muestran los índices a favor de Uribe en los estratos 1 y 2. Se trata de otra forma de apaciguamiento y cooptación al menudeo, apoyada en el atraso cultural y político, pero también, de manera perversa, en la extrema precariedad de la gente: es el asistencialismo neoliberal, presentado como la solución milagrosa y paternal proporcionada por la demagogia uribista.

Como consecuencia de estos factores, ha decrecido el papel de los paros cívicos y se ha debilitado la resistencia al control paramilitar en los barrios

---

[7] Movimiento de lesbianas, gays, bisexuales y transexuales. (*N. del E.*)

y comunas populares. Hay que pensar, ante todo, que esto no tiene por qué ser necesariamente así. Entre sucumbir a la demagogia paternalista del Estado comunitario y la conciencia de que solo el pueblo salva al pueblo y únicamente la lucha organizada permite plantear soluciones mejores a los graves problemas de la crisis social en que se precipita el país, es posible delinear programas de acción que impidan la descomposición y la muerte del movimiento popular. En este sentido, los comunistas y otros sectores de la izquierda tenemos importantes experiencias en el trabajo de las Juntas de Acción Comunal (JAC), en las luchas reivindicativas sobre los problemas de la vivienda y en la organización de las «madres comunitarias». Pero, hay que actuar con más decisión para lograr la adecuada orientación de la lucha: entre los grupos de usuarios del SISBEN, para exigir la construcción de un verdadero sistema de salud; entre los comités de usuarios de servicios públicos, para combatir sus altos costos provocados por la privatización; entre las organizaciones de padres de familia, maestros y estudiantes de secundaria, para demandar que se amplíe la educación pública gratuita, la alimentación a los educandos y la tarifa diferencial del transporte. En todos estos espacios de lucha existe la oportunidad de asumir con amplitud la construcción del PDA en la base, mediante la conjugación de dos requisitos principales: el desarrollo de una acertada política de alianzas y el trabajo dirigido a formar la conciencia y fortalecer las organizaciones populares.

Impacto internacional de la reelección de Uribe

La reelección de Uribe es un punto a favor de la política del imperialismo norteamericano y un obstáculo al avance de los procesos democráticos y populares que se desarrollan en América Latina. El régimen de «seguridad democrática» es un importante aliado de la estrategia del ALCA-TLC, el Plan Colombia, el Plan Patriota y la Carta Democrática Interamericana de la OEA. El carácter negativo del régimen dominante en Colombia se ha manifestado en la campaña que presenta el «peligro terrorista» como el principal problema de la región, con desconocimiento y subestimación de la grave problemática social acumulada en tantos años de militarización y regímenes represivos.

El gobierno de Uribe hace esfuerzos permanentes por involucrar a otros gobiernos de la región en su concepción antiterrorista contrainsurgente. Esa estrategia la comenzó a ejecutar con el pretexto de la lucha antinarcóticos, al que luego sumó el de la guerra antisubversiva. Bajo este manto, tropas colombianas han hostigado el territorio fronterizo de Ecuador y se han generado roces con ese país por las fumigaciones aéreas que se realizan para erradicar los cultivos de coca. Al mismo tiempo, el paramilitarismo ha contado con apoyo oficial encubierto para los intentos de desestabilización en Venezuela. Cabe recordar que los servicios de inteligencia colombianos, apoyados por la Agencia Central de Inteligencia de los Estados Unidos (CIA), han capturado ilegalmente dirigentes guerrilleros colombianos en Ecuador y Venezuela.

Además de su incidencia político-militar y policial en América del Sur, el gobierno colombiano trata de liderar un bloque regional contrario a los proyectos más avanzados de integración y unidad latinoamericanos. Sin desligarse de compromisos de Estado y de intereses económicos favorables a los sectores capitalistas nacionales, el gobierno de Uribe desarrolla una política contradictoria e incoherente en la región. Al abanderar el TLC dentro de la Comunidad Andina de Naciones (CAN), junto a los gobiernos de Perú y Ecuador, el régimen de Uribe está provocando la disgregación, desde adentro, de este proyecto integracionista, en aras de favorecer los acuerdos con los Estados Unidos. Aunque Colombia se adhirió como observador al MERCOSUR, intenta atraer a Chile a la CAN en el espíritu de agrupar a los Estados suscriptores de TLC's con Washington. Pero, el mayor peligro proviene de los acuerdos militares suscritos con el gobierno de los Estados Unidos, que no solo proveen el más elevado financiamiento que hayan recibido jamás las fuerzas armadas colombianas, sino también promueven la intervención más directa del Comando Sur en la región.

En virtud del apoyo estratégico que recibe del imperialismo norteamericano, el gobierno de Uribe ha promovido una reestructuración del mando militar colombiano, por medio de los llamados comandos conjuntos, que permite una utilización cada vez más efectiva de las informaciones satelitales y de inteligencia para las acciones militares, incluidas las que se realizan en las regiones fronterizas con otros países. La «ayuda» económica en más de 4 000 millones de dólares al Plan Colombia, en tanto proyecto estadounidense para la intervención militar en la región andina y andino-amazónica, ha disparado una carrera armamentista inconveniente para los países suramericanos, que pone en peligro la paz y la estabilidad en el continente. Además, las provocaciones del gobierno de George W. Bush contra Venezuela y la calificación de su proceso democrático actual como una amenaza a la seguridad nacional de los Estados Unidos agravan las preocupaciones sobre el papel del Estado colombiano en una eventual agresión estadounidense al país hermano. Por todo ello, la lucha por la paz democrática, sin intervención militar de los Estados Unidos, con plena autodeterminación para todos los países de la región, por la solución política del conflicto armado interno colombiano, es una tarea que compromete a los pueblos de América Latina, junto al pueblo colombiano, para combatir el peligroso ángulo que representa el régimen uribista.

El carácter de la oposición democrática

Existen condiciones para el desarrollo de un vasto movimiento opositor al gobierno de Uribe porque la resistencia democrática y popular de masas va a crecer. La condición básica para cumplir esa tarea es el rechazo al Estado «comunitario», a su supuesto proyecto alternativo y a toda forma de cooptación o conciliación con el régimen. La fuerza de la oposición está en la protesta y en la lucha organizada de nuevos sectores del pueblo. El PDA tiene la obligación de seguir de cerca todas las manifestaciones de ese descontento popular. La izquierda, unida dentro del PDA y alrededor de la figura de Carlos Gaviria, tiene la misión de capitalizar el amplio y creciente descontento en un movimiento activo, crítico y promotor de alternativas desde la oposición, sobre la base de la consolidación orgánica del avance alcanzado y la coordinación de todos los sectores opuestos al régimen.

Como parte de la oposición a Uribe durante su segundo mandato, hay que divulgar y abrir al debate el Ideario de Unidad y el Programa de Gobierno,[8] como guías de la alternativa en construcción. Muchos de quienes votaron por Carlos Gaviria no ingresarán al PDA, pero pueden actuar en la oposición política y en la resistencia democrática, o incorporarse a los equipos de elaboración programática. En la resistencia democrática tienen un papel trascendental el movimiento nacional de víctimas contra la impunidad, las organizaciones de derechos humanos y los colectivos que atienden a los presos políticos y las denuncias sobre desaparecidos, junto con el movimiento por la paz, la solución política, el diálogo y los acuerdos humanitarios. También hay que acercarse a los sectores de la izquierda liberal que no aceptan ser el vagón de cola del uribismo vergonzante.

Hacia el congreso del PDA

Como reagrupamiento del más amplio espectro de fuerzas democráticas, populares y de izquierda en Colombia, el PDA tiene aún mucho terreno que ganar: es un proyecto en construcción; el embrión de un poderoso frente de unidad popular. Un innegable atractivo del PDA es que congrega a una diversidad de corrientes convergentes, que no renuncian a su identidad, pero sí aceptan la unidad de acción política. Gracias a ello, esta coalición logró atraer a muchos abstencionistas de izquierda hacia la lucha electoral.

Solo un movimiento diverso, pero unido por su visión programática y su estructura democrática y pluralista, puede empujar adelante este nuevo ascenso de la subjetividad popular. Por ello debe mantener su composición pluralista y establecer reglas que permitan dirimir las diferencias, alcanzar consensos y fortalecer la unidad de acción. La práctica política contribuirá a desarrollar aún más el Ideario de Unidad del PDA, que constituye su declaración

---

[8] El Ideario de Unidad y el Programa de Gobierno de la campaña presidencial son dos documentos importantes en la estructuración del PDA. El primero es un documento fundador, en tanto que el segundo es la base más publicitada de su plataforma de lucha inmediata.

programática en temas como la solución política al conflicto armado, la reforma agraria, la defensa de las víctimas, los presos y los perseguidos por la represión y el terrorismo de Estado, la lucha por el cese del intervencionismo militar del Plan Colombia y del Plan Patriota, entre otros. Además, el PDA debe adecuar su programa en cada región y en cada ciudad, como criterio de construcción desde la base popular y con ella. Un hecho de gran valor ha sido la contribución personal de Carlos Gaviria al impulso de una política madura, responsable y decidida. Gaviria puede cumplir un gran papel como el vocero de la unidad de la izquierda y la consolidación del PDA, y en la coordinación de la oposición democrática, como su figura más destacada y de mayor autoridad.

Defender y construir la unidad

No hay duda que la principal tarea de la derecha es dividir al PDA. Para ello interfiere en los debates sobre la asignación de cargos y candidaturas, crea falsas disyuntivas políticas y fomenta el macartismo anticomunista. Para conjurar el divisionismo, es preciso abordar con reglas claras todos los preparativos de la participación del PDA en la campaña para las elecciones municipales de octubre de 2007, incluida la solución de los problemas que puedan surgir en ese proceso. Esa será una gran oportunidad de fortalecer el proceso unitario y proyectar las experiencias de gobiernos locales a todo el país. Nuestra posición es que deben cesar las especulaciones y que todos los miembros del PDA deben asumir las reglas de las consultas internas, y no ceder a las pretensiones de quienes intentan imponer, desde afuera, los candidatos y dirigentes del PDA. Las posibilidades de seguir creciendo y de acercarse a nuevos sectores dependen de que el PDA siga siendo una coalición-movimiento, y que no se convierta en un aparato cerrado.

El paso inmediato en la preparación del congreso de unidad es asegurar una participación amplia de los sectores de izquierda, empezando por el FSP. El FSP debe orientarse sin vacilación a impulsar el PDA como continuación de una política de apertura y unidad de acción democrática y, a la vez, como forma organizativa caracterizada por la democracia interna, la activa participación en su seno de las organizaciones sociales y políticas, la afiliación individual por medio de las organizaciones de base, y demás procedimientos que ayuden a alcanzar los acuerdos unitarios.

La tarea central es impulsar la más amplia, activa y entusiasta participación de todos los sectores convergentes de la izquierda en la divulgación del ideario de unidad, en el cumplimiento de los acuerdos preparatorios del congreso, en la coordinación de los voceros del PDA en la bancada parlamentaria, en el fortalecimiento de las estructuras regionales, locales y sectoriales, y en el desarrollo de la batalla de ideas que contribuya a la mayor conexión con el sentir de todos los sectores populares.

JAIME CAYCEDO es secretario general del Partido Comunista Colombiano, miembro de las mesas directivas del Frente Social y Político y del Polo Democrático Alternativo, y profesor de la Universidad Nacional de Colombia.

NIXON PADILLA y GABRIEL BECERRA son miembros del Departamento Político del Partido Comunista Colombiano.

Colombia: laboratorio de contradicciones antagónicas

FERMÍN GONZÁLEZ

Cuando el presidente Álvaro Uribe Vélez fue reelegido, en mayo de 2006, por un amplio margen, una interrogante recorrió el continente: ¿por qué en Colombia se expresan tendencias electorales distintas a las del resto de América Latina? ¿Cómo es que una propuesta de ultraderecha encuentra eco en un país que lleva años ejerciendo la resistencia popular, y en el que además se desarrolla una lucha armada insurgente? Para la izquierda revolucionaria colombiana se ha convertido en un vicio político tratar de explicar la realidad nacional desde una lectura de progreso lineal, y presentar sus características particulares como el centro de los acontecimientos presentes y futuros del continente. Nuestra tesis es que este proceso no es tan atípico, que la fortaleza de Uribe depende de muchas variables fuera de su control, y que no todas las resistencias evolucionan indefectiblemente hacia el progreso.

La importancia de Colombia para el capital transnacional

La importancia de Colombia para los planes imperiales radica en la *espacialidad* y las características de su *territorio*. Espacialidad y territorio son categorías poco vinculadas a los análisis de los marxistas del siglo pasado. En ello influye el hecho de que esos análisis se desarrollaron en un contexto de fortalecimiento de los Estados nacionales; pero el avance hacia una nueva división internacional del trabajo por la vía de las políticas neoliberales, hizo que las estrategias neocoloniales de dominación le devolvieran importancia a la *espacialidad* geográfica, y que le agregaran al concepto de *territorio* nuevas variables económicas, políticas, sociológicas, antropológicas y ambientales. Si antes la *espacialidad* la definía la geopolítica y la guerra, a esos elementos definitorios hoy se le agrega (o en ellos se retoma) la ubicación geográfica en relación con las estrategias globales de transporte de energéticos y materias primas de Sur a Norte –determinantes en la competencia intercapitalista–

y la ofensiva global de la República Popular China por asegurarse para el futuro esos mercados. Y, si el *territorio* antes se definía por la propiedad de la tierra y su renta, a esa definición se le agregan nuevas rentas, como la de los energéticos, la biodiversidad, el agua, los saberes ancestrales y las resistencias abiertas o silenciosas.

Colombia es hoy un área estratégica para el tránsito de los productos naturales objeto de renta por su escasez, en particular, los energéticos de Venezuela, y la electricidad producida en el resto del sur del continente. Su papel equivale al de Afganistán, por cuyo territorio se realiza el transporte de los energéticos de Irak, pero en aquel caso es Israel el país que «debe armarse» para asegurar el control político de la región. Colombia cumple a cabalidad la primera de estas funciones, hasta el punto de que fue anexada al Plan Puebla-Panamá para el transporte de energéticos del Sur al Norte y hacia el Pacífico, pero tiene dificultades internas y externas para desempeñar el papel que el imperialismo norteamericano le asigna de portavoz agresivo contra el proceso transformador latinoamericano, y contra el venezolano en particular. Esta contradicción se explica, en primer lugar, por las condiciones del sistema-mundo en que vivimos, donde el mercado global determina sobre los procesos nacionales y los penetra, por múltiples vías, como parte de su desarrollo sistémico. Eso es algo de lo cual incluso la propia Venezuela no puede excluirse totalmente, sino lo compensa al destinar los acumulados realizados en ese mercado al apoyo de procesos antimperialistas, y a nuevas formas de integración y resistencia. Pero, lo que es parte de la esencia del mercado capitalista se invierte cuando se trata de procesos sociales y políticos, que van de lo local y lo nacional, hacia lo global, por lo que necesitan construir legitimidades internas previas, que dependen del desarrollo de la lucha de clases en todas sus formas actuales. Mientras esos procesos locales y nacionales se encuentren poco articulados con los procesos de resistencias críticas y transformadoras que recorren el continente, más fácil será doblegarlos mediante su encerramiento en lo particular de sus diferencias.

Lo que posiciona a Colombia en el mercado, además de su espacialidad, son las rentas potenciales de su territorio. Como analiza el mexicano Andrés Barreda, Colombia es la mayor productora de agua no explotada en el mundo, y la base del banco genético más valioso de la humanidad, ubicado en el Chocó biogeográfico, fuente invaluable de materias primas para la nueva revolución bio y nano tecnológica, que se encuentra en un estado avanzado de experimentación por parte del gobierno de los Estados Unidos y empresas como Microsoft e IBM. Adicionalmente, ese país es el productor del 50% de la cocaína que consume el mercado mundial, cuyo principal destino son los Estados Unidos, lo cual genera una relación de interdependencia política, económica y militar que no se registra en la economía y en las guerras formales, sino en las clandestinas y mafiosas.

Lo peculiar de la territorialidad de Colombia va unido, en lo político, a la existencia de una clase dirigente que ahogó mediante la violencia los distintos intentos de realizar reformas agrarias, y que, con el asesinato de la oposición, aplastó la opción de desarrollo industrial y agrario democrático y soberano, en uno de los países del mundo con mayores porcentajes de utilidades para el capital financiero y con más alta concentración de la riqueza, según el índice de Gini. Ello explica la persistencia del último gran movimiento insurgente del continente y, posiblemente, del mundo. Esta precariedad genera un proceso permanente de resistencias fragmentadas pero dirigidas a problemas concretos, que mantiene a la nación al borde de la ingobernabilidad, y donde la tendencia a unir la visión del territorio con las opciones políticas revolucionarias y de izquierda, se convierte en el principal objeto de la brutal represión del régimen.

La creciente incertidumbre social sobre el futuro, acompañada por la presión generada por la paramilitarización del país, es la que explica que Uribe triunfe nuevamente, cabalgando sobre fraudes y miedos, pero esa es también la fuente de la fragilidad que no le permite apostar a aventuras militares externas, que aumentarían la inseguridad interna. Uribe es un preso de su apuesta a la «seguridad democrática», basada en el miedo y en la satanización terrorista del conflicto interno como causa de todos los males sociales que aquejan al país, pero está comprometido a cumplir su promesa de hacer un segundo mandato «más social que guerrero», y las aventuras militares externas, con todos sus costos, no pueden presentarse como necesarias y legítimas, en particular, de cara al enfrentamiento a las consecuencias del Tratado de Libre Comercio (TLC) ya firmado con los Estados Unidos. El pueblo colombiano se encuentra mucho más empobrecido que hace cuatro años, y está ansioso de paz con justicia social, como lo demuestran, no solo la intensidad de sus luchas, sino también las encuestas de opinión.

Recomposición y carácter del régimen

En virtud de la falta de unidad en la izquierda y del desgaste de la vieja clase dirigente, y como respuesta a las políticas de resistencia del movimiento popular, desde 1990 en Colombia se fue consolidando un proyecto de extrema derecha en función del diseño neocolonial imperante. Su composición orgánica representa los intereses de los sectores de la oligarquía agraria de derecha –enriquecidos, por medio del paramilitarismo, con el botín en tierras surgido de las disputas armadas por el control de los territorios– y de los sectores financieros ilegales que acumulan y lavan el dinero del narcotráfico. La cabeza de este bloque histórico en fase de conformación, de claros contenidos autoritarios y antidemocráticos, es el presidente Uribe, quien responde a esa ley histórica que establece que, en cada momento trascendente de la lucha de clases, la clase dominante busca o fabrica al individuo adecuado para que la represente. En este caso, él es el «Mesías» que, en representación del sentir colectivo, permitirá superar los miedos y decepciones provocados por un Congreso y un sistema de partidos políticos desacreditados, y un conflicto armado degradado, al que los círculos de poder achacan, de manera interesada, la responsabilidad por la erosión permanente de los mínimos de justicia social y vida digna. De hecho, la elección presidencial de mayo de 2006 no fue más que un plebiscito, que invitaba al ciudadano a pronunciarse a favor o en contra del presidente iluminado, con apego a las tradiciones dictatoriales y fascistas, en el cual la mayor presión sobre los electores era hacerlos sentir responsables del «caos que sobrevendrá si no mantenían al Mesías en el gobierno», unida al amedrentamiento armado directo. Por eso Uribe no quiso presentarse como candidato sometido al análisis crítico por parte de la sociedad, sino que basó su campaña en el apoyo a la continuidad de su gobierno.

En Colombia, la impotencia y la confusión de las capas medias y populares se proyecta positivamente hacia la figura del líder «llamado a salvarlas»; y todos los partidos que decían defender al pueblo, como el Partido Liberal e incluso la propia izquierda, son considerados rémoras del pasado que hay que superar. Así, el «Mesías», que representa a una nueva capa emergente y mafiosa de la burguesía, busca «matar dos pájaros de un tiro»: por una parte, salir de la vieja oligarquía neoliberal representada por el ex presidente César Gaviria –a la cual obliga a subordinarse, como se expresa en el viraje postelectoral del también ex presidente López Michelsen– y, por otra, aplastar o subordinar a una izquierda que ya había dado un campanazo de alerta al ganar la Alcaldía de Bogotá. Esto configura el espacio para un proceso sistémico de regresión autoritaria, con rasgos bonapartistas en su superficie, donde el líder supuestamente representa, al mismo tiempo, los intereses de ricos y pobres, y critica a los ministros «incapaces» en sus meticulosamente manipulados «consejos comunitarios». Este «emperador» se pone por encima del propio Estado, y responde las quejas individualizadas. El «Estado es él», con el poder de terciar frente a las injusticias de la sociedad, pero siempre en apoyo de los mafiosos que pugnan por apersonarse como una nueva casta de la clase dirigente en proceso de conformación. Así, mediante el enmascaramiento de las contradicciones económicas y sociales, logra atravesar por un período tan crítico, y consigue aprobar, desde su cerrada cúpula, las políticas que preparan el ingreso al TLC: todo «por el bien del pueblo», pero siempre al servicio de la casta emergente, articulada con el sector financiero y el capital transnacional. La pretensión del gobierno de Uribe es de instalar una nueva conducción hegemónica en el bloque histórico de poder, con una oligarquía emergida sobre la base de la legalización de los botines de guerra: tierras y capitales; y, como contraparte, entregar lo que aun sobrevive de la soberanía nacional al capital transnacional y al gobierno de los Estados Unidos.

Entre las fragilidades del nuevo gobierno de Uribe están las tensiones internas en los distintos sectores clientelistas y tradicionales del bipartidismo liberal y conservador, que junto con los jefes paramilitares «desmovilizados» hoy tienen mayor peso en el gabinete y en el Congreso, y le quitarán autonomía al mesianismo presidencial, cada vez más dependiente de los círculos de poder capitalistas. Pero si el régimen de Uribe puede llegar a manejar esas presiones, no es lo mismo con las crecientes resistencias sociales organizadas, que se fortalecen desde las regiones menos desarrolladas del país, porque las marchas indígenas en Cauca y Nariño, brutalmente reprimidas días antes de la elección presidencial, volverán a estallar, pero con un aumento de sus contenidos, sus formas de lucha y su legitimidad nacional. El mayor temor del régimen es que estas luchas se articulen con el proceso de ascenso político de los pueblos del continente. Por eso, para sostenerse social y políticamente, el gobierno necesita mejorar su imagen internacional, superar su aislamiento regional y conseguir recursos adicionales que, en forma asistencialista y clientelista, mantengan ilusionados a los sectores marginados de las grandes ciudades, los cuales, a su desorganización y desesperación, suman su vulnerabilidad frente al clientelismo y al terror del paramilitarismo reconvertido, de fuerza militar, en fuerza político-militar.

Lo que ya resulta evidente es que el nuevo bloque de poder centralizado en la figura de Uribe es muy frágil internamente y que aumentan las contradicciones entre los cuatro partidos que lo apoyan, debido a disputas por tajadas del poder. A esto se suman las contradicciones sociales que lo rodean y estallarán gradualmente. Si algo ha impedido el estallido social, no es solo la desesperada migración, con remesas que permiten comer a unos en Colombia a costa de la explotación brutal de otros en el extranjero, sino las millonarias «ayudas» imperiales del Plan Colombia –que soportaron parte del aumento del gasto de guerra, pero que hoy están siendo reducidas como consecuencia de la crisis de Irak– junto con los nada clandestinos y tolerados lavados de divisas de paramilitares y narcotraficantes, que reanimaron temporalmente sectores de la construcción y la compra de propiedades de lujo en el período preelectoral.

El balance electoral

El hecho de que proyectos políticos de este tipo sean reelegidos, no es nuevo en Nuestra América, sobretodo si consideramos las diferencias que aparecen como un retraso del proceso colombiano frente a realidades ya vividas en el resto del continente. Menem y Fujimori fueron reelegidos a pesar de que era bastante claro que representaban la privatización de las principales empresas públicas, la entrega de la producción nacional al capital financiero y el ascenso de nuevas castas de poder. Ambos representaron proyectos en los cuales los componentes del narcotráfico fueron comunes y en los que la guerra, como recuerdo doloroso en Argentina y como realidad brutal en Perú, fue determinante para aplastar la oposición y garantizar con tranquilidad la apropiación de las riquezas.

Es de resaltar que nadie salió fervorosamente a la calle a defender al gobierno, y menos aún a festejar el triunfo de Uribe. La campaña electoral fue limitada a los medios de comunicación, y eludió la plaza pública y los debates electorales, ya que la verdadera campaña la realizaba el aparato de gobierno que exaltaba, sin abrir espacio a la posibilidad de crítica, los supuestos éxitos del gobierno en lo militar y lo económico, con clara intención plebiscitaria. Pocas semanas después, ambos supuestos resultados son negados por la realidad: la llamada «seguridad democrática» es contradicha por la necesidad de reducir la imagen del guerrero triunfante y comenzar a jugar con la imagen de gobierno interesado en acuerdos humanitarios y soluciones políticas con la insurgencia; y el «avance económico» es desenmascarado por el estallido de la burbuja financiera y de la bolsa que atraía capitales golondrinas. Estos hechos volvieron a disparar la deuda pública, a lo cual se sumaron la divulgación de los informes retenidos de la reducción de la producción petrolera y la caída del precio del café y, sobre todo, los que anuncian el aumento de la concentración de la riqueza y la propiedad de la tierra, unido al crecimiento de la pobreza, según investigaciones de la propia Procuraduría con la Universidad Nacional.

Otro factor que influyó en el resultado electoral fue el peso del Estado, que en países periféricos, por lo general, utiliza a los medios de comunicación para promover consensos basados en el miedo a cambiar. Ello es más marcado en Colombia, donde solo existe un periódico nacional –obviamente uribista– y no hay canales de televisión ni estaciones de radio medianamente democráticos. Esto permitió que fluyera el mensaje de que todo se estaba resolviendo lenta pero seguramente, que se iba «ganando» una guerra civil mucho más brutalizada por la incorporación del componente paramilitar, y la ilusión de que en un segundo período tendría que llegar el «corazón grande» anunciado. Pesó mucho aquello de que es mejor no cambiar de caballo en medio del río, como decían los argentinos para justificar el miedo al estallido de la burbuja financiera que crecía desde el establecimiento de la paridad de su moneda con el dólar, o el miedo al terrorismo en Perú, que bien alimentaba Fujimori. Por eso hay que reconocer que en el 62% de abstención, en una cantidad indeterminada de votos comprados y de fraudes locales, y en el voto temeroso y cauteloso a favor de Uribe, también pesaba el que «no existe en Colombia democracia», como argumentaba Carlos Gaviria en su campaña, lo cual se derivaba en el imaginario popular en que «será muy difícil que dejen a Carlos Gaviria llegar a gobernar»: pesimismo social que contiene mucho de verdad.

Lo que sí se demostró una vez más en ese proceso electoral, más allá de los fraudes, presiones y miedos al cambio, en medio de una guerra no resuelta, es que donde se habían desarrollado procesos de resistencia social, el triunfo de la izquierda fue claro como nunca antes lo había sido. Esto sucedió en todos los municipios indígenas y campesinos del departamento del Cauca, en el departamento indígena, campesino y cocalero de Nariño, en el departamento indígena y minero de La Guajira, en la ciudad petrolera Barrancabermeja, en los municipios del Plan Colombia en la región del Catatumbo, pero también en ciudades como Barranquilla, donde si bien existe un peso importante de lo alternativo, la gente se expresó libremente mediante el voto por Gaviria frente a la decisión de los clientelistas regionales de dejar de aportarle dinero a la compra de votos por Uribe, para obligarlo a negociar cargos en la segunda vuelta; o en ciudades como Cali, con gran votación en los sectores populares, o en Antioquia con numerosa votación de opinión.

El caso de Bogotá fue peculiar, ya que el candidato del Polo Democrático Alternativo (PDA) ganó entre las capas de trabajadores y sectores medios, y perdió en los sectores más pobres, donde se desarrolla el plan de Bogotá sin Hambre, de la Alcaldía ganada por una coalición de izquierda. Declaraciones del alcalde Luis Garzón, con elogios a Uribe en los días previos, pueden haber enviado un mensaje errado a estos sectores, que han sido poco organizados y politizados durante su mandato. En esta línea hay que destacar también el cambio realizado por la insurgencia, que pasó de llamar a no votar y obstruir las elecciones parlamentarias de marzo de 2006, a convocar a votar contra Uribe en las presidenciales, en busca de una sintonía más cercana con ese sentir en aumento que anunciaba un crecimiento electoral importante de la oposición de izquierda.

Conflicto armado

En el contexto colombiano, el conflicto social, derivado de un modelo económico que amplía las desigualdades, impulsa a la población a organizarse y a aumentar su participación en las decisiones de las políticas públicas. En esta dinámica encontramos sólidas tendencias a desenvolver políticas públicas alternativas que van construyendo un modelo programático concreto de resistencia y de futuro. Las luchas indígenas y campesinas se fortalecen, y mantienen su tendencia autónoma de construcción estratégica, sin abandonar el coyunturalismo, necesario pero insuficiente, de las reivindicaciones inmediatas. Se están combinando alternativas de resistencia alimentaria y de autonomía organizativa territorial, con experiencias de democracia directa que apunten a resolver, desde las políticas públicas, el mínimo de justicia en los derechos económicos, sociales, culturales y ambientales. Basados en esto se fortalecen los municipios alternativos y la resistencia local, lo que buscará expresarse en las elecciones locales de octubre de 2007.

A esta realidad se suma el conflicto armado, con una insurgencia que, desde su génesis, plantea sus acciones como una vía para superar las desigualdades sociales, pero que en su devenir complejo frente al aumento de la acción militar del Estado y de los paramilitares, y sus dificultades para comprender y reacomodarse frente a las nuevas realidades, fue aumentando su peso militar en proporción inversa a la pérdida de respaldo o simpatía política. El surgimiento del paramilitarismo degradó mucho más la brutalidad de la guerra, pues el eje de su estrategia paraestatal fue el asesinar y desplazar a la población civil de las zonas de influencia guerrillera, para dar un golpe muy fuerte al tejido social y a quienes encabezaban las resistencias civiles. A esto se sumó el Plan Colombia y el Plan Patriota, que recuperaron militarmente las carreteras principales por donde deberán circular las materias primas en tránsito hacia los Estados Unidos y replegaron tácticamente a la insurgencia. Todo ello fue acompañado de una gran impunidad y violación de los derechos humanos y del derecho internacional humanitario, que aumentó las distancias entre las lógicas de las organizaciones sociales y las de insurgencia armada, y fue creciente el reclamo de las primeras por la autonomía orgánica frente a los distintos actores de la guerra, incluido el Estado. Para algunos analistas, estamos frente a un sistema de guerra determinado por la imposibilidad de una solución militar, en el que la continuidad de la economía política del conflicto es para todos sus actores más satisfactoria que su solución política, lo cual explicaría su persistencia en el tiempo.[1]

Frente a la cruda realidad, el gobierno de Uribe ha apostado a la propuesta del Estado comunitario, el cual pretende subsumir a la población civil en el Estado y, mediante ello, en el conflicto armado. Esta tesis no está legitimada ni siquiera entre sus propios partidarios, pero mantiene en todo el país, según cifras oficiales, unos cuatro millones de personas registradas como informantes, guardia bosques, salva vías y colaboradores de las fuerzas armadas. Así, se pueden deducir de dónde salieron los siete millones de votos que obtuvo Uribe.

Un régimen construido sobre la delación y el miedo no es nada sólido para alcanzar un triunfo militar y político sobre la insurgencia, por lo cual, dentro del pragmatismo autoritario que lo caracteriza, ya ha iniciado contactos para buscar una negociación política con el Ejército de Liberación Nacional (ELN), y para un canje humanitario con las Fuerzas Armadas Revolucionarias de Colombia (FARC). Nada deberá sorprender en ese terreno, dado que ya se anuncian dificultades en el Congreso de los Estados Unidos para aprobar el TLC y la continuidad del Plan Colombia en el año 2008.

---

[1] Richani Nazih: «Sistemas de guerra», *La economía política del conflicto en Colombia*, IEPRI, Universidad Nacional de Colombia-Planeta, 2003.

Presente y futuro del PDA

Tan trascendente momento histórico obligó y obliga a la izquierda colombiana a presentarse como la única alternativa para lograr una paz con democracia, dignidad y justicia social, ya que, de prevalecer la estrategia autoritaria, habrá guerra para rato. Pero su unidad electoral no fue suficiente para superar la inseguridad que embargaba a sectores populares ante la perspectiva de apostar a un cambio electoral que lleva a otro estructural, sin que la muy joven y aún débil opción unitaria de izquierda, apareciera con la suficiente capacidad política y el poder social para sostenerlo y garantizarlo. La figura de Carlos Gaviria ayudó mucho a generar confianza en las capas medias y medias altas, pero no fue suficiente para llegar a los sectores populares abstencionistas.

La izquierda colombiana, en su amplia franja de alianzas, se enfrenta al dilema de unidad para el cambio de rumbo, o aumento de la barbarie, de la regresión económica y del riesgo de una nueva frustración política. La respuesta político-organizativa, no muy consciente, pero sí sentida como necesaria, ha sido la conformación del PDA: partidos y organizaciones sociales de la amplia franja de la izquierda democrática, con diferencias ideológicas marcadas y con distintas concepciones de la acción política, han decidido coincidir en la construcción de una convergencia unitaria que enfrente el uribismo.

La apuesta responde más a la presión de la coyuntura que a una concepción estratégica de la lucha revolucionaria. La pretensión de alcanzar un desarrollo político programático capaz de conducir las luchas populares hacia un proceso real de transformaciones económicas y sociales, es aún lejana a la estructura, composición y funcionamiento del PDA, pero no debe negarse a priori. Se trata de un proyecto que concentra, parcial y potencialmente, las aspiraciones frustradas de una buena parte de los sectores explotados, marginados y excluidos por el capitalismo neoliberal, pero que no nace con una dirección homogénea conectada desde su raíz con ese sentir popular. De esto se desprenden tres tensiones que marcarán el futuro del PDA en el corto y mediano plazo:

1. La tensión entre quienes pretenden imponer sus posiciones desde sus cargos en gobiernos locales, desde sus curules parlamentarios, o desde la dirección de partidos centralizados –construidos con la visión de la correa transmisora sobre lo social–, y su contrapartida en el creciente activo de militantes políticos, sociales, sindicales, indígenas, culturales, afrodescendientes, ambientales, populares e intelectuales, que apuestan a la democracia interna plena, desde abajo y con transparencia.

2. La tensión entre quienes representan proyectos muy determinados por las figuras de sus parlamentarios –con más peso en el Polo Democrático Independiente (PDI)– y quienes se consideran como «independientes»

o como militantes exclusivamente del PDA y, por otro lado, los partidos organizados sobre la base del centralismo democrático, que tienen mayor presencia en la Alternativa Democrática (AD).[2]

3. La tensión del PDA con los partidos del sistema y sus medios de comunicación, que buscan interferir en los debates internos de la coalición de izquierda y en la selección de sus candidatos, con el propósito de impulsar aquellas ideas y personas que consideran como el «mal menor» para mantener el modelo neoliberal. Pero el debate entre lo que se ha dado a llamar como «izquierda radical» e «izquierda moderada» no se resuelve desde lo meramente ideológico y, menos aún, mediante columnas en *El Tiempo*: solo podrá resolverse en la práctica social de los sectores populares que, en su actividad cotidiana, impulsan múltiples resistencias transformadoras, que deberán ser interpretadas y asumidas éticamente por los sectores más avanzados del PDA.

Para la creciente base social de izquierda, que está consciente, en general, de la existencia de esas tensiones, la principal preocupación con vistas a resolverlas ha sido –y es– la construcción democrática del proyecto unitario. Donde no es posible el debate de ideas, no podrán crearse nuevos valores que marquen la diferencia en calidad; porque no se trata de crear una *democracia de aparatos* entre estructuras políticas que confunden su identidad ideológica con un ejercicio de unidad táctica muy sensible, sino de construir un proyecto unitario muy amplio, que aspira a convertirse en un frente único estratégico y, en el mediano plazo, transformarse en un partido que dispute el gobierno y el poder. Desde esa mirada fue que casi 600 000 votos apoyaron a Carlos Gaviria en la consulta interna realizada por el PDA para seleccionar su candidato a la presidencia de la República, en la cual fue derrotado Antonio Navarro Wolf. Los 2 500 000 votos que Carlos Gaviria obtuvo frente a Uribe, expresan la férrea voluntad de encontrar una salida democrática, pacífica y antineoliberal a la crisis. Esos ciudadanos se pronuncian sin pertenecer al PDA, ni tener claridad en su perspectiva, pero envían el claro mensaje de que apuestan por un liderazgo ético, social y consecuente de la oposición democrática de izquierda, algo que no ha sido fácil de asimilar por los sectores más tradicionales y posibilistas dentro del propio PDA.

Aportes y enseñanzas en las luchas continentales

En las últimas décadas, la izquierda colombiana vivió las luchas continentales en función de cómo estas pueden aportarle a sus resistencias, pero pocas

---

[2] El Polo Democrático Independiente (PDI), de centroizquierda, y la Alternativa Democrática (AD), integrada por organizaciones políticas y sociales de izquierda, son las dos coaliciones que convergieron en la conformación del Polo Democrático Alternativo (PDA). (*N. del E.*)

veces en función del aprendizaje mutuo. No fue así en el caso de la insurgencia, en el que existieron esfuerzos de construir ejércitos regionales, como lo intentó el Movimiento 19 de Abril (M-19), o acciones solidarias y de aprendizajes mutuos en los casos de las FARC y el ELN con las guerrillas centroamericanas en las décadas de 1970 y 1980. Pero, lo que se comprendía y aplicaba desde la perspectiva de los movimientos armados, poco se asimilaba y se aprovecha en la izquierda que actúa en la legalidad. Posiblemente, la brutalidad de la represión sufrida y la gran cantidad de líderes asesinados, llevó a una especie de encierro, y a solo pensar el mundo desde miradas autorreferenciadas a la realidad nacional. También se puede argumentar que la riqueza enorme en experiencia y pensamiento a que obliga un proceso tan dinámico y contradictorio, absorbió buena parte de sus energías políticas, lo que limitó su capacidad de entender e insertar ese laboratorio social y político con la globalización del capital y de las resistencias.

La realidad es que hoy las políticas internacionales que interesan a una parte de los dirigentes del PDA intentan, únicamente, la obtención de recursos y aliados parlamentarios que representen sus causas, algo muy lejos del internacionalismo que la época exige. Dentro de los más radicales se encuentran desde los que aspiran a coordinar luchas comunes contra el TLC, hasta los que asumen el internacionalismo como unidad de partidos revolucionarios hermanos, por lo general con poco peso electoral y social. La mayoría de ellos sigue pensando la correlación de fuerzas en la lucha de clases dentro del horizonte del Estado nacional. Se ha desarrollado una concepción utilitarista de lo internacional en la que priman los enfoques sobre la cooperación promovidos por la socialdemocracia europea, que contradicen la preocupación cotidiana de los sectores sociales organizados, los cuales, si bien requieren de recursos para funcionar, no rematan fácilmente su autonomía e independencia de clase y priorizan el encuentro internacionalista para aprender en conjunto entre los pueblos en lucha. Por ello, se puede afirmar que una es la mirada de lo internacional que tienen las direcciones políticas, y otra es la que buscan los nuevos y viejos movimientos sociales. El propio mundo de las ONG's, que existe gracias a la cooperación internacional, está obligado a politizar sus lecturas para no ser sometido a la condición de simple componente ejecutor de los mandatos de otras formas de dominación, por lo que, en varios aspectos, algunas ONG's van más lejos en sus análisis que los propios partidos de izquierda. Este no es un problema que atañe solo a las secretarías de relaciones internacionales, sino a todas las direcciones sociales y políticas que no abandonan la confianza en la necesidad y posibilidad de transformar el mundo.

Mientras en Colombia se produce un cierto encierro en las luchas internas, comprensible pero reduccionista de sus potencialidades, al mismo tiempo nacionalistas revolucionarios como el presidente Hugo Chávez recorren el mundo buscando construir alianzas antimperialistas, organizar resistencias y forjar una nueva integración de gobiernos y procesos sociales, desde una mirada que, si bien aún aparece como muy general e idealista, supera lo que se conoció como el internacionalismo de los llamados países socialistas, con la excepción de Cuba. Es un nuevo internacionalismo que, en los inicios de su lucha, también supieron levantar con fuerza los indígenas zapatistas, pero del cual sus direcciones fueron excluyendo al mundo de la izquierda radical organizada social y políticamente, para terminar aislados hasta de las propias ONG's de los países del centro, que los habían apoyado con gran solidaridad.

El PDA deberá ir construyendo su programa en una combinación dialéctica, es decir, una combinación que facilite la interpenetración de lo local y lo internacional, que son sus mayores fortalezas. En lo local, su desafío será gobernar los municipios en los que triunfó electoralmente con una visión de ruptura con lo que hasta ahora hizo la izquierda y con una apuesta a favor de la movilización social y las políticas públicas alternativas construidas desde la democracia directa, como ya se ha hecho en los municipios indígenas, campesinos y alternativos de Cauca y Nariño. Y en lo internacional, tendrá que aprender de –y aportar a– las experiencias de poder y de autogestión popular que se desarrollan en Nuestra América, para que la integración de sus luchas y los propios gobiernos alternativos que seguramente crecerán en las elecciones locales de octubre de 2007 construyan desde abajo experiencias de poder popular como garantía de su continuidad histórica. Así podrá la izquierda social y política de Colombia prepararse para ser una alternativa de gobierno, basada en un poder, aún hoy insuficiente, pero que puede construir, pues posee todas las condiciones para hacerlo. Y en esto iremos aprendiendo que una cosa es ser laboratorio y espejo de «que otro mundo peor es posible», y otra, no antagónica, es ser y actuar como parte del «mundo mejor» en disputa a lo largo de toda América Latina.

FERMÍN GONZÁLEZ es dirigente de Presentes por el Socialismo y del Frente Social y Político, organizaciones miembros del Polo Democrático Alternativo.

Perú: balance de la elección de junio de 2006

HÉCTOR BÉJAR

En la segunda vuelta de la elección presidencial realizada en Perú en junio de 2006, se enfrentaron dos candidatos: Alan García, del Partido Aprista Peruano (APRA) y Ollanta Humala, de la Alianza entre la Unión por el Perú y el Partido Nacionalista Peruano (UPP-PNP). De un total de 16 400 000 electores, García obtuvo 6 685 629 votos y Humala 6 221 281. La diferencia entre ambos fue de 464 348 sufragios. Humala atrajo la votación de la izquierda, en medio de una gran polarización política. Las dos agrupaciones que concurrieron a la elección con una posición clara de izquierda, el Partido Socialista de Javier Díez Canseco y el Frente Amplio de Izquierda (FAI) liderado por Alberto Moreno –al que pertenecen los dos partidos comunistas existentes en el Perú–, no llegaron al 1% de la votación.

El arribo de ambos candidatos, García y Humala, a la segunda vuelta, significó la derrota de la candidata derechista Lourdes Flores Nano, quien quedó fuera de juego. Tanto García como Humala (con mayor radicalidad este último) postularon cambios en la política económica oficial. Bajo la cobertura socialcristiana de la Unidad Nacional, y en un último intento de «izquierdizar» su candidatura, Flores Nano representó el poder económico de la Confederación de Instituciones de la Empresa Privada (CONFIEP) y las empresas mineras. Sin embargo, esta candidata conservadora obtuvo una votación significativa en Lima, incluso en los barrios populares.

En la primera vuelta, Humala obtuvo 30,62% de los votos válidos; García 24,32% y Flores Nano 19,98%. En la segunda vuelta, la prensa de derecha y sus representantes más conspicuos llamaron a votar por García contra Humala. En virtud del repudio de la mayoría del electorado a la pobreza creciente, a la violencia generalizada, a la contaminación ambiental, a la corrupción y a la falta de empleo, la segunda vuelta se realizó entre dos opciones que planteaban el «cambio», lo que, de hecho, significó una derrota de quienes defienden el programa económico neoliberal en aplicación desde 1990.

Alan García hizo un catastrófico gobierno entre 1985-1990, que desencadenó una hiperinflación de 5 000% anual, en un país asolado por el terrorismo militar y subversivo de Sendero Luminoso y el Movimiento Revolucionario Tupac Amaru (MRTA). García limitó los pagos de la deuda externa peruana a 10% de las exportaciones. Aliado al inicio de su gestión con un grupo de empresarios conocidos como «los doce apóstoles», después rompió con ellos y estatizó los bancos. En octubre de 1987, aplicó el primer *shock* de corte neoliberal. Acusado de actos de corrupción, fue satanizado por la derecha y tuvo que exiliarse en Colombia y Francia, para retornar finalizado el gobierno de Alberto Fujimori.

Al regresar a Perú, García se presentó como un candidato de izquierda «moderada» y socialdemócrata. En realidad, su línea política fue tan ambigua como lo ha sido históricamente la del APRA en Perú. Criticó inicialmente las altas tarifas de los teléfonos y la electricidad fijadas por las monopólicas empresas privatizadas, pero altos dirigentes de su partido se relacionaron con las empresas mineras y asumieron una tibia justificación de su presencia en el país. García argumentó ser un perseguido de Fujimori, pero los congresistas del APRA establecieron relaciones amistosas con los altos mandos fujimoristas del ejército, al punto que llevó como candidato a la vicepresidencia al almirante Giampietri, acusado de la matanza de prisioneros de Sendero Luminoso ocurrida en la isla El Frontón durante el gobierno de Fujimori. Otra de sus adquisiciones políticas es el general de la policía Benedicto Jiménez, actual congresista electo por el APRA, quien en 1992 comandó la captura del jefe de Sendero Luminoso, Abimael Guzmán y en 2005 dirigió el entrenamiento de mercenarios peruanos para ser enviados a Irak, en las instalaciones del ejército. De esta manera, mientras García usa un lenguaje moderado y populista en las manifestaciones públicas, mantiene relaciones con los empresarios privados, especialmente con los mineros y con sectores represivos de las Fuerzas Armadas. El reciente voto del APRA en el Congreso a favor de la ratificación del TLC con los Estados Unidos, confirma su acercamiento a lo fundamental de la política norteamericana en Perú, ya manifestado en sus frecuentes ataques a Hugo Chávez. Vale la pena destacar que García gana la elección presidencial de 2006, con los votos de la misma derecha que lo acusó y persiguió como un mal abominable.

Ollanta Humala es un comandante retirado del ejército peruano.[1] Surgió a la noticia a partir de un intento de levantamiento en Locumba, importante base del ejército en el sur del país, cerca de la frontera con Chile, al final del período de Fujimori. Fue amnistiado por el gobierno provisional de Valentín Paniagua –que sucedió al de Fujimori por un año– y enviado como agregado militar a Francia y a Corea del Sur. A su retorno al país, inició

---

[1] En Perú, el grado de comandante está por debajo de coronel y general, es decir, que se trata de un militar de jerarquía media, no de un alto jefe.

su campaña como candidato a la presidencia, pero no logró recolectar las 150 000 firmas que el Jurado Nacional de Elecciones exige para legalizar una candidatura presidencial, por lo que tuvo que aliarse con la UPP, antiguo partido fundado por Javier Pérez de Cuellar.

El hermano de Ollanta, Antauro, es un mayor del ejército que se quedó en el país movilizando un contingente de licenciados (ex soldados), con quienes encabezó, ya durante el período de Toledo, la toma de una estación policial en Andahuaylas, una ciudad en el interior andino, con un saldo de muertos y heridos de ambos lados. Fue apresado y actualmente espera un juicio militar. Las posiciones de Antauro, manifestadas a través de su periódico, que primero se llamó *Ollanta* y luego *Antauro*, se dirigieron contra todo el sistema de dominación económica y política de la oligarquía y contra el imperialismo, con mayor énfasis en el factor étnico e indígena de las reivindicaciones nacionales y populares, bajo el nombre de «etnocacerismo», en alusión al Mariscal Cáceres, un jefe militar que, a finales del siglo XIX, enfrentó la invasión chilena con apoyo campesino.

Ollanta Humala proviene de una numerosa familia andina e izquierdista, aunque él se define simplemente como «nacionalista». Su padre, Isaac Humala, encabezó uno de los grupos escisionistas del Partido Comunista, allá por los años cincuenta del siglo pasado. Su madre Elena Tasso formó parte de la Juventud Comunista en su época de estudiante universitaria. En el curso de los últimos meses, Ollanta ha deslindado posiciones con el radicalismo étnico de su hermano Antauro y, en repetidas ocasiones, ha rehusado a aliarse públicamente con la izquierda marxista orgánica agrupada en el FAI, con el argumento de que él es solo «nacionalista». Por otra parte, incorporó a su campaña electoral a un grupo de empresarios judíos de la pesca, la banca y el turismo quienes, al parecer, la financiaron. Ha sido acusado por la Coordinadora de Derechos Humanos de participar en actos de tortura y asesinato contra la población civil en la selva central durante su carrera militar, aunque estas acusaciones no han sido plenamente esclarecidas, ya que se encuentran bajo investigación judicial. En gran medida, su popularidad se debe a la campaña de implacables ataques desarrollada contra él por la prensa, que lo ha acusado de ser agente del presidente venezolano Hugo Chávez, de estar vinculado al ex asesor de Fujimori, Vladimiro Montesinos, de haber dirigido desde el exterior el levantamiento de Andahuaylas, que encabezó su hermano menor Antauro, y de tener un proyecto fascista.

Para un análisis de la situación política peruana, es importante diferenciar la personalidad de Ollanta Humala, del «fenómeno Humala», es decir, la oleada popular de repudio a las empresas transnacionales y a los políticos reaccionarios que se ha expresado en estas elecciones. Este no es un fenómeno nuevo; viene manifestándose en Perú desde la década de los noventa, mediante el surgimiento de diversos «*outsiders*» que aparecen súbitamente expresando ese repudio. El propio ex presidente Fujimori lo aprovechó en 1990, con su campaña contra el *shock* neoliberal y los «partidos tradicionales», con la que ganó las elecciones, para después llevar a cabo un *super shock* en agosto de ese mismo año, bajo el mandato directo de Washington y del Fondo Monetario Internacional (FMI). Durante el gobierno de Toledo, que continuó en lo básico la política económica de Fujimori y acentuó la subordinación de Perú a los Estados Unidos hasta niveles caricaturescos, organizaciones populares de diversos tipos –sindicatos, comunidades campesinas, municipalidades locales o frentes regionales o provinciales– enfrentaron el programa neoliberal, con reivindicaciones como, por ejemplo, la reincorporación de trabajadores despedidos a las empresas o a la administración pública, y la oposición a la presencia de empresas mineras o a nuevas concesiones mineras, que llegó a paralizar temporalmente el programa de privatizaciones, entre otras acciones.

Mención aparte merece el papel que están desempeñando la televisión y los medios de comunicación masiva. En poder de las grandes empresas y del gobierno, que en Perú es decir más o menos lo mismo, los medios se encargan de distraer a la opinión pública con escándalos diarios, mientras esconden o impiden el debate de los temas nacionales. Esos medios ignoran, satanizan o criminalizan cualquier posición discrepante con el modelo neoliberal, y han hecho revivir el macartismo de la posguerra con nuevos enemigos que, en el caso de América Latina, son Hugo Chávez en primer lugar y Evo Morales en segundo, sin olvidar, desde luego, a Fidel Castro. Lo notable es que la gente ha empezado a reaccionar contra esa campaña. La alta votación registrada por Humala revela que los medios de comunicación han empezado a perder credibilidad y están siendo identificados como parte del sistema que es repudiado en la mentalidad popular por su corrupción e insensibilidad.

En general, las elecciones peruanas revelan: 1) un incremento del rechazo a las manifestaciones externas del modelo neoliberal y un agotamiento del propio modelo; 2) una creciente «derechización» del electorado de Lima –casi un tercio del electorado total– que votó mayoritariamente por la candidata conservadora Lourdes Flores; 3) la desaparición electoral aunque no política de la izquierda orgánica, como consecuencia de la polarización entre el autodenominado «nacionalismo» de Humala y la socialdemocracia centro-derechista de Alan García. La práctica desaparición electoral de la izquierda marxista está lejos de significar su desaparición política y social. Aunque todavía dispersos y en proceso de coordinación y agrupación, estos cuadros continuarán sin duda actuando en el sindicalismo y en la lucha social que se reiniciará luego de terminado el proceso electoral.

Crecimiento con pobreza

Aparentemente, Perú tuvo un excelente comportamiento macroeconómico entre 2001 y 2006, período que corresponde al gobierno de Alejandro Toledo.

Un crecimiento anual promedio de 6% llevó al Producto Interno Bruto (PIB) a $75 000 millones con una inflación mínima. Las reservas internacionales que garantizan el pago de la deuda externa crecieron desde los $8 200 millones en 2001 a $15 000 millones en 2005. Las exportaciones se proyectaron a $14 000 millones en 2005, para un saldo favorable de la balanza comercial en $2 712 ese año.[2] Sin embargo, entre los años 2001 y 2004, a pesar de que la economía creció en 14%, la pobreza disminuyó solo en 2,7% (de 54,3% a 51,6%), mientras que la pobreza extrema apenas se redujo en 4,9% (de 24,1% en 2001 a 19,2% en 2005).[3] El subempleo, la inseguridad, la violencia delictiva, la corrupción en todos los niveles, la contaminación y otros fenómenos indeseables, asolan hoy las ciudades y los campos de Perú. Lo que ha crecido no es la economía del país sino la producción y ganancia de las empresas extractoras y exportadoras de materias primas que, como hace siglos, extraen el oro y el cobre peruano sin dejar casi nada a cambio. El oro ya sobrepasó los $500 la onza después de haber estado en $250 en octubre de 2000; y el cobre los $2.64 la libra, con lo que ha crecido en 77% respecto a 2005, solo en un año. Perú exporta anualmente más de tres millones de onzas de oro.

Los contratos de estabilidad tributaria reducen hasta el 80% de la renta imponible y permiten la libre remisión de utilidades al exterior. Las remesas de utilidades de las empresas extranjeras (renta del factor capital) llegaron a los $3 215 millones en 2005.[4] La falta de capacidad del Estado para cobrar impuestos a las empresas lo convierte en un deficitario permanente. El déficit real llega a los $6 000 millones.[5] Ese déficit es cubierto por un creciente endeudamiento público. Desde 2001 se pasó al endeudamiento interno, mediante «bonos soberanos» comprados en el mercado interno de valores por las Administradoras de Fondos de Pensiones (AFP) con dinero de los ahorristas, quienes deben depositar obligatoriamente parte de sus salarios en estas entidades, sin tener control sobre lo que aportan. La deuda era de $24 300 millones en 2000 y creció en $6 700 millones entre 2000 y 2004 para llegar a los $31 000 millones. Las amortizaciones del servicio de la deuda superaron los $ 3 400 millones (26,7% del presupuesto del sector público). Durante el período 2001-2006, las empresas remitieron al exterior $3 215 millones de utilidades libres de impuestos.

---

[2] Cifras del Ministerio de Economía y Finanzas (MEF) y de la Presidencia del Consejo de Ministros (PCM).

[3] Instituto Nacional de Estadística e Informática (INEI): *Condiciones de vida en el Perú: Evolución 1997-2004*, Lima, 23 de junio de 2006.

[4] En 2005, el Estado peruano recaudó $10 282 millones y gastó $15 982 millones. Fuente: Humberto Campodónico (con datos del BCR): «Las remesas del capital y las remesas del trabajo», Diario *La República*, 28 de noviembre de 2005.

[5] Ministerio de Economía y Finanzas: *Proyección de los recursos del Presupuesto del Sector Público*, Lima, 2006.

En qué consiste el «modelo» neoliberal

A partir del usurpador gobierno surgido del autogolpe orquestado por Alberto Fujimori en 1992, que cerró el Congreso y anuló las libertades públicas imponiendo una «Constitución» a la medida de las grandes empresas, estas compraron a precios irrisorios los activos de Perú y se ubicaron en posiciones monopólicas en los únicos puntos rentables de la economía: la distribución y venta de energía eléctrica, los teléfonos y las comunicaciones; y la extracción de minerales, especialmente el cobre y el oro. Desde entonces, ellas operan sin respetar requerimientos ambientales, prácticamente no pagan impuestos y remiten utilidades al exterior sin ningún control. La firma del Tratado de Libre Comercio con los Estados Unidos, «blindará» esta situación e impedirá cualquier reclamación futura. Como la poca presión tributaria existente (14% del PIB mientras el promedio latinoamericano es 18%) recae sobre los consumidores, estos deben financiar un gobierno que actúa contra ellos al proteger abiertamente las altas tarifas de los proveedores privados de servicios públicos (teléfonos y electricidad) y las empresas mineras contra las comunidades campesinas y locales.

Cerca de tres millones de una población de veintisiete millones de peruanos y peruanas están fuera del país y remiten ayuda para sus familias. El 10% de la población peruana recibe $2 495 millones por remesas (equivalente al 10% de las exportaciones y al 1,7% del PIB). El promedio de remesas recibidas por las familias es de $166, nueve veces por año.[6] Mientras las corporaciones succionan los recursos del país para enviarlos a sus centrales, los emigrantes subsidian a sus familias aliviando la situación.

Es este modelo el que está en cuestión. En la perspectiva de los próximos años, se espera: 1) consolidar el reagrupamiento de la izquierda marxista; 2) vincular este reagrupamiento con las fuerzas políticas autodenominadas «nacionalistas»; y 3) trabajar en el medio social y popular para lograr que la fuerza electoral expresada en los 6 221 281 votos de respaldo a Ollanta Humala, más la votación aprista que se alejará de Alan García debido a su derechización, se transformen en una verdadera opción alternativa a la dominación de las empresas transnacionales y de la política norteamericana.

HÉCTOR BÉJAR es Magíster en Política Social, investigador del Centro de Estudios para el Desarrollo y la Participación (CEDEP), y presidente de la Comisión de Programa y Plan de Gobierno del Frente Amplio de Izquierda de Perú.

---

[6] Fondo Multilateral de Inversiones (FOMIN), Bendixen y Asociados: «Encuesta de opinión pública de receptores de remesas en el Perú», Diario *La República*, 6 de diciembre de 2005.

La izquierda en el Perú después del fenómeno Humala

RENÁN RAFFO MUÑOZ

¿Qué está pasando en Perú donde más del 60% de los ciudadanos votan por el cambio, y la izquierda de todos los matices, que históricamente ha sido sinónimo de cambio y de lucha junto al pueblo, no ha recibido la confianza popular? Sobre esto hay mucho pan que rebanar y muchos mitos que derribar. Pero, para empezar, pienso que ha ocurrido lo que con profundo sentido autocrítico, en circunstancias similares, sentenció nuestro querido compañero Alfonso Barrantes, desaparecido líder de la izquierda de los años ochenta, cuando no supimos conservar la unidad y sufrimos una derrota electoral catastrófica: «el pueblo nos ha flagelado por la división».

Ciertamente, la falta de unidad constituye una de las causas principales de la derrota de la izquierda y también de Ollanta Humala, puesto que, sin restarle méritos, hubiese podido triunfar en la primera vuelta de la elección presidencial si hubiera liderado un gran frente del pueblo, sin exclusiones, como se lo propusimos insistentemente. Claro, algunos analistas enemigos de la izquierda, desde una visión aritmética, dicen que el poco menos de 2% que alcanza la suma de los votos presidenciales de todas las izquierdas, o el 4% de su voto en el Congreso, no hubiera cambiado los resultados a favor de Humala. Lo que ellos no comprenden es que la unidad potencia, multiplica, suma, moviliza y estimula la voluntad de lucha en la conciencia colectiva, algo que resulta fundamental para el triunfo popular.

Como leve atenuante, diré que no es fácil responsabilizar al Frente Amplio de Izquierda (FAI) –formado por el Partido Comunista Peruano (PCP), el Partido Comunista Patria Roja, el Partido Socialista Revolucionario (PSR), el Frente Obrero Campesino y Estudiantil (FOCEP) y otras agrupaciones– de no haber logrado la unidad. Probablemente, no tuvimos la fuerza necesaria para hacerlo, pero no se podrá desconocer que hicimos el máximo esfuerzo, sin exigir nada; que pusimos por delante los intereses del país y sacrificamos los legítimos intereses partidarios para alcanzar la unidad, que para nosotros tiene un valor estratégico de primer orden. Pero, desde una visión analítica tenemos que reconocer que, además del problema de la falta de unidad, hay otras razones de fondo. No hemos puesto suficiente fuerza en la batalla de las ideas. Así, hemos permitido que se forme una imagen distorsionada y falsa de la izquierda, a la cual se le percibe como una izquierda dogmática, sectaria, congelada en el tiempo, maximalista, sin reflejos y sin respuestas frente a los problemas inmediatos de la sociedad. A ello se suma la ofensiva ideológica neoliberal y del poder mediático que ha pretendido, de manera sistemática, identificarnos con las prácticas polpotianas y con el extremismo ideológico y sectario del senderismo.

Ocurre también que somos buenos en el diagnóstico, pero necesitamos ser mejores en la propuesta. El pueblo quiere soluciones, sin que ello signifique que nos quedemos en lo cotidiano. Tenemos deficiencias en el trabajo de masas y, sobre todo, con el movimiento sindical con el que tenemos mayores relaciones. Nuestra influencia social no se traduce, precisamente, en influencia política, es decir, la importante acumulación social que hemos logrado durante estos años y que se aprecia en nuestro reconocido liderazgo en el movimiento sindical clasista, no se ha traducido en influencia política. Luego de la arremetida inicial del neoliberalismo difundiendo valores de exclusión, pragmatismo e individualismo, no hemos sido capaces de pasar a la ofensiva en el terreno de la propaganda política e ideológica.

Sin desmerecer el trabajo de nuestros camaradas en el frente de masas y su esfuerzo en la agitación y la denuncia que le han permitido a la población percatarse de lo nefasto del neoliberalismo, comprobamos que en el movimiento sindical hay despolitización, y que la conciencia de buena parte de los trabajadores se encuentra todavía en el nivel reivindicativo y economicista. Y no solo eso, resulta igualmente preocupante que en un grueso sector de la sociedad, incluso organizada, prime el clientelismo. Por ello, insistimos en la necesidad de avanzar de la lucha social a la política e ideológica que es la forma superior de lucha, como señalaba Lenin. Para confirmar lo dicho, baste mencionar lo ocurrido en las elecciones universitarias para elegir al Decano del Colegio de Profesores realizadas, con la participación de 360 000 maestros, inmediatamente después de las elecciones generales, en las cuales los candidatos comunistas ganaron con una votación superior a la que obtuvo el FAI en la elección presidencial.

No es que las ideas de cambio que enarbola la izquierda no hayan tenido el respaldo popular, lo que ocurre es que la izquierda dividida no es sinónimo de victoria y, en tal caso, el pueblo izquierdista opta por apoyar a quien encarna esas ideas con mayores posibilidades de triunfo. Eso es lo que pasó con el comandante Humala, con un programa semejante al nuestro y un liderazgo fresco que «chupó» la votación del pueblo izquierdista.

El porvenir de la izquierda peruana

¿Se puede concluir a partir de estos resultados adversos que la izquierda ha desaparecido como opción política en el país? Compartimos lo señalado por el camarada César Levano:

> En la historia no hay puntos muertos. Hay luchas, conquistas, represión, repliegues, lucha. Los que declaran muerta a la izquierda y sepultan al socialismo confunden sus deseos con la realidad. Mientras haya explotación, injusticia, hambre, marginación, engaño político y social habrá izquierda y una y otra vez se levantará la bandera del socialismo.[1]

No caemos en el derrotismo; no nos rasgamos las vestiduras ni renegamos de nuestra posición de izquierda a la luz de los resultados electorales. La lucha electoral es apenas un episodio de la compleja e intrincada lucha de clase que no empieza ni termina con las elecciones. En nuestro concepto, asistimos al fin de un ciclo histórico de la izquierda peruana y al inicio de uno nuevo que nos plantea imperativamente la necesidad de recrear el paradigma socialista para el siglo XXI y construir las herramientas necesarias para hacerlo realidad.

La historia apunta en esa dirección

Los acontecimientos que vienen ocurriendo en Perú y en América Latina apuntan a ese derrotero. Los resultados del reciente proceso electoral son, en ese sentido, profundamente aleccionadores para nosotros. Si sumamos la votación recibida en la elección de junio de 2006 por la alianza formada por el Partido Nacionalista Peruano y la Unión por el Perú (PNP-UPP) –que llevó como candidato presidencial a Ollanta Humala–, con la obtenida por el APRA –cuyo candidato fue el actual presidente, Alan García, en este caso a partir de sus ofrecimientos sociales–, junto con la de la izquierda y otras fuerzas progresistas, veremos que más del 60% del electorado expresó, de manera rotunda, su rechazo al neoliberalismo. Este hecho tiene un enorme significado político porque, después de 20 años de hegemonía neoliberal, vastos sectores sociales le infringen una contundente derrota.

Se constata entonces que la derecha política ya no está en capacidad de representar, ni aún en el discurso, los intereses generales de la sociedad. Incluso, la descarada parcialización de los medios de comunicación, con los

---

[1] Cita tomada de las palabras de presentación al libro *La utopía libertaria en el Perú: Manuel y Delfín Lévano-Obra completa*, César Lévano y Luis Tejada (comp.), Fondo Editorial del Congreso del Perú, Lima, 2006, en acto público en el Auditorio de la Federación de los Trabajadores de Construcción Civil, Lima.

candidatos de la derecha, no logró torcer la voluntad popular. Significa, como decía el viejo Marx, «que las clases dominantes ya no pueden dominar como antes y los oprimidos y explotados ya no quieren vivir como antaño». Otro hecho de la misma importancia y significación política es que, después de largos años de reflujo, se haya producido un viraje en la correlación de fuerzas a favor del cambio, lo que nos ubica en la vigorosa corriente antimperialista que recorre América Latina, tal como se aprecia en los resultados electorales que se vienen produciendo en varios países del subcontinente.

Lo ocurrido con Ollanta Humala no es un hecho casual, ni producto del mesianismo de un líder iluminado. Además de la agudización de los factores objetivos, es el resultado de un largo proceso de toma de conciencia y de acumulación de fuerzas en el campo popular. Es la síntesis de un período de lucha cuyos hitos más importantes están en el enfrentamiento y la derrota de la dictadura fujimorista, en las innumerables jornadas de lucha protagonizadas por el pueblo peruano en contra de la penetración imperialista y de los planes neocoloniales del imperio, como el Área de Libre Comercio de las Américas (ALCA) y los Tratados de Libre Comercio (TLC's), entre otros. Resulta por ello innegable la contribución del movimiento obrero liderado por la **Confederación General de Trabajadores del Perú (CGTP)**, del sector campesino y comunero, de los pueblos del interior en lucha contra la postergación, en fin, del trabajo unitario de las centrales en el Comando Unitario de Lucha, en el que se conjugaron las fuerzas políticas y sociales de izquierda y progresistas, así como la contribución de los partidos y de los intelectuales de izquierda marxistas y no marxistas.

Algunos analistas de derecha tratan de restarle importancia a la alta votación obtenida por el comandante Humala, mediante la afirmación de que fue un «voto de protesta», espontáneo, que obedece a un «estado de ánimo». No compartimos esa opinión: en nuestro criterio, lo que ocurre es que la desigualdad creciente no solo está cambiando las condiciones materiales de existencia de las personas, sino también su forma de percibir el mundo, la sociedad y la política. Las versiones reaccionarias pontifican que se trata de un «voto irracional» de las grandes colectividades sociales ignorantes y ajenas a las ideologías, que son, supuestamente, patrimonio de los ilustrados. Nosotros estamos convencidos de que se están produciendo cambios en la representación social que se exteriorizan en disposiciones y comportamientos políticos distintos a los del pasado.

Tenemos que reconocer los aciertos del comandante Ollanta. Si bien es verdad que el camino de acumulación de masas descrito antes no fue obra de su partido, debe reconocerse que supo leer en forma adecuada las reivindicaciones de los indígenas secularmente excluidos, que interpretó el significado de los desbordes sociales –como el levantamiento de Ilave y de los agricultores cocaleros–, que creó en el imaginario popular una figura heroica –al surgir a la palestra política como el militar rebelde que se levantó en armas contra el fujimorismo–, que aprovechó su vinculación familiar con el alzamiento de Antauro Humala en Andahuaylas, y todo ello son cuestionamientos radicales al sistema social imperante, a la corrupción y al entreguismo de la derecha tradicional. A lo anterior se suman su origen –en una familia provinciana de formación marxista– y sus dotes personales. Estos factores le permitieron construir una organización y ubicarse en la escena política en corto tiempo. Asimismo, se posesionó como expresión de las corrientes antimperialistas de América Latina, al vincularse a la Revolución Bolivariana, a Cuba Socialista y al triunfo popular de Evo Morales en Bolivia. Por otro lado, reivindicó el legado antimperialista y nacionalista del general Juan Velasco Alvarado –que el Partido Comunista Peruano respaldó en su momento con firmeza–, levantó las banderas de la soberanía nacional frente al TLC y a la Convención del Mar; en fin, reivindicó las causas por las cuales ha venido luchando el movimiento social y la izquierda peruana. Pero no solo se trata de méritos personales, las condiciones materiales han sido, también, determinantes.

El Perú de hoy se precia de ser uno de los países que ha logrado el más alto crecimiento económico de América Latina. Sin embargo, esto no se traduce en bienestar de las mayorías; solo se ha beneficiado una minoría que concentra el poder y la riqueza. El prometido «chorreo» neoliberal, que es ofensivo a la dignidad humana porque se conceptúa como la distribución de las migajas que caen de la mesa opulenta de los ricos, nunca llega.

El crecimiento del Producto Interno Bruto (PIB) acumulado en los últimos cinco años alcanzó el 25%. Sin embargo, los índices de pobreza, de pobreza extrema, de desempleo y de desnutrición infantil afectan a más de la mitad de la población peruana, mientras que en las regiones alto-andinas como Huancavelica, Ayacucho, Apurímac, etcétera, en algunos casos, alcanzan hasta al 80% de la población. Eso es lo que explica los altos niveles de votación logrados por el candidato Ollanta Humala en la zona sur y centro del país, que supera con creces los antecedentes históricos, tal como se aprecia en las siguientes cifras: Ayacucho 84%, Huancavelica 77%, Apurímac 74%, Cuzco 73%, Puno 70%, Arequipa 65%, Junin 63%, Tacna 61%, Madre de Dios 59% y Moquegua 53%.

Los resultados electorales de junio de 2006 configuran un nuevo mapa político en el que apreciamos un país fracturado, dividido y enfrentado, desde el punto de vista económico, político, social, cultural, étnico y geográfico. En consecuencia, el gobierno aprista enfrenta enormes desafíos. Después de la calamitosa experiencia de gobierno que Alan García tuvo entre 1985 y 1990, está obligado, ahora, por una cuestión de supervivencia política, a no defraudar nuevamente al pueblo peruano, que se pronunció contundentemente por el cambio. Sin embargo, sus primeros anuncios indican que mantendrá invariable el programa económico y que en el terreno internacional seguirá la política de sumisión al imperio, con el fortalecimiento del eje pro estadounidense Santiago, Lima, Bogotá y con el enfrentamiento a la Revolución Bolivariana y al proceso boliviano. En lo interno, se perfilan algunos cambios que podríamos denominar de superestructura, que no tocan los ejes centrales del actual modelo económico y político, ni chocan con los privilegios que gozan las transnacionales. En ese sentido, la ratificación, sin debate y al carpetazo, del Tratado de Libre Comercio con los Estados Unidos por parte del Congreso de la República, aprobada con el respaldo abierto de los congresistas apristas, después que García ofreció en la campaña que no firmaría el tratado mientras no se revisara línea por línea, refleja la doble moral del APRA y su desprecio al mandato popular.

En vez de buscar un acercamiento con la oposición, sobre la base del reconocimiento al liderazgo incuestionable de Ollanta Humala, el APRA ha optado por aliarse con la derecha, la misma que trata de imponer el programa que fue derrotado en la primera vuelta. Ambos despliegan una sucia campaña dirigida a liquidar la oposición de Humala y de la izquierda, a desacreditar y minimizar las luchas sociales y a preparar un clima favorable a la represión en nombre de la defensa de la «sagrada democracia representativa». En ese contexto socialmente explosivo, se inicia un nuevo período político cuyo desenlace es imprevisible.

El APRA es parte de la socialdemocracia latinoamericana, aunque su inserción en la Internacional Socialista (IS) siempre ha sido heterodoxa,[2] lo que no significa que el gobierno aprista sea de izquierda. Ese partido tiene en su seno un importante sector socialdemócrata, pero la tendencia predominante en su dirección es neoliberal, liderada por Alan García y Jorge del Castillo.

Humala y la izquierda peruana

Ollanta Humala representa un vasto sector del pueblo y lo acompañan valiosos cuadros intelectuales y técnicos, muchos de los cuales pertenecieron a la Izquierda Unida. Su programa democrático y popular se asemeja en diversos aspectos al nuestro, y en el terreno internacional se inscribe en las corrientes antimperialistas, de izquierda y progresistas de América Latina. Se identifica con las luchas populares y cuenta con amplio respaldo popular.

Si nos atenemos a su escueto ideario encontramos que Humala no se considera de izquierda. Él mismo ha dicho en la campaña que no es de izquierda ni de derecha, porque en su opinión esos referentes cardinales ya no están vigentes. Se declara nacionalista, reivindica el pensamiento de José

---

[2] Muestra de ello es el hecho de que durante décadas el APRA se mantuvo como observador en la Internacional Socialista (IS).

Carlos Mariátegui –fundador del socialismo peruano– y también el de Víctor Raúl Haya de la Torre –fundador del APRA–, esto último posiblemente por sus ideas primigenias expresadas en *El antimperialismo y el APRA*, que hace mucho tiempo fueron abandonadas por ese partido. Asimismo, rescata el nacionalismo del general Velasco Alvarado y las luchas de nuestro pueblo. Aspiramos que esa fuerza emergente transite por el camino trazado por nuestro gran amauta José Carlos Mariátegui quien nos dijo con total acierto:

> En la lucha entre dos sistemas, entre dos ideas, no se nos ocurre sentirnos espectadores ni inventar un tercer camino. En nuestra bandera inscribimos esta solo sencilla y grande palabra: «Socialismo».[3]

Esperamos que pronto concurramos juntos al gran frente del pueblo para hacer realidad la gran transformación que el peruano demanda.

RENÁN RAFFO MUÑOZ es secretario general del Partido Comunista Peruano.

---

[3] José Carlos Mariátegui: «Ideología y política», *Obras completas*, 18va. edición, Empresa Editora Amauta, Lima, 1988, Biblioteca Amauta, t. 13, p. 246.

México: golpe de Estado técnico de la derecha

LUIS HERNÁNDEZ NAVARRO

Los dados electorales para elegir Presidente de la República en México el pasado 2 de julio fueron cargados a favor de Felipe Calderón. Desde el poder la derecha dio un golpe de Estado técnico. Los comicios no solo fueron inequitativos sino fraudulentos. Todos los recursos del gobierno federal, lícitos e ilícitos, fueron utilizados para favorecer al abanderado del Partido Acción Nacional (PAN). Se echó mano de casi todas las mañas del viejo Partido Revolucionario Institucional (PRI), que gobernó ininterrumpidamente México –con distintos nombres– desde la institucionalización de la revolución armada de 1910-1917 hasta el año 2000, para hacer ganar al candidato del gobierno. Se pusieron en práctica, además, los artilugios que las nuevas tecnologías informáticas permiten.

Se trata de un golpe de Estado porque se sobresee la decisión soberana de los ciudadanos de darse a sí mismos un gobierno y se han impuesto por la fuerza otras autoridades. Es un hecho técnico porque en lugar de recurrir al uso de las fuerzas armadas se ha echado mano de un conjunto de recursos informáticos para presentar como ganador de la contienda a quien no lo es. Proviene de la derecha porque la pretensión de imponer a Felipe Calderón al frente del Ejecutivo busca dar continuidad a los intereses conservadores que prevalecieron en el gobierno de Vicente Fox.

El guión fue nítido: primero, un golpe mediático sobre la base de los resultados del Programa de Resultados Electorales Provisionales (PREP), para crear la ilusión de triunfo de Felipe Calderón; segundo, la articulación de los poderes fácticos para reforzar la victoria del panista, el lunes 3 de julio, un día después de los comicios, votó la Bolsa de Valores elevando las ganancias de los accionistas; tercero, administración del recuento de votos para hacerlo coincidir con el resultado del PREP, frenando la entrega de actas a favor del PAN hasta el último momento, con el objetivo de desmovilizar; cuarto, recuento parcial de las casillas donde se presentaron graves anomalías.

La lista de las irregularidades es enorme: creación de un clima de temor para favorecer el voto del miedo; injerencia ilegal del Presidente de la República en la campaña; gasto de 1,7 billones de pesos en la promoción y divulgación de la obra del gobierno federal; uso de recursos públicos destinados al desarrollo social para inducir el voto (según *Reforma* el 41% de los beneficiarios de Oportunidades y el 44% de quienes disfrutan del Seguro Popular votaron por los blanquiazules); compra de sufragios; rebase de los topes de los gastos de campaña por parte de Felipe Calderón; simpatizantes del Partido de la Revolución Democrática (PRD) purgados del padrón electoral; utilización indebida de información del Estado para servir a la campaña electoral panista; cursos de inducción del voto contra López Obrador y a favor del candidato del PAN entre trabajadores y empleados de corporaciones empresariales; manipulación de las cifras preliminares de la votación.

El voto de miedo le rindió frutos al PAN y sus aliados del Congreso Coordinador Empresarial (CCE). Presentar a López Obrador como «un peligro para México», asustar a la población con el peligro de perder su casa, su automóvil y sus propiedades, les permitió sumar votos más allá de su base social tradicional. Las descargas de artillería contra el Peje disparadas por las tropas herederas de la tradición cristera dieron en el blanco. La multitud de mensajes de texto que enviaron a través de teléfonos celulares para sacudir la conciencia de los fieles parecen haber surtido efecto. «México –advertía uno de ellos–: ¿estás seguro que ÉL permitirá nuestra religión católica? Santa María de Guadalupe: salva nuestra Patria y conserva nuestra Fe. Vota. Motiva.» No fue demasiado tarde para los milagros.

El golpe de Estado técnico del 2 de julio no es más que el último eslabón de una larga cadena de acciones extralegales e ilegales perpetradas por el Ejecutivo para tratar de impedir que Andrés Manuel López Obrador llegue al gobierno. El intento de inhabilitación política de hace un año, la campaña mediática presentándolo como un transgresor de la Ley y la difusión de anuncios en televisión en los que se le muestra como una amenaza para México son solo algunos episodios de esta ofensiva en su contra.

Pieza medular de este golpe de Estado fue el Instituto Federal Electoral (IFE). El árbitro es parcial. Se hizo evidente durante la campaña electoral y quedó demostrado el día de las elecciones. Sus nueve integrantes fueron escogidos sobre la base de una negociación entre la entonces representante parlamentaria del PRI y hoy aliada de Felipe Calderón, Elba Esther Gordillo, y el panista Germán Martínez. Cinco para la Maestra y cuatro para el panista. A ellos responden. El PRD fue excluido.

Con el control del IFE en sus manos, la Maestra hizo milagros para provocar la derrota del PRI en varios estados. Ese fue el caso de Tamaulipas, territorio de la banda de narcotraficantes conocida como los Zetas, entidad donde el *tricolor* (el PRI) nunca había tenido descalabros mayores, y en el que el panismo era una fuerza escasamente relevante. Docente al fin, advirtió a Eugenio Hernández Flores, gobernador de la entidad, el mismo día de las elecciones: «Hay que saber cómo actuar y aquí sí viene la decisión de fondo [...] Tamaulipas y Coahuila están con todo con el PRI y van a hablar, no sé si ya hablaron, vale más que ustedes se adelanten, si así lo deciden, con Felipe, para vender lo que tengan; el PRI ya se cayó».[1] El fraude en la entidad alcanzó niveles escandalosos.

Un día después, Pedro Cerisola, el secretario de Comunicaciones y Transportes le reconoció a Eugenio Hernández Flores los favores recibidos: «Pues muy agradecido –le dijo–, creo que sobregiraste». Y él, tan magnánimo como lo es con los *cárteles* del narcotráfico, le respondió: «No, me da mucho gusto, lo hago con mucho afecto».[2]

El fraude: las piezas del rompecabezas

Durante décadas el PRI desarrolló una compleja alquimia para ganar elecciones. Esos saberes se pusieron el 2 de julio al servicio del PAN. Los *mapaches* tricolores se volvieron *mapaches* (defraudadores electorales) blanquiazules. ¿Cómo lo hicieron? La organización del fraude electoral tiene una estructura piramidal: en el vértice superior se encuentran los gobernadores, en la parte más baja una célula integrada por movilizadores, responsables de las secciones electorales y «casas amigas».

El movilizador se encarga de llevar a las casillas a grupos de ciudadanos que previamente han comprometido su sufragio con un partido. En ocasiones, sobre todo en regiones rurales o barrios urbanos pobres, él es el encargado de trasladar a las personas leales a los centros de votación. Frecuentemente tiene ya en su posesión las credenciales de elector del grupo, que obtuvo tras la promesa de dar solución a alguna gestión.

El movilizador es el primero en ir a votar, pero, en lugar de depositar la boleta, la esconde y la saca de la casilla. Él entrega su boleta cruzada por un candidato a la persona que se ha comprometido a apoyarlo. Al entrar a la casilla, esa persona recibe una nueva papeleta que debe conservar en blanco, depositando el voto ya cruzado que le dio el movilizador. Al salir entrega la boleta sin cruzar al movilizador que, a cambio, le da entre 50 y 100 pesos. A continuación el movilizador cruza a favor de su candidato la papeleta que le entregan y le da el voto a un nuevo ciudadano para que repita la operación. El mecanismo se repite sin interrupción hasta que el último integrante del grupo leal sufraga. Se engarzan así los eslabones que integran esta cadena humana.

---

[1] Citado por Roberto Garduño y Andrea Becerril: «Gestionan Gordillo y Cerisola apoyo a Calderón», *La Jornada*, domingo 9 de julio de 2006 (www.jornada.unam.mx).
[2] Ibíd.

Cuando en el *operativo* cuentan, además, con boletas adicionales distintas a las entregadas originalmente en las casillas, las van depositando sigilosamente. De esa manera *embarazan* las urnas.

Las personas que ya han votado son trasladadas a una «casa amiga», donde les dan de desayunar menudo o birria o barbacoa y cerveza. Al terminar se les regala un pequeño obsequio: bolsas para mandado, gorras, camisetas.

Los movilizadores y las «casas amigas» son coordinados, a su vez, por un responsable seccional que tiene bajo su responsabilidad varias casillas. Él es quien recibe los recursos económicos que sirven para traslados, comidas y compras de voto.

Es usual que los funcionarios de casilla, los representantes del partido al que se pertenece y los representantes de los otros partidos formen parte de esta cadena humana. Muchos son maestros pertenecientes al Sindicato Nacional de Trabajadores de la Educación (SNTE). Al término de la jornada, con ellos se pueden incrementar los votos a favor del candidato que se apoya y restárselos a los otros, sea anulándolos o contándolos mal. Cuando la vigilancia de la oposición es deficiente o ha sido sobornada se pueden alterar las actas del escrutinio con facilidad.

No es necesario, ni conveniente, alterar la votación en todas las casillas, sino que hay que concentrarse en algunas. Nada se deja al azar. Las casillas donde se centraliza el fraude son seleccionadas previamente, a partir de los informes de los promotores del IFE, de los padrones de la Secretaría de Desarrollo Social (SEDESO) y de seguridad nacional.

Los gobernadores priístas son los responsables últimos de organizar esta cadena. Varios de ellos, sobre todo del norte del país, también lo fueron en esta ocasión, pero no para apoyar a Roberto Madrazo, sino a Felipe Calderón. En lugar de entregar los recursos económicos a los operadores de su partido, le dieron largas al asunto y terminaron otorgándoselos a la red paralela organizada por Elba Esther Gordillo y el SNTE. Ello fue posible gracias al pacto político establecido entre ellos y el PAN con la intervención de la líder del organismo gremial del magisterio

Para este trabajo de alquimia Gordillo contó con 1 350 millones de pesos proporcionados por el gobierno federal al sindicato: 900 millones de pesos para «estímulos al magisterio» y 450 millones de pesos para computadoras, manejados a través de un fideicomiso al frente del cual se encuentra Fernando González, yerno de la Maestra y amigo del consejero presidente del IFE Luis Carlos Ugalde. Tuvo, además, el apoyo de los gobernadores del norte del país que pertenecen al PRI. El *operativo* involucró, según el sindicato magisterial, a cerca de 200 000 maestros.

La falta de recursos económicos por parte de la coalición Por el Bien de Todos, las pugnas entre los dirigentes partidarios y las redes ciudadanas,[3] y la debilidad del trabajo en el cuidado de las casillas y la defensa del voto, favorecieron el trabajo de los *mapaches* blanquiazules.

El fraude contó también con la ayuda de dirigentes de la coalición Por el Bien de Todos, que ofrecieron credenciales de elector de sus integrantes a cambio de programas de vivienda o solución de demandas de sus afiliados. Esas credenciales no le dieron más sufragios a Felipe Calderón, pero sí impidieron que López Obrador los tuviera. A ello se le sumó la multitud de simpatizantes del Peje que fueron *rasurados* del padrón electoral por el IFE.

Estas son algunas de las piezas del rompecabezas del fraude electoral del 2 de julio. Son las piezas del piso inferior de la pirámide.

Vicente Fox: los agravios

La bitácora del viaje presidencial de Vicente Fox comenzó con la esperanza, continuó en el desengaño y termina en la ira nacida del agravio. Las grandes promesas de democracia y crecimiento económico se convirtieron, en los primeros meses de su gobierno, en restauración autoritaria y continuidad absoluta de las medidas económicas de sus antecesores.

La desilusión con el nuevo mandatario va más allá de sus políticas. Muy pronto, su estilo desenfadado y aparentemente fresco de comunicarse, acabó ridiculizando la investidura presidencial y a sí mismo. Lejos de acercarlo a sus gobernados, los chistoretes y puntadas presidenciales, llenos de sexismo y racismo, lo convirtieron en presa fácil de los caricaturistas. A lo largo de estos seis años se ha ganado la animadversión de muchos. Al referirse a las mujeres como «lavadoras de dos patas»,[4] ofendió no sólo a las feministas sino a muchas damas más. Al confundir al célebre escritor Jorge Luis Borges con «José Luis Borgues» mostró no sólo ignorancia sino desprecio por los intelectuales. Al anunciar apoyos fiscales a zonas afectadas por el paso del ciclón *Stan*, diciendo a los afectados que «San *Stan* les hará el milagrito de dejar mejor el estado»,[5] evidenció un enorme desprecio por los damnificados.

---

[3] Las redes ciudadanas fueron una estructura paralela creada por López Obrador y sus asesores personales más cercanos, con el propósito de complementar la campaña electoral desarrollada por la coalición Por el Bien de Todos. Esta dualidad generó muchas contradicciones, en especial en los niveles departamental, municipal y local, en temas como la designación de candidatos, la asignación de recursos, las respectivas esferas de competencia y otros. (*N. del E.*)

[4] Luis Hernández Navarro: «Vicente Fox, agravio sobre agravio», *La Jornada*, viernes 1ro. de septiembre de 2006 (www.jornada.unam.mx).

[5] Ibíd.

Pero Vicente Fox mintió con la verdad. Nadie puede objetarle que en su estilo personal de gobernar se traicionó a sí mismo. Desde un primer momento transmutó la política en espectáculo y el espectáculo en política. Durante su toma de posesión convirtió lo que debió ser una ceremonia republicana de transmisión de poderes en un maratónico *show* televisivo difundido en cadena nacional, protagonizado por él mismo. La fiesta de la democracia se transformó en la celebración del jefe del Ejecutivo. El ritual para asumir la Presidencia de la República dio paso a un faraónico *reventón* mediático. La presentación en sociedad del nuevo mandatario se metamorfoseó en una impresionante fiesta de culto a la personalidad. Nada faltó en la recién estrenada liturgia del *marketing* político: actos de fe, baños de pueblo, cenas de gala, tomas de protesta, la presencia de Bill Gates, promesas idílicas, encuentro con dignatarios y poderosos, discursos.

La *foxifiesta* anticipó el estilo personal de gobernar del nuevo jefe del Ejecutivo: plebiscitario, individualista, brincándose las instituciones, de culto a la personalidad, de reforzamiento del presidencialismo empresarial. Allí mismo, más allá del espectáculo, de la reiterada reafirmación de su figura, el Presidente mostró las cartas marcadas con las que jugó a lo largo de su administración: Dios, familia y patria. Al hacer ostentación religiosa en una ceremonia republicana de tradición laica, meter a su familia en la celebración forzando el protocolo, anunció los futuros escándalos del sexenio.

Intentó, sin mucho éxito y con evidente rechazo, la confesionalización de la política, en lo que fue visto por muchos como la revancha de los cristeros. Pero, más allá de ello, la reafirmación reiterada de una conducta antisecular, lo mismo durante la visita del Papa que en los discursos políticos, le sirvió como estrategia de imagen. La confesionalización de la política, los valores familiares y el nacionalismo retórico son creencias que provienen del estrato más profundo del México tradicionalista que identificó al gobierno con una parte del ciudadano común y corriente que busca seguridad y orden. Al lado de los conceptos de calidad total, productividad, competencia, eficiencia y administración por objetivos, se convirtieron en el instrumento para conducir la voluntad de cambio de la sociedad mexicana por el camino del conservadurismo.

En su campaña, Vicente Fox ofreció solucionar el conflicto de Chiapas en 15 minutos. Seis años después, su promesa sigue a la espera de ser cumplida. En lugar de enfrentar el conflicto, lo evadió, haciéndolo crecer. Se sumó a una caricatura de reforma constitucional sobre derechos y cultura indígenas que es una burla para los pueblos indios del país.

Sin embargo, este incumplimiento de su promesa fue la norma y no la excepción durante su gobierno en el trato con el México de abajo. Por supuesto, nunca fueron castigados los responsables de la *guerra sucia*. Lejos de permitir la depuración del mundo sindical, apoyó y se apoyó en los líderes obreros espurios de siempre, hasta hacer de Elba Esther Gordillo una de sus principales aliadas. Y cuando intervino en el mundo laboral, como en el caso del sindicato minero, fue para promover un *charrazo* clásico en la mejor tradición de los gobiernos priístas.

Las expectativas de que la transición política que representó su administración abriera paso a una profunda reforma del Estado se cancelaron muy pronto. El optimismo democrático que siguió a la derrota del PRI se agotó en los primeros meses de gestión del nuevo inquilino de Los Pinos. Colocado frente a la disyuntiva de acabar con el régimen político heredado del priísmo en el que no cabe la sociedad mexicana o pactar con el *tricolor* para alcanzar la gobernabilidad, sacrificando las reformas, apostó por utilizar en su favor los instrumentos del presidencialismo autoritario. Y, en el colmo del ilusionismo, quiso hacer creer al país que las cosas habían cambiado porque el PRI había dejado de manejar el gobierno federal.

Efectivamente, casi ninguna de las facultades legales o metaconstitucionales sobre las que funcionó el presidencialismo mexicano fue modificada por el jefe del Ejecutivo. En la elección del gabinete prevalecieron los intereses de quienes financiaron su campaña a la Presidencia: los grandes empresarios. Los secretarios fueron, en muchos casos, gerentes al servicio de los más poderosos grupos financieros y económicos del país, o funcionarios avalados por ellos. El interés privado se colocó en el puesto de mando del servicio público. A la herencia del presidencialismo se sumó la lógica de funcionamiento empresarial. En el sexenio de Vicente Fox sonó fuerte la hora del presidencialismo empresarial.

Sexenio de amiguetes y parientes

El mandatario no tuvo empacho alguno en reconocer el sesgo de su política. Su administración, dijo, era un «gobierno de empresarios, para empresarios, por empresarios». Y, orgulloso, añadió: «¡Qué bueno que va a haber disciplina, planeación financiera, mercadotecnia y comunicación! ¡Que va a ser un gobierno de calidad total y administración por objetivos!»[6]

Vicente Fox pretendió sustituir la política por el mercado, la administración pública por el manejo gerencial, la justicia social por el buen gobierno, la negociación por el orden y la disciplina, la ciudadanía por la clientela. Su llamado a «reinventar» el gobierno trasladó mecánicamente la ideología de la empresa privada a las políticas públicas. Intentó presentar lo empresarial, al margen de cualquier evidencia, como sinónimo de un gobierno eficiente, moderno, no burocrático, no corrupto y responsable.

---

[6] Luis Hernández Navarro: «Fox y la revolución conservadora», en Dora Kanoussi (compiladora), *El pensamiento conservador en México*, BUAP, International Gramsci Society, Plaza y Valdés, México, 2002, pp. 166-167.

Sin embargo, más allá de la grandilocuencia discursiva, a la hora de la verdad, su administración resultó ser poco menos que un sexenio de amiguetes y parientes. Muchos empresarios se lo reclaman. A su gran amigo Roberto Hernández le dio el negocio de permitir la venta de Banamex sin pago de impuestos. A sus aliados en los medios electrónicos de comunicación les confeccionó una legislación desnacionalizadora acorde con su voracidad financiera y su desmedido apetito político. De acuerdo con las denuncias de la Cámara de Diputados, los hijos de Marta Sahagún se hicieron millonarios de la noche a la mañana.

Más que como mariscal de campo de un equipo de fútbol americano, Vicente Fox se comportó cual liniero ofensivo. En lugar de conducir el partido, se dedicó a chocar con la escuadra rival. Se enfrentó con el Congreso una y otra vez, y auspició que muchas de las grandes definiciones ideológicas y de las batallas políticas clave en la opinión pública, durante su mandato, fueran libradas por la COPARMEX, el Consejo Coordinador Empresarial y el Consejo Mexicano de Hombres de Negocios, en lugar de por su partido.

Al airear en la opinión pública su vida íntima terminó convirtiéndola en una copia de una novela rosa. La labor de Marta Sahagún al frente de Vamos México rebasó sus actividades asistenciales o sus funciones como esposa del mandatario. Su activismo la lanzó de lleno a tratar de asaltar el cielo de una posible candidatura presidencial en una maniobra que fue denunciada por el secretario particular del jefe del Ejecutivo y que polarizó al país.

El sexenio panista convirtió a la nación, en cuanto a la política social, en un país con ciudadanos de paquetes básicos, en territorio libre para las aseguradoras estadounidenses. Su pretensión de privatizar las pensiones provocó un gravísimo conflicto sindical.

Simultáneamente, su administración le abrió la puerta a la derecha para presionar con éxito en la fijación de los contenidos de los medios masivos de comunicación. No pudo impedir la transmisión de *Big Brother*, pero logró su autocensura en temas como el sexo o las malas palabras. Hizo sentir su presencia en el nuevo reglamento de cine, en el cual se regula el acceso del público a las películas. Movilizó a una parte de la sociedad contra la izquierda utilizando como pretexto la lucha contra la inseguridad pública. La jerarquía de la Iglesia católica opinó cada vez con mayor frecuencia y energía sobre asuntos de la vida política nacional. La secularización retrocedió, a pesar de la resistencia ciudadana.

Pero, cerca ya del final de su sexenio, el jefe del Ejecutivo apretó el paso. Fiel a la filosofía de que uno es ninguno, para irse tranquilo al rancho, necesitaba poner al frente del país un sucesor que le garantice que asuntos como los negocios de los hijos *incómodos* de su mujer no serían investigados, y que, también, consolide la revolución conservadora de quienes lo llevaron al poder; decidió, entonces, que necesitaba de tiempo, que un período presidencial no era suficiente, que requería, al menos, otro más.

Y para garantizar la continuidad del proyecto, para salvaguardar la integridad de la *pareja presidencial*, en Los Pinos, se designó como sucesor de Vicente Fox primero a Santiago Creel y después a Felipe Calderón, al tiempo que se echaba a andar una gran conspiración para evitar que Andrés Manuel López Obrador fuera candidato a la Presidencia de la República, y que si lo era no ganara de ninguna manera.

Pero el proyecto transexenal no estaba fácil. El desencanto hacia el gobierno del PAN es tan grande, y la figura del responsable tan pequeña, que el triunfo de Felipe Calderón solo fue posible orquestando una gran maniobra de Estado. Una operación diseñada y efectuada desde las cañerías de la política nacional.

El segundo paso –después de la movilización contra la delincuencia–, denunciado por Carlos Ahumada, piedra angular de la intriga palaciega, consistió en la divulgación de imágenes grabadas de funcionarios y antiguos colaboradores del Gobierno del Distrito Federal apostando en Las Vegas o recibiendo dinero de Carlos Ahumada. La confesión del empresario en La Habana evidencia una trama sediciosa en la que participaron, al menos, el entonces secretario de Gobernación Santiago Creel, el antiguo procurador general de la República Rafael Macedo de la Concha, el senador Diego Fernández de Cevallos y el ex presidente Carlos Salinas de Gortari. No hace falta mucha suspicacia para ver la mano de Los Pinos detrás del complot.

El tercer paso fue el desafuero e inhabilitación de Andrés Manuel López Obrador, el precandidato puntero en los sondeos de opinión. El jefe de Gobierno de la ciudad de México se mantuvo fuera y combatió las redes de cabildeo que vinculan el mundo de la política con el de los negocios ilegítimos asociados a ella. Además de sus posibles políticas «populistas» o su desacato a la ley, la preocupación principal de quienes lo combatieron desde el poder tuvo que ver con el temor de que su llegada a la Presidencia cancelaría esa fuente de enriquecimiento, una verdadera mina de oro.

Finalmente, ante el fracaso de todas las estrategias previas, Vicente Fox recurrió a la realización de un escandaloso fraude electoral en favor de Calderón.

Vicente Fox recibió un país en relativa calma. Lo entrega con una de las más graves crisis históricas. Agravios sobre agravios perpetrados desde la cúspide del poder, han convertido el país en un polvorín a punto de estallar. Lo que hoy sucede en las calles de la ciudad de México y en el Palacio Legislativo de San Lázaro es un termómetro del descontento y la polarización social auspiciada desde Los Pinos. Ese es el costo –parafraseando a Marshall McLuhan– de conducir hacia el futuro mirando por el espejo retrovisor.

Saldos de una batalla

El 2 de julio muestra a México claramente dividido y fuertemente confrontado. El PAN triunfó en 16 estados y el PRD en otros 16. La mayor parte del norte votó por Calderón, casi todo el sur por López Obrador. Los ricos sufragaron mayoritariamente por el PAN, los pobres lo hicieron por la Coalición por el Bien de Todos.

Votaron por el panista la mayoría de quienes viven en el norte del país (43%) y el Bajío (47%); tienen ingresos superiores a los 9 200 pesos (50%); y son profesionales (48%). Sufragaron por el Peje la mayoría de los votantes del centro (44%) y el sur (40%); tienen ingresos menores a los 2 000 y a los 4 000 pesos (34% y 39%, respectivamente); y tienen estudios de secundaria y preparatoria (38%).

El PRI se colapsó. Su candidato a la presidencia no ganó en un solo estado. Los gobernadores de los estados del norte de esa entidad política enemigos de Roberto Madrazo lo traicionaron. En Coahuila, Chihuahua, Durango, Puebla, Sinaloa, Sonora y Tamaulipas promovieron el voto a favor de Felipe Calderón y, donde los candidatos a diputado no pertenecían a su grupo, favorecieron al Partido Nueva Alianza (PANAL) de Elba Esther Gordillo. De acuerdo con la encuesta de salida de *El Universal*, votaron por Madrazo solo el 77% de los priístas. Sin embargo, a pesar de su descalabro, el PRI logró colocarse como el gran elector. Ese partido será el factor de gobernabilidad.

La artífice de esta alianza entre gobernadores tricolores y el candidato presidencial blanquiazul es Elba Esther Gordillo. Ella es la gran ganadora secundaria de estos comicios. Su partido obtendrá una representación parlamentaria nada despreciable, inusitada para una formación política de registro reciente: 9 diputados y un senador. Sus protegidos postulados en las listas del PAN y del PRI obtuvieron escaños legislativos. Sus huestes serán claves en la formación de una mayoría en el Congreso.

La participación ciudadana en estos comicios dista de ser copiosa y ejemplar. Lo cierto es que votó solamente el 58,90% del padrón electoral, un porcentaje inferior al que lo hizo en las presidenciales de 2000, en las que sufragó el 63,97% y mucho menor al de 1994. Ciertamente, el resultado es superior al observado en las elecciones intermedias de 2003, las más altas en niveles de abstención en muchos años. En esta falta de participación electoral fue notable la ausencia de jóvenes, los grandes ausentes de la campaña. Ninguno de los candidatos hizo realmente proselitismo en la UNAM ni en la mayoría de los centros de educación superior públicos. Al final, votaron por Calderón el 38% de las personas que sufragaron teniendo entre 18 y 29 años de edad; lo hicieron por López Obrador el 34%.

Llama la atención la baja votación relativa por López Obrador en los estados de Zacatecas y Michoacán, ambos en manos del PRD, y los sufragios obtenidos allí por Felipe Calderón. En Zacatecas el perredista obtuvo el 35,5% de los votos y el panista alcanzó el 32,52%. En números absolutos, la actual gobernadora de la entidad, Amalia García, alcanzó durante su campaña para mandataria, en unos comicios locales con menor participación que los actuales, 75 000 votos más que Andrés Manuel López Obrador. En Michoacán, tierra de los Cárdenas, López Obrador alcanzó 40,57% de los sufragios contra 35,57% del blanquiazul. Compárese esas cifras con el 51% conseguido por López Obrador en Guerrero. Recuérdese la buena relación de Amalia García con Vicente Fox y el desdén con el que los Cárdenas trataron a López Obrador durante toda su campaña.

La Comuna oaxaqueña

En la fase final de la contienda electoral estalló la huelga de los maestros de Oaxaca para lograr, primero, una rezonificación por vida cara y, después, junto con muchas organizaciones populares, la renuncia del gobernador Ulises Ruiz. El movimiento fue rápidamente satanizado. Se le quiso presentar como una maniobra gubernamental para restar votos al PRD y al PRI, en un estado en el que el PAN tenía muy pocas posibilidades de tener éxito. Voces muy importantes del PRD en la entidad se deslindaron del movimiento y advirtieron que le quitaría muchos votos al Peje. Los resultados hablan por sí solos: la Coalición por el Bien de Todos obtuvo el 46,51% de los sufragios contra el 17% del PAN. Ganó, además, 9 de las 11 diputaciones en disputa, perdiendo 2 de ellas más por inconsistencias internas y divisiones que por los aciertos del tricolor. Los profesores democráticos promovieron explícitamente el voto de castigo al PRI y al PAN. Tuvieron éxito.

Ironía adicional es que Ulises Ruiz, uno de los principales operadores electorales de Roberto Madrazo, el mismo que le ofreció obtener un millón de votos, haya sido el primer gobernador en pedirle a su jefe que reconociera el triunfo de Felipe Calderón. Con la soga al cuello, optó por negociar su sobrevivencia política con el gobierno federal a cambio de clavarle el puñal por la espalda a su patrón.

Hay luchas sociales que anticipan conflictos de mayor envergadura. Son una señal de alarma que alerta sobre graves problemas políticos sin solución en el país. Las huelgas de Cananea y Río Blanco constituyen uno de los antecedentes reconocidos de la Revolución Mexicana de 1910-1917. La revuelta de 1905 en Rusia mostró el camino que, 12 años después, fue recorrido por los bolcheviques durante la Revolución de Octubre.

La movilización magisterial-popular que desde el 22 de mayo sacude Oaxaca es una expresión de este tipo de protestas. Ha puesto al descubierto el agotamiento de un modelo de mando, la crisis de relación existente entre la clase política y la sociedad, y la vía que el descontento popular puede seguir en un futuro próximo en todo el país.

La protesta comenzó como expresión de la lucha del magisterio en la entidad por una demanda: aumento salarial por la vía de la rezonificación por vida cara. No había en ello ninguna novedad con respecto a luchas similares protagonizadas en años anteriores. Pero el intento del gobierno estatal por acabar con el movimiento utilizando la represión salvaje el pasado 14 de junio radicalizó a los maestros que, a partir de entonces, exigieron la destitución del gobernador de la entidad.

El reclamo encontró rápidamente eco en una amplísima parte de la sociedad oaxaqueña que se sumó a él. Agraviados tanto por el fraude electoral mediante el cual Ulises Ruiz se convirtió en mandatario como por la violencia gubernamental en contra de multitud de organizaciones comunitarias y regionales, centenares de miles de oaxaqueños *tomaron* las calles y más de treinta ayuntamientos. Cerca de 350 organizaciones, comunidades indígenas, sindicatos y asociaciones civiles formaron la Asamblea Popular del Pueblo de Oaxaca (APPO).

Desde entonces una muy amplia parte de la sociedad no reconoce a Ulises Ruiz como gobernador de la entidad. Desde que el pasado 25 de mayo la Comisión Negociadora Ampliada tuvo la última reunión con el mandatario, no lo ha vuelto a ver. No trata sus demandas ni con él ni con sus representantes. No acepta su dinero ni sus programas. Se manda sola. El 11 de julio, la APPO dio inicio, con éxito, a una jornada de desobediencia civil y pacífica con la que busca hacer patente la ingobernabilidad y la falta de autoridad que existe en el estado.

El movimiento ha asumido el control político de la ciudad de Oaxaca. Si lo considera pertinente, bloquea la entrada a los hoteles de lujo del centro, el aeropuerto local, obstruye el tráfico de avenidas, impide la entrada a edificios públicos y al Congreso del estado. Su fuerza es tal, que el gobierno estatal debió cancelar la celebración de la Guelaguetza oficial. Sin embargo, maestros y ciudadanos organizaron su realización popular de manera alternativa.

La mayoría de los profesores dejaron por un par de semanas la ocupación de la capital oaxaqueña para culminar el ciclo escolar en sus comunidades. Terminadas las clases han regresado a la ciudad para seguir adelante con su plan de acción. La ciudad de Oaxaca está tomada por ellos.

Para tratar de paliar la crisis, Ulises Ruiz cambió a varios funcionarios de su gabinete, incluido el secretario de Gobierno, y los sustituyó con integrantes de los grupos del PRI a los que había desplazado del gobierno estatal. La maniobra no tuvo mayor efecto. Sus problemas no son solamente con la clase política de la entidad, sino con la sociedad en su conjunto.

Con el paso del tiempo la situación se agrava. El 22 de julio un grupo de 20 desconocidos disparó armas de alto poder contra las instalaciones de Radio Universidad. La radio universitaria, conducida por el movimiento, se ha convertido en un formidable instrumento de información y movilización social. Ese mismo día, varios desconocidos aventaron bombas molotov contra la casa de Enrique Rueda Pacheco, secretario general de la sección 22 del Sindicato Nacional de Trabajadores de la Educación. Días después fueron lanzadas bombas molotov contra el domicilio de Alejandro Cruz, dirigente de las Organizaciones Indias por los Derechos Humanos.

En Oaxaca la desobediencia civil está muy cerca de convertirse en un levantamiento popular que, lejos de desgastarse, crece y se radicaliza día a día. El movimiento ha dejado de ser una lucha tradicional de protesta y ha comenzado a transformarse en el embrión de un gobierno alternativo. Las instituciones gubernamentales locales son cada vez más cascarones vacíos carentes de autoridad, mientras las asambleas populares se convierten en instancias de las que emana un nuevo mandato político.

Como marchan las cosas, el ejemplo de la naciente comuna de Oaxaca está lejos de circunscribirse a su entidad. En un descuido anticipa lo que puede suceder a lo largo y ancho del país si no se limpia el *cochinero* cometido en los comicios del 2 de julio.

Vallas y policías

Comienzo del curso escolar. Vicente Fox huye de la ciudad de México. Inaugura clases en Celaya, Guanajuato. Las mochilas de los alumnos de la escuela primaria Solidaridad son revisadas por elementos del Estado Mayor Presidencial (EMP). No se permite la entrada de los padres al centro escolar. Los soldados impiden que alguien se acerque al Presidente de la República.

Jueves 17 de agosto. En Jalisco, Felipe Calderón agradece a sus compañeros de partido su triunfo. El EMP vigila los festejos. Nadie que no esté autorizado puede acercarse al candidato o a la sede del encuentro.

El EMP ha establecido una burbuja de protección impenetrable entre Vicente Fox, Felipe Calderón y el resto de los mortales. En los desplazamientos del jefe del Ejecutivo y de su candidato por el interior del país, los uniformados han levantado un cordón sanitario a prueba de protestas de la coalición; quieren evitar que el encono social existente en las calles alcance a sus jefes y sea reportado por los medios de comunicación.

En la ciudad de México, epicentro de las movilizaciones populares de protesta contra el fraude electoral y la imposición, la Policía Federal Preventiva (PFP) tomó las calles y construyó pequeñas fortalezas disuasivas alrededor del Palacio Legislativo y Bucareli.

Para los noticiarios del duopolio televisivo, la protesta social apenas existe. De la misma manera en la que durante la campaña electoral apoyaron al abanderado del PAN, ahora militan abiertamente contra la resistencia civil. Han minimizado la cobertura del conflicto dedicándole pequeños espacios y comenzando sus programas con información sobre las lluvias y el conflicto en Medio Oriente. Lo que sucede en las calles y los hogares de muchas familias no se refleja en sus estudios de transmisión. El descontento ciudadano contra el fraude puede verse en las pantallas casi exclusivamente como un gran problema vial.

A pesar del tiempo transcurrido, el movimiento no parece dar muestras de agotamiento. Su vitalidad es sorprendente. Concentrado en su mayoría en la ciudad de México, está aún pendiente su despliegue en otras regiones del país. Cuenta con un itinerario preciso que atravesó el calendario cívico: 15 y 16 de septiembre. La realización de la Convención Nacional Democrática (CND) fue un momento organizativo central.

Para sobrevivir, la protesta deberá superar la tendencia a la dispersión y la institucionalización que surge tanto de las pugnas internas dentro de las filas del PRD como de su cultura política. En esta dinámica se encuentra el talón de Aquiles del movimiento.

En lo inmediato, está en juego tanto la composición de los grupos parlamentarios como la integración de las comisiones de trabajo dentro de las Cámaras. Los pleitos por las posiciones de poder han acompañado a este partido desde su fundación. ¿Por qué debería ser distinto en esta ocasión?

Un factor de tensión adicional es la proclividad de las distintas *tribus* a negociar directamente con el Estado para conseguir ventajas a favor de su grupo en desmedro de los intereses colectivos. Las corrientes principales del partido han hecho de esta práctica una de sus razones de ser. Finalmente, actúa en contra de la unidad la inercia partidaria a hacer de la política institucional el centro de su actividad, descuidando –e incluso despreciando– la movilización social.

¿Actuará la dinámica del partido como tradicionalmente lo ha hecho o, por el contrario, la dirección del movimiento será capaz de contener las tendencias desmovilizadoras? ¿Podrá sobrevivir la protesta a la dinámica parlamentaria e institucional? Si en el PRD se impone la forma tradicional de hacer política, la apuesta gubernamental por el desgaste triunfará. Si, por el contrario, las nuevas experiencias que se han generado alrededor de la resistencia civil se vuelven hegemónicas se crearán las condiciones para enfrentar la inminente imposición de un gobierno espurio.

Hasta ahora el uso de la represión para «solucionar» el conflicto ha sido acotado, tanto por la magnitud de la protesta como por la incapacidad gubernamental de generar consenso por esta vía más allá de las élites. Por lo pronto pareciera haber triunfado dentro del Ejército la posición de que se trata de un problema entre civiles que debe ser solucionado por ellos. El fantasma de 1968 y la *guerra sucia* ronda sobre las fuerzas armadas. Como debe pesar también el hecho de que en las casillas electorales instaladas cerca de los cuarteles haya ganado abrumadoramente Andrés Manuel López Obrador.

Pero la lógica represiva se ha echado a andar. En los círculos empresariales se impulsa la mano dura al tiempo que se habla del resurgimiento de organizaciones guerrilleras. Desde las entrañas del poder se reorganizan los grupos parapoliciales especialistas en *guerra sucia* al tiempo que se considera la posibilidad de decretar la desaparición de garantías individuales.

Vicente Fox terminará lo que le resta a su mandato escondido de las multitudes, protegido por el EMP. De consumarse la imposición de Felipe Calderón, el nuevo mandatario tendrá que gobernar de la misma manera: protegido por vallas, militares, tanquetas y policías.

Bloqueos

Una profunda crisis política sacude el país. Las reglas que norman la alternancia en el poder entre las élites han sido violentadas. Arriba no hay acuerdo, ni posibilidad de que lo haya a corto plazo. La toma de la tribuna del Palacio de San Lázaro por los legisladores del PRD y del Partido del Trabajo (PT) que impidió el discurso del presidente Fox este 1ro. de septiembre es muestra de ello.

Una severa crisis en el modelo de mando atraviesa las relaciones de dominación en amplias regiones del territorio nacional. Quienes están acostumbrados a obedecer se niegan a hacerlo. Quienes se creen destinados a mandar no pueden imponer su mando. Los de abajo se han vuelto desobedientes. Cuando los de arriba quieren imponer su parecer, en nombre de la ley, los de abajo no les hacen caso. Allí están Oaxaca, Chiapas, los mineros de Lázaro Cárdenas, los campesinos de Atenco.

Crisis política y crisis del modelo de mando se han empalmado. Aprovechando la bronca arriba, millones de personas de abajo han expresado su insumisión. No están dispuestos a aceptar más imposiciones. Se cuelan por las rendijas que el pleito, arriba, deja libres.

El país no cabe en el régimen político. El conjunto de las instituciones que regulan la lucha por el poder, su ejercicio y sus valores, ha sido secuestrado por los poderes fácticos. Ellos las han tomado en rehenes. Quienes exigen al PRD que se defina entre el camino de las leyes y la movilización social se comportan como el ladrón que al ser descubierto grita «al ladrón». Ellos han sido los primeros en imponer una fuerza extralegal a las instituciones. ¿Qué otra cosa si no es el famoso Pacto de Chapultepec de Carlos Slim?

Al llegar a la Presidencia de la República en 2000, Vicente Fox tuvo la posibilidad de emprender una profunda reforma del Estado que transformara al viejo régimen, ya para esas fechas claramente rebasado por la sociedad. Decidió no hacerlo para utilizar a su favor las herramientas que le permitían un uso discrecional del poder del presidencialismo.

Esas mismas herramientas fueron las utilizadas para intervenir en el proceso electoral a favor del candidato del PAN, Felipe Calderón Hinojosa. Esas herramientas fueron el instrumento para que los empresarios agrupados en el CCE, el oligopolio de los medios de comunicación electrónicos, líderes sindicales corruptos como Elba Esther Gordillo, sectores de la jerarquía de la Iglesia católica y los grupos de fachada de la ultraderecha mexicana participaran ilegal e ilegítimamente en los comicios del 2 de julio a favor de Calderón.

Quienes se escandalizan con el plantón de Reforma y la toma de la tribuna de la Cámara de Diputados son los mismos que bloquean la representación política de más de quince millones de mexicanos que votaron en las urnas y muchos millones más que no lo hicieron, porque de por sí han visto bloqueada desde siempre una inserción no subordinada en la política institucional. Son quienes obstruyen la participación de millones de mexicanos en la esfera de los asuntos estatales. Son quienes han secuestrado el gobierno federal haciendo uso faccioso de sus programas. Son quienes impiden que las voces que no están de acuerdo con la imposición se escuchen en los medios de comunicación electrónicos.

Para recuperar las instituciones de representación política no hay otra opción que acorralar a esos poderes con la movilización social. No hay más ruta que vaciarlas de autoridad bloqueando su funcionamiento. No hay más camino que evidenciar, paso a paso, la ilegitimidad de quienes se asumen como gobernantes.

Así las cosas, los bloqueos de vías públicas o de tribunas legislativas ejecutados por ciudadanos movilizados son una respuesta a los bloqueos informativos y de representación política que los de arriba hacen. Son una respuesta a una obstrucción previa.

Los bloqueos han sido un arma de lucha eficaz en diversos países de América Latina. Ante las limitaciones que formas de protesta tradicional, como la huelga general, tienen en países donde la economía informal ha crecido masivamente hasta el punto de hacer de los empleos formales una minoría, los bloqueos permiten que la multitud provoque situaciones de presión política. Su ejecución impide el libre movimiento de las mercancías y la fuerza de trabajo. Provoca pérdidas al mundo empresarial. Los *piqueteros* argentinos los han puesto en práctica con éxito. Las revoluciones bolivianas del agua y del gas hicieron de ellos parte central de su estrategia contra la privatización de los recursos naturales. ¿Por qué México debe ser una excepción?

La crisis política que sacude al país tendrá una solución desfavorable para el campo popular si este se repliega a sus casas o hacia las instituciones. Hoy, más que nunca, hay que acorralar a los poderes fácticos en las calles. Los que subestiman el encono popular no saben de lo que hablan. Y si no, que se den una vuelta por Oaxaca para saber lo que nos espera.

La nación está sentada sobre un polvorín a punto de estallar y la burla a la voluntad popular podría prender la mecha. El profundo descontento social está en camino de encontrarse con el malestar electoral. El enojo se ha convertido en odio. Odio de clase. Con un encuentro parecido comenzó la Revolución Mexicana de 1910-1917. Los comicios de 2006 se realizaron en medio de fuertes conflictos sociales que no fueron resueltos: los maestros de Oaxaca, los mineros de Michoacán, los campesinos de Atenco. Estas viejas heridas, comenzando por la del magisterio oaxaqueño, y otros nuevos problemas aflorarán por todo el país con brevedad. ¿Estará en posibilidad de solucionarlos un mandatario sin legitimidad, sin experiencia y sin talante social?

Que nadie se llame a engaño sobre lo que puede suceder los próximos meses. Por lo pronto, es necesario llamar a las cosas por su nombre: en México se ha perpetrado un fraude electoral, un verdadero golpe de Estado.

LUIS HERNÁNDEZ NAVARRO es columnista y coordinador de opinión del diario mexicano *La Jornada*.

Elecciones en México. Neoliberalismo obliga: crisis y movilización popular

SAÚL ESCOBAR TOLEDO

I

Con el anuncio oficial, dado en la madrugada del 6 de julio, de que por menos de seis décimas y alrededor de 240 000 votos de diferencia, se definía un ganador en la elección presidencial, se abría en México una etapa de crisis política cuya solución se ve hoy lejana y compleja.

Esta crisis no se cerró con la decisión del Tribunal Electoral del Poder Judicial de la Federación (TEPJF), dado el 5 de septiembre, a pesar de ser la última instancia legal y que sus decisiones son definitivas e inatacables. Más bien, como veremos, la lleva a un plano distinto.

Según esos resultados oficiales, el Partido Acción Nacional (PAN) y su candidato Felipe Calderón habían obtenido 15 000 000 de votos con el 35,89% de la votación; Andrés Manuel López Obrador, candidato de la Coalición Por el Bien de Todos, formada por el Partido de la Revolución Democrática (PRD), el Partido del Trabajo (PT) y Convergencia Democrática (Convergencia), había recibido 14 756 000 votos y el 35,31%. En tercer lugar quedaba, muy atrás, el Partido Revolucionario Institucional (PRI), con Roberto Madrazo, quien alcanzó casi 9 300 000 votos y 22% de la votación.[1]

El fondo de esta crisis política, sin embargo, no radica únicamente en la disputa por la Presidencia de la República, o en los pleitos tradicionales

---

[1] Estas cifras diferían de las que se habían dado a conocer la noche del domingo 2 y que habían circulado el lunes en toda la prensa escrita, la televisión y el radio, pues daban a Calderón una ventaja de más de un punto porcentual en el llamado PREP: 35,38% vs. 35,34%. También fueron distintas a las del cómputo del Tribunal que dio a conocer el martes 5 de septiembre en las que el PAN superó a la Coalición por 56 centésimas con 233 000 votos de diferencia.

por el reparto del poder entre las burocracias de los partidos políticos. La movilización de millones de ciudadanos protestando por los resultados oficiales, no podría explicarse si solo estuviera en juego un reacomodo del pastel político. Lo que en realidad ha animado a tanta gente en esta elección ha sido la polarización social que ha vivido el país desde hace varias décadas.

La división entre los electores que sufragaron por el PAN, de un lado, y por la Coalición, por otro, pusieron en claro la existencia de dos Méxicos (entre los muchos que pudieran encontrarse). Un sector que ve con optimismo el desarrollo del país y nuestra inserción en la globalización, frente a otra parte de la población que ha sufrido la exclusión permanente en los últimos 25 años. Por el PAN, votaron quienes creyeron haber encontrado un lugar en el México sin fronteras comerciales, en la ostentación de los consorcios empresariales, en su mayor proximidad a los Estados Unidos, en la nueva cultura del mercado, y en la esperanza de que la derrota del PRI abra paso a una forma de hacer política que mezcle los valores religiosos del catolicismo y la acción de un Estado gestor de los intereses privados y encargado de aplicar políticas asistencialistas para los pobres.

Por la Coalición, se manifestaron los que vieron un país que no puede ocultar la desigualdad y la miseria, los que se han visto agraviados por las medidas neoliberales, a las que identifican como las causantes de la caída de sus ingresos, de su calidad de vida, de sus expectativas de desarrollo. Es un México que ve con hostilidad la intervención económica y militar de los Estados Unidos en el mundo; que no se siente representado por la riqueza de los emporios comerciales e industriales y financieros; que ve en el Estado y en el poder político la capacidad de dar y quitar riqueza o pobreza, justicia o injusticia, privilegios o humillaciones; un México que vio en la Coalición y en Andrés Manuel López Obrador una esperanza de cambio.

En 2006, estas dos visiones se reflejaron en una división geográfica entre un norte más desarrollado, menos mestizo y más próximo a los Estados Unidos, y un centro-sur más empobrecido, más indígena y más hostil a la gran potencia.[2]

---

[2] El PAN ganó en las entidades del norte: Baja California, Coahuila, Chihuahua, Durango, Nuevo León, Sinaloa, Sonora, y Tamaulipas; en las del centro-norte: Aguascalientes, Querétaro y San Luis Potosí; así como en el norte-occidente: Colima, Guanajuato y Jalisco. Aunque también ganó en Yucatán (en el sureste) y en Puebla (en el centro-sur). Por su parte, la Coalición, con Andrés Manuel López Obrador, logró imponerse en la capital de la República (el Distrito Federal), y en los estados vecinos de México, Tlaxcala, Hidalgo y Morelos; en los estados sureños: Campeche, Chiapas, Guerrero, Morelos, Oaxaca, Quintana Roo, Tabasco y Veracruz; e igualmente, en la región occidental donde se encuentran los estados de Nayarit y Michoacán. En el norte sólo pudo conquistar Zacatecas y Baja California Sur. Cada opción logró la victoria en 16 entidades de las 32 que componen el país.

Esta división geográfica, casi perfecta, reflejó, sin embargo, algo más que una brecha regional entre entidades ricas y pobres. En realidad, el enfrentamiento entre el PAN y la Coalición se convirtió en una disputa que cruzó clases sociales y niveles de ingreso. Dividió el país en dos culturas políticas en donde la pobreza, el manejo de la economía, el nacionalismo y la participación política se aprecian de manera distinta y hasta contradictoria. Fue también una confrontación entre dos visiones políticas sobre el presente y el futuro del país: una, más conformista, que avaló la continuidad de la derecha, y que no espera ni quiere grandes cambios políticos; y el México impaciente que ya no aguanta más y exige transformaciones urgentes.

Históricamente, por otro lado, la oposición entre el PAN y la Coalición, entre una visión conservadora y una urgida del cambio, encajó naturalmente con los planteamientos de un partido de la derecha como el PAN, y un agrupamiento político, la Coalición, que, aún con sus matices, se ha proclamado como una opción de izquierda opuesta al neoliberalismo imperante.

Esta disputa claramente marcada entre la continuidad de la derecha y la alternativa del cambio hacia la izquierda se reflejó en la campaña electoral de los candidatos a la Presidencia de la República en varios temas centrales. Por ejemplo, en el tema de seguridad pública, muy elevado en las preocupaciones de los ciudadanos, Felipe Calderón insistió permanentemente en la mano dura y las medidas puramente policíacas para acabar con la delincuencia, mientras que López Obrador propuso el enfoque social, señalando la pobreza y la desigualdad como las razones estructurales que alientan la inseguridad pública y, por lo tanto, la necesidad de elevar la calidad de vida de la gente para combatir la criminalidad. En materia económica, mientras Calderón aludió constantemente las llamadas reformas estructurales, López Obrador se comprometía a revisar el Tratado de Libre Comercio de América del Norte (TLCAN), a cambiar las prioridades de las políticas públicas y a evitar la privatización del petróleo y la electricidad. El papel del Estado en la economía se entendía así por López Obrador como la garantía para llevar a cabo una política redistributiva, garantizar la soberanía energética y alimenticia del país, y, sobre todo, para detener las políticas que han hecho de ese Estado un gran promotor de las ganancias privadas mediante la socialización de las pérdidas, como aconteció con el Fondo Bancario de Protección al Ahorro (FOBAPROA), el programa de apoyo a los bancos que quebraron en la crisis de 1995 cuyo monto, equivalente a más de cien millones de dólares, se pagará en setenta años, aunque los recursos erogados superen ya el 40% del total.

En las propuestas sobre cómo gobernar el país y aplicar los programas de los partidos, también hubo una diferencia sustancial. López Obrador propuso la construcción de un pacto social, mientras Calderón se fue por un gobierno de coalición. Se trataba de una diferencia de fondo pues en la propuesta panista no estaban incluidos más que los partidos políticos y quedaban fuera las diversas formas de organización de la sociedad, sindicatos, organizaciones campesinas, pequeños empresarios, etcétera, mientras que para la Coalición era precisamente la intervención de las organizaciones sociales la que se convertiría en el sustento orgánico del nuevo gobierno y en la base para poner en práctica los cambios que anunciaba. Por ello, para López Obrador resultaba indispensable reformar la Constitución con el objetivo de incluir el referéndum, el plebiscito, la iniciativa popular y la revocación de mandato y así fortalecer la participación ciudadana en los asuntos de gobierno. En otras palabras, para López Obrador la democracia mexicana se fortalecería con la inclusión de los trabajadores y de sus organizaciones, más allá de los partidos políticos, mientras que para Calderón la gobernabilidad del país se reducía a un pacto entre la misma clase política.

En la relación con los Estados Unidos, aunque todos los candidatos ubicaron el tema de la emigración de los mexicanos al país del Norte como el asunto más delicado en las relaciones binacionales, López Obrador tuvo siempre un discurso más directo y agresivo, proponiendo, por ejemplo, convertir los consulados mexicanos en aquel país en procuradurías de defensa de los trabajadores mexicanos.

En general, en el discurso de López Obrador, se insistía en la lucha contra los privilegios, mientras que en el de Calderón se subrayaba constantemente la necesidad de mantener la estabilidad y se inducía de manera abierta el miedo al cambio. Mientras el discurso de López Obrador tuvo como eje la división entre ricos y pobres, el de Calderón se basó en la necesidad de hacer valer la fuerza de la autoridad del Estado.

En estas condiciones, desde la campaña, se perfilaba que un probable gobierno de Calderón solo podría significar un endurecimiento del gobierno frente a la inconformidad social, el aumento de la represión y, sobre todo, precipitar una crisis social de grandes dimensiones.

Por su parte, el gobierno de López Obrador se propondría construir una alianza con los sectores sociales, sobre todo los más excluidos como los indígenas de México, que le daría la fuerza y la legitimidad para enfrentarse a una ofensiva del poder real: del dinero, de los medios de comunicación, de la derecha. Por ello, el triunfo de la Coalición, el 2 de julio, sería un punto de partida, esperanzador, para los damnificados históricos de este país.

II

Para México, esta confrontación de valores ideológicos y propuestas políticas es algo relativamente nuevo en un país dominado durante tantas décadas por la ideología de la Revolución Mexicana. Gracias a ella, el régimen del PRI trató siempre de borrar cualquier división ideológica entre la izquierda y la derecha para asumirse como el único poseedor de la representación política del pueblo mexicano. Por ello, el PRI combinaba una fraseología ambigua con una práctica opuesta a los intereses populares. En su fase más autoritaria y exitosa, abrigaba lo mismo el apoyo a la Revolución Cubana que la represión más brutal a trabajadores inconformes, comportándose como un régimen que era un fiel servidor de la clase patronal.

Este discurso y esta práctica del Estado mexicano terminaron poco a poco, en la medida en que los reclamos populares se acentuaron, e hizo crisis cuando, sin ambages, adoptó en los años ochenta las políticas neoliberales (con los presidentes Miguel de la Madrid y Carlos Salinas de Gortari). Es entonces, también, cuando surge una oposición de izquierda unificada y capaz de poner en jaque la larga dominación del PRI.

En esta primera etapa, sin embargo, que va del surgimiento del PRD en 1989 hasta el triunfo de la derecha en 2000, la prioridad fue más de tipo democrático electoral que la de llamar a imponer un proyecto político alternativo al neoliberalismo y cercano a los postulados de la izquierda. La necesidad de sacar al PRI del gobierno acercó más de una vez al PRD y al PAN. Pero en el momento en que Fox asume el poder, a fines de 2000, el enfrentamiento entre los dos proyectos asumidos respectivamente por el PAN y el PRD empieza a tomar el centro de la confrontación política en México, mientras el PRI aspiraba a ocupar un lugar político intermedio («frente a la derecha intolerante y la izquierda violenta») que finalmente lo dejó rezagado en la disputa por el poder en la campaña de 2006.

III

Sin duda, la polarización social y política del país es el resultado de más de 20 años de neoliberalismo, de la aplicación de un modelo global de acumulación de capital que ha concentrado la riqueza y que ha destruido el aparato productivo y la generación de empleos.

El alto costo social de estas políticas y, por lo tanto, la necesidad de mantener este esquema neoliberal requería la prolongación en el poder de un grupo antidemocrático e incondicional a los sectores empresariales y financieros más poderosos. Su meta inmediata consiste en aplicar las llamadas reformas estructurales pregonadas por Fox en materia fiscal (impuesto al valor agregado generalizado), energética (apertura al capital privado nacional y extranjero), laboral (flexibilización en la contratación de fuerza de trabajo), de pensiones (generalizar el sistema individual basado en las AFORES),[3]

---

[3] Administradoras de Fondos para el Retiro (AFORES): son empresas privadas que manejan las aportaciones patronales que por ley deben hacerse para garantizar una suma que los asalariados puedan disfrutar cuando dejen de trabajar debido a su edad

y comercial (liberalización del sector agrícola según lo marca el TLCAN). Es decir, profundizar la destrucción del tejido social y productivo del país que ya ha logrado extender la pobreza al 60% de los mexicanos, y propiciar la emigración y la economía informal.

Las propuestas de López Obrador en la campaña y la plataforma electoral de la Coalición pudieron haber representado un perfil demasiado moderado para algunos y hasta ambiguo o impreciso para otros. Sin entrar en este debate, lo cierto es que, como mostraron los acontecimientos, fue imposible de aceptar un gobierno de la Coalición, por parte de la derecha, de un sector de la clase política y de un grupo muy importante de los empresarios mexicanos. Su apuesta por Calderón, única opción para frenar a López Obrador, se preparó detenidamente, exigió grandes sumas de dinero y violó reiteradamente las leyes mexicanas. Desde nuestro punto de vista, lo que resultó inaceptable para los círculos del poder y del dinero fue la convicción de que López Obrador no transitaría por el camino de las famosas reformas estructurales. No se trataba solamente de mantener los equilibrios macroeconómicos o de evitar nacionalizaciones o estatizaciones. Sabían que, mucho menos, se estaba poniendo en peligro la vigencia de una economía de mercado y que si bien se podrían replantear las relaciones con el Fondo Monetario Internacional (FMI), López Obrador al final de cuentas optaría por una negociación y no una ruptura. En el caso de los Estados Unidos, de manera similar, se vería un endurecimiento de las relaciones bilaterales, fundamentalmente en dos temas, la emigración y el TLC, pero otra vez, se esperaría que López Obrador evitara un conflicto mayor con nuestro principal socio comercial e inversionista.

Siendo todo ello importante, el asunto de fondo fueron (y siguen siendo) las reformas estructurales, ya que son la piedra angular que falta para desmontar el viejo Estado social (aunque autoritario) del siglo xx y para hacerse, junto con el capital extranjero, del gran negocio estratégico que suponen, en este siglo xxi, el petróleo y la electricidad.

IV

En 2006, la Coalición y López Obrador representaron en la campaña un movimiento de cambio que asustó a algunos y entusiasmó a muchos más. Parte de los grupos empresariales importantes, del clero más tradicionalista

---

o al tiempo que hayan laborado. Anteriormente, estos fondos los manejaba el Instituto Mexicano del Seguro Social, institución pública. Ahora es un jugoso negocio privado de miles de millones de pesos. Los trabajadores del sector privado de la economía están incluidos en el régimen de las AFORES, pero faltan todos los del sector público, sobre todo los maestros que suman más de un millón de personas.

y rígido y, por supuesto, de la derecha política patrocinaron una guerra sucia en los medios masivos de comunicación sin precedentes en la historia reciente de México. Esta campaña de miedo llegó a tener cierto efecto en amplios sectores de la clase media que llegaron a ver en López Obrador una posible amenaza contra la propiedad privada de las familias.

La guerra sucia contra López Obrador y sus efectos no se pueden entender sin la participación de los medios de comunicación privados en México, básicamente la televisión y, en forma secundaria, la radio. Los emporios de la televisión mexicana no solo son grupos monopólicos que ejercen un poder casi sin limitaciones, sino que, además, se han convertido en un factor de poder en la política mexicana. La falta de pluralidad, su constitución profundamente antidemocrática en la relación que guardan con el espectador y la ciudadanía, y el impacto que tienen en la formación de la opinión pública les permite una gran capacidad de manipulación que no tiene contrapesos ni regulación legal alguna.

Así, por ejemplo, la guerra sucia, es decir, las calumnias, denuestos o descalificaciones de un partido o candidato contra otro u otros, están expresamente prohibidas en la ley. Y, sin embargo, fueron la tónica dominante de los mensajes del PAN contra López Obrador y la Coalición en los *spots* publicitarios que aparecieron miles de veces en la televisión durante toda la campaña. De la misma manera, está prohibido en la ley que organismos distintos a los partidos políticos hagan campaña electoral y, sin embargo, el Consejo Coordinador Empresarial (CCE) pudo difundir constantemente por televisión y radio mensajes políticos en contra de López Obrador y a favor de la derecha. Y, para colmo, aunque también lo impide la ley, el Presidente Fox se dedicó a hacer campaña pagada con recursos públicos en los medios de comunicación, a favor de su candidato y en contra de Andrés Manuel. Esta abierta, continua y reiterada violación de la ley solo puede explicarse por la complicidad de las autoridades del Instituto Federal Electoral (IFE), el gobierno de Fox y los dueños de las empresas televisivas y de radio.

No solo se pusieron de acuerdo para financiar una campaña de miedo contra la izquierda y apoyar al candidato de la derecha, sino, algo más importante aún, para desafiar la ley y las instituciones atentando contra la estabilidad política de México con el fin supremo de detener, a toda costa, al candidato presidencial de la Coalición Por el Bien de Todos.

En su fallo del 5 de septiembre, el Tribunal, con un razonamiento cantinflesco, carente de lógica y congruencia, aceptó la existencia de estas irregularidades, pero consideró que le era imposible determinar el impacto de esas violaciones en el resultado de la elección. Según estos jueces, la ley se puede violar, pero si solo se hace un poquito, no tiene consecuencias. Aun más, en una confesión reveladora, el Magistrado Presidente del Tribunal concluyó el juicio con estas palabras: «Espero que los grupos de poder político, que los grupos de poder económico, piensen muy bien en el futuro sobre su intervención; que participen como ciudadanos, que participen de la manera que corresponde a su función, porque si ahora mediaron circunstancias que impidieron que sus acciones probadas no dañaran al producto del pueblo (es decir, las elecciones presidenciales), sabemos que más adelante lo pudieran hacer en otros ejercicios».[4]

V

A pesar de la campaña de odio, un gran sector de la población, en la que no faltaron empresarios, profesionales y parte de las clases medias, pero que se compuso básicamente de aquellos que reivindicaban algo para sí después de tantos años de abandono, explotación, olvido y marginación, apoyaron al candidato de la Coalición. Se trata de casi quince millones de mexicanos que encarnan la decepción y la inconformidad con las políticas actuales. Representan un factor de cambio que, independientemente de quien ocupe la Presidencia de la República, seguirá creciendo, si no hay transformaciones profundas en México.

Ante la crisis desatada por los resultados oficiales, el PRD y la Coalición ofrecieron una salida inteligente y responsable al país para resolver la crisis: un nuevo conteo de todos los sufragios. Desafortunadamente, el Tribunal no aceptó y concedió solamente un conteo parcial del 9% de las casillas (11 389 paquetes). Una vez hecha la revisión, sin embargo, las dudas aumentaron, pues la Coalición encontró muchas irregularidades.

En primer lugar, se evidenció que en decenas de distritos, en los cuales los paquetes electorales, por ley, deberían estar sellados, se encontraban, abiertos y evidentemente manipulados; en algunos distritos, en las bodegas donde se resguardaban se encontraron actas y boletas tiradas en el suelo y fuera de los paquetes.

En segundo lugar, se encontró que, en 3 873 casillas, es decir, en el 33%, aparecieron 58 056 votos adicionales a los que se entregaron al inicio de la jornada electoral, según consta en actas, por lo que puede suponerse que se introdujeron ilegalmente. Por otro lado, en 3 659 casillas, que representan el 31%, sucedió lo contrario, aparecieron 61 688 votos de menos con relación a las boletas que se entregaron, por lo cual se presume que fueron retirados ilegalmente.

En otras palabras, el número total de casillas en donde puede suponerse que ilegalmente se introdujeron y sustrajeron votos, es de 7 532, el 65% de las casillas recontadas.

[4] *El Universal*, miércoles 6 de septiembre de 2006, p. 14.

La revisión ordenada por el Tribunal probó también que en el 81% de las actas, después de este nuevo recuento, no se habían contado correctamente los votos para cada uno de los candidatos. Así, de acuerdo con esta nueva revisión de cada uno de los votos, se detectó que el número de sufragios por López Obrador prácticamente no tuvo variación, pues solo perdió 43 votos en el total de las actas recontadas, pero, por el contrario, a Calderón se le habían adjudicado 13 335 votos falsos, es decir que se declaraban en las actas pero no se encontraron en las urnas con este nuevo conteo, lo que dio un promedio de 1,14 votos por casilla (cuando la diferencia entre ambos candidatos era de 1,8). «Errores humanos» o producto del dolo y de una maniobra calculada de fraude, lo cierto es que, según este nuevo cómputo, se había beneficiado falsamente 5 000% veces más a Felipe Calderón que a López Obrador.

Estas irregularidades, sin embargo, no fueron tomadas en cuenta por el Tribunal que había ordenado el recuento parcial, pues solo decretó la nulidad de cerca de 237 736 votos contenidos en las casillas declaradas inválidas por el órgano jurisdiccional (y no de las 7 500 casillas en donde se encontraron irregularidades en el conteo parcial, ordenado por el Tribunal, lo que hubiera significado anular poco más de un millón de votos que le hubieran dado la vuelta al resultado electoral). Con esta decisión, el Tribunal confirmaba la supuesta victoria de la derecha y de su candidato.

Para llegar a este resultado, el Tribunal negó los argumentos invocados por la Coalición aduciendo razones basadas en una interpretación *letrista* de la ley. En otros conflictos electorales, el Tribunal había actuado con mayor flexibilidad, creando jurisprudencia, es decir, interpretando la ley, no reduciéndose estrictamente al texto, dando un fallo en función del espíritu de los ordenamientos constitucionales. En esos casos, el Tribunal no solo quiso aplicar la ley sino hacer justicia. No fue así en esta ocasión, precisamente en la elección más importante en la historia política del país.

Como se dijo en un Editorial de *La Jornada*, el TEPJF actuó como un «Tribunal de barandilla», es decir, como si se tratara de un asunto de poca monta. «Al dar prioridad a los formalismos procesales por encima de la cuestión de fondo, que es una elección adulterada por la desembozada injerencia gubernamental y empresarial en el proceso, por el cúmulo de manoseos documentados de la papelería electoral y por el comportamiento desaseado del Consejo General del Instituto Federal Electoral, el TEPJF renunció a su condición de instancia constitucional, abdicó de su potestad para resolver el conflicto en curso y privó al país de una solución institucional a una fractura nacional que se ahonda día tras día.»[5]

---

[5] *La Jornada*, 28 de agosto de 2006.

Pero otra clave del fraude está en los mismos datos oficiales que nadie impugna ni rechaza. Se trata de la votación de un oscuro partido llamado Partido Nueva Alianza (PANAL), de reciente registro y patrocinado por el pequeño grupo de dirigentes del Sindicato Nacional de Trabajadores de la Educación y en particular por Elba Esther Gordillo, una priísta que rompió con Madrazo para tratar de imponer al PRI una alianza con el PAN y Fox en el Congreso. El caso es que este partido logró una votación muy peculiar, pues su candidato a la Presidencia de la República obtuvo 402 000 votos (0,96%), pero sus candidatos a senadores y diputados casi quintuplicaron esa cifra: 1 887 667 votos, es decir, 4,55% de la votación. Aunque es posible aceptar el voto cruzado de muchos ciudadanos (que sufragaron por distintos partidos en la misma elección en las tres boletas que obtuvieron), resulta difícil de entender el voto del PANAL por una voluntad libre y plural de los ciudadanos.

Además, la propia Gordillo ha aceptado que la diferencia entre una votación y otra de su partido, casi 1,5 millones de votos, se desviaron hacia el candidato del PAN. Es decir, que los activistas del partido habrían orientado a sus bases electorales votar por Calderón en una boleta y por sus propios candidatos a diputados y senadores en las otras dos. Esta maniobra, un alarde de control político, se ejerció sobre casi dos millones de ciudadanos; casi todos atendieron a esta indicación, según ella, con una disciplina rigurosa.

La verdad, según se puede desprender de testimonios de un ex dirigente de ese partido, es que por medio de funcionarios electorales, acuerdos con algunos gobernadores y dirigentes del PRI que aceptaron traicionar a su partido y a su candidato, y del dinero y la red corporativa del sindicato (todavía efectiva en varias regiones del país, sobre todo en el norte), el PANAL pudo realizar una operación de compra, coerción e introducción de votos fraudulentos que le permitieron desviar sufragios hacia Felipe Calderón y al mismo tiempo hacerse de la votación necesaria para tener un grupo parlamentario propio.

Quedará para una investigación más detallada el análisis de la operación de la Maestra Gordillo, pero es muy razonable suponer que gracias a esa maniobra se otorgaron votos ilegales o de procedencia dudosa que resultaron suficientes para inflar a Felipe Calderón y emparejarlo con Andrés Manuel.

VI

A raíz de la protesta contra los resultados oficiales, se ha desatado un amplio movimiento postelectoral. Lo significativo de este movimiento no es solo la defensa de López Obrador y el repudio al candidato de la derecha. En las marchas, plantones, campamentos, pancartas, volantes y expresiones diversas,[6] el mensaje refleja la impaciencia y el hartazgo contra el PRI y ahora con el PAN y sobre todo la necesidad de un cambio profundo en la vida del país. No es el reclamo democrático porque se cuente los votos, sino, además, la exigencia de transformar leyes, instituciones y políticas públicas, reclamos que incluso van más allá del discurso de López Obrador.

Sin embargo, el movimiento postelectoral ha entrado ahora, a partir del 5 de septiembre, una vez conocida la decisión del Tribunal, en una etapa de redefinición de sus estrategias. El reto consistirá en fortalecer el movimiento con una visión de largo plazo que evite el desgaste, la división interna y la represión. Una estrategia que sea capaz de conducir, entre septiembre y diciembre de este año, un movimiento contra la usurpación de la Presidencia de la República y que, posteriormente, de acuerdo con las circunstancias, siga actuando contra un gobierno ilegítimo. Por ello, es de la mayor importancia la Convención Nacional Democrática efectuada el 16 de septiembre del presente año. La Convención debe ser el inicio de una revisión de las formas de lucha, pero también el comienzo de una nueva etapa de reagrupamiento del movimiento social y político de la izquierda mexicana. Este reagrupamiento tendrá que incluir una renovación política, programática y orgánica.

Dado que en la campaña y en el movimiento se ha expresado un fuerte reclamo social, el rechazo a la imposición y a una Presidencia ilegítima, tendrá que ligarse, necesariamente, a un programa que incluya, pero al mismo tiempo vaya más allá del asunto meramente electoral. La resistencia, para mantenerse en el mediano y largo plazo, tendrá que unirse en las reivindicaciones sociales y en las exigencias de igualdad, soberanía y democracia. Los partidos de la Coalición y las organizaciones sociales y populares tendrán que darle prioridad a estos reclamos de cambio.

Un primer objetivo será construir un nuevo espacio de confluencia y de diálogo entre la izquierda política y los movimientos sociales que en los últimos años se iban separando cada vez más. La participación de ciudadanos que se han incorporado o busquen incorporarse por la vía de organismos o instancias no partidarias, será fundamental en el desarrollo del movimiento. Ello exigirá levantar estos espacios de coordinación a nivel nacional, en todas las ciudades, municipios y entidades posibles.

A partir de la Convención se tratará de crear un instrumento de lucha que responda a los reclamos de la sociedad y, también, que detenga los intentos de la derecha para imponer de una vez por todas las llamadas

---

[6] Después del 2 de julio, el movimiento contra el fraude ha organizado marchas de más de un millón de personas; instaló un campamento o plantón de más de 8 km de largo desde el Zócalo y a lo largo del Paseo de la Reforma; mantiene Asambleas Populares diarias con asistencia de miles de ciudadanos; y ha realizado diversas acciones de resistencia civil en diferentes partes del país.

«reformas estructurales». Asimismo, deberá servir para impulsar de manera unificada, la acción político-electoral.

VII

Las elecciones mexicanas han sido vistas con mucho interés en el mundo, sobre todo en América Latina. Del lado de las izquierdas se esperaba que México se sumara a los gobiernos progresistas que han sido electos en los últimos años. En otra parte he señalado que, independientemente de sus diferencias, estos gobiernos tienen en común la búsqueda de una alternativa distinta al esquema neoliberal y su independencia frente al hegemonismo norteamericano.[7]

También señalamos que este discurso y esas intenciones tienen que confirmarse en la práctica y que, para ello, la izquierda en el gobierno deberá demostrar:

a) que es capaz de conducir un crecimiento económico *per cápita* superior al que se ha presentado en las últimas décadas;

b) que este desarrollo es más justo, por lo menos en el sentido de disminuir los niveles de pobreza, atemperar la desigualdad social, asegurar mejores niveles de atención educativa, de salud pública y vivienda, y proteger al medio ambiente, evitando el saqueo de los recursos naturales;

c) y lo más difícil, que puede enfrentar el llamado déficit democrático, es decir, el saldo social dejado por el neoliberalismo, saldo que no se reduce a la pobreza, sino a todo lo que la marginación y el atraso han dejado.

La derecha, por su parte, ha festejado el triunfo ilegítimo de Calderón hasta por anticipado entendiendo que puede ser el principio del fin de la ola izquierdista en América Latina.

En lo que resta de este año se efectuarán elecciones presidenciales en: Brasil, Nicaragua y Venezuela. Por ello, el debate sobre lo que ha sucedido en México tiene un interés todavía mayor. El análisis de lo que sucedió en la campaña y en la elección, pero también de lo que puede suceder en el futuro, ha despertado muchas inquietudes. ¿Qué armas usó la derecha? ¿Qué errores tuvo la izquierda? ¿Cómo se comportaron los distintos sujetos sociales y políticos en la contienda? Y sobre su devenir inmediato, ¿cuál será el destino del movimiento contra el fraude? ¿Cuál será la reacción del gobierno de los Estados Unidos, de los sectores del capital transnacional, de la derecha mexicana? ¿Podrá revertirse la usurpación de Felipe Calderón? ¿Se decidirá su gobierno, en caso de que pueda imponerse, por profundizar el neoliberalismo, o por matizar sus políticas?

---

[7] Saúl Escobar: «El viraje de América Latina hacia la izquierda», *Coyuntura*, no. 131, enero-febrero de 2006, Instituto de Estudios de la Revolución Democrática, México D. F., pp. 36-41.

En este ensayo, más que analizar las perspectivas del movimiento, decidimos tratar de explicar cómo sucedieron las cosas y encontrar el significado de los hechos que se dieron durante la campaña y en la protesta popular contra el fraude electoral. Pero, en resumen y muy brevemente, algunas de las conclusiones más importantes para el debate de la izquierda latinoamericana serían las siguientes:

Primero. El proceso electoral mexicano demostró que el control de los medios masivos de comunicación es un arma fundamental al servicio de la derecha. Mediante ellos pudieron organizar y difundir una campaña de miedo y confusión que logró cierto impacto. Dado, además, que estas campañas son muy costosas, la izquierda se ve en desventaja en la competencia frente a una derecha financiada por los grupos más poderosos. Si no se regulan las actividades de los medios, si no se impide la concentración de la propiedad de estas empresas, si no se fomenta la diversidad de opciones, y si no se promueve un control ciudadano en esta materia, se estará profundizando un sistema político estructuralmente antidemocrático. Bajo estas condiciones, la competencia electoral es desigual, inequitativa e injusta de principio a fin.

Segundo. Un punto central que agrupó a la derecha política y a importantes sectores empresariales en contra de López Obrador y la Coalición, tiene que ver con las «reformas estructurales», es decir, las políticas que profundizan la vía neoliberal. Un compromiso firme de la izquierda en este sentido unifica en su contra, casi naturalmente, los grupos del poder político y económico. Pero de otro lado, una concesión de la izquierda para apoyar esas reformas, la dejaría sin sustento ideológico y popular. En esta disyuntiva, la izquierda debe elaborar un programa alternativo que atraiga y convenza a la población de que otro mundo y otro país son posibles y mejores, y al mismo tiempo, prepararse para una dura batalla no solo en el ámbito electoral, sino también en el terreno social, cultural, ideológico y político más amplio.

Tercero. La acción de los partidos políticos de izquierda (y de sus gobiernos) no puede reducirse a la esfera electoral y a la gestión pública, pues las instituciones políticas están controladas por la derecha y los grupos de poder. La movilización ciudadana es indispensable y esta no podrá darse sin la existencia de una sociedad organizada de manera independiente frente a esos grupos de poder. La relación entre partidos políticos y movimientos sociales tiende a ser conflictiva y a deteriorarse en la medida en que se ocupan mayores espacios de poder político. Por su parte, algunas organizaciones sociales se han mostrado proclives a la cooptación, al gremialismo o al rechazo de toda participación política. Reducir la brecha que separa a uno y otros, pasa necesariamente por definir una política de alianzas sociales no solo entre partidos, sino además entre estos y la diversidad de las expresiones del movimiento social.

Cuarto. La polarización social explica muchas de las cosas que han pasado en México y también otras que van a ocurrir. Entre ellas, habrá que reflexionar sobre la capacidad de la izquierda para identificarse con los sectores sociales más oprimidos, conscientes e informados, y sobre sus posibilidades para ganar o al menos neutralizar a la derecha en aquellos grupos de la población que se ubican sobre todo, aunque no exclusivamente, en las clases medias y en los sectores más prósperos del país. Ello no debe conducir a un discurso o a un programa menos radical, sino a una acción política más incluyente y, por lo tanto, más democrática. Esto último en el sentido de que los partidos deben mostrarse abiertos a la representación diversa de la sociedad y comportarse menos como una burocracia política cerrada, impermeable y ajena a las expresiones múltiples y diferentes de la lucha de nuestros pueblos.

La izquierda mexicana está viviendo una rica experiencia. Atraviesa, al mismo tiempo, una coyuntura llena de riesgos y de amenazas. El debate sobre estos y muchos otros temas que han aflorado en este movimiento aún se está escribiendo. Pero se trata de un movimiento de millones de voces y de pensamientos y por ello, pase lo que pase, sin duda aportará mucho a la historia revolucionaria de América Latina.

SAÚL ESCOBAR TOLEDO dirige la Secretaría de Relaciones Internacionales del Partido de la Revolución Democrática de México y es profesor del Instituto Nacional de Antropología e Historia.

El Plan Bush de «Asistencia a una Cuba Libre» *

RICARDO ALARCÓN DE QUESADA

Crónica de una guerra anunciada

> *Porque nada hay encubierto, que no haya de descubrirse;*
> *ni oculto, que no haya de saberse.*
>
> S. Lucas 12.2

El 20 de mayo del 2004, con pompa y fanfarria, George W. Bush anunció su Plan para la anexión de Cuba. El interminable engendro –más de 450 páginas– provocó una andanada de críticas provenientes de todas partes. Ante todo, del pueblo cubano, a quien se le amenaza con el exterminio y con la liquidación de su nación. Cuba, según dice con todas las letras el siniestro Plan, simplemente desaparecería, dejaría de existir. Repasemos rápidamente lo que sucedería aquí si llegara a aplicarse lo que Bush aprobó:

- Se devolverían a sus antiguos dueños todas las propiedades, incluidas las viviendas de las que millones de familias serían desalojadas, en menos de un año y bajo la supervisión y el control de la Comisión del gobierno de los Estados Unidos para la Devolución de Propiedades.
- Se privatizarían completamente todos los aspectos de la economía incluyendo la educación y los servicios de salud; serían disueltas todas las cooperativas y restaurados los viejos latifundios; se eliminarían la seguridad y asistencia social incluyendo todas las pensiones y retiros, y se organizaría para los ancianos un programa especial de obras públicas que los emplearía mientras su estado de salud se los permita; se aplicarían rigurosamente las pautas del neoliberalismo más crudo.

---

* Versión de una serie de artículos publicados por el autor en el diario *Granma*, durante los meses de julio y agosto de 2006.

De todo esto se encargaría otro aparato gubernamental yanqui, el Comité Permanente del gobierno de los Estados Unidos para la Reconstrucción Económica.
- Como llevar a cabo lo que antecede encontraría la tenaz e invencible resistencia del pueblo («no será fácil», reconoció Bush en el mentado documento), darían la máxima prioridad a la represión masiva y generalizada contra todos los militantes del Partido, todos los miembros de las organizaciones sociales y de masas y también «otros simpatizantes del Gobierno», según afirma el texto que advierte (¿hacía falta?) que «la lista –de las víctimas de la represión– será larga». De esto igualmente se ocuparía en forma directa el gobierno de los Estados Unidos con un aparato represivo «organizado y dirigido por el Departamento de Estado».
- La dirección de este programa estaría en manos de un burócrata designado por Bush con el pomposo cargo de «Coordinador para la transición y reconstrucción de Cuba», una especie de interventor y Gobernador General para la Isla como lo fuera hace más de un siglo el general Leonard Wood. Tendría las mismas funciones –incluso igual título– que las desempeñadas por el señor Brenner en el Irak destrozado e invadido. Solo que, en el caso de Cuba, el Coordinador ya fue designado, un tal Caleb McCarry, quien ha visitado algunos países europeos para recibir desvergonzada complicidad. Su anticipada designación fue presentada por el propio Bush como prueba de que su Plan contra Cuba y los cubanos va en serio, no se queda en las palabras.
- El Plan Bush incluyó también medidas específicas contra los cubanoamericanos, a quienes se les restringió drásticamente los vínculos con sus familiares en Cuba, se les eliminó la licencia general para visitarlos y se les impuso la discriminatoria limitación de solo poder hacerlo una vez cada tres años, si les otorgan un permiso especial para ello, y todo dentro de la cruel y arbitraria redefinición del concepto de familia, del cual quedan excluidos los tíos, sobrinos, primos y otros parientes.

Para alcanzar su meta, el gobierno norteamericano intensificaría sus acciones destinadas a terminar con la Revolución Cubana, a partir de tres líneas fundamentales: un bloqueo económico cada vez más riguroso, el aumento del financiamiento y el apoyo material a los grupúsculos mercenarios internos, y una siempre creciente campaña de propaganda y desinformación.

Cualquiera sabe que ese empeño por derrocar a un gobierno de otro país, cambiar su régimen político, económico y social y someterlo a su dominio, es un escandaloso ultraje a la legalidad internacional solo concebible en gente con mentalidad fascista. Es tan obvio el carácter ilegal y agresivo del Plan Bush, tal su delirante desmesura, que fue objetado abiertamente hasta por entidades e individuos que son adversarios de la Revolución Cubana y defensores de las políticas e intereses imperialistas. Ese fue el caso de algunos miembros del llamado Diálogo interamericano –incluyendo a conocidos enemigos de Cuba– que emitieron una carta pública rechazando ese Plan porque ven en él un llamado a la guerra y la violencia. Hubo quien lo calificó de «aterrorizante» y como «lo más explosivo en las relaciones entre los Estados Unidos y América Latina en los últimos 50 años».

Bush consiguió algo que es el sueño de cualquier político norteamericano: unir el más amplio frente, desde la izquierda hasta la derecha. Solo que esta vez coincidían para criticarlo a él y a su endemoniado Plan. Pero él contaba con algo a su favor. La misma prensa, los famosos medios de comunicación que lo acompañaron en mayo de 2004 y se hicieron eco de su *show* publicitario, supieron después guardar hermético, disciplinado silencio durante el resto de ese año y después. Algo que era «lo más explosivo» en medio siglo, sencillamente desapareció de la atención de los «informadores». El tema, simplemente, dejó de existir. Y así fue durante año y medio. Hasta diciembre de 2005. De pronto, sin venir al caso, cuando ya todos habían olvidado el asunto, se anunció desde Washington que iban a emitir otro Informe sobre Cuba en mayo de 2006. Se multiplicaron las especulaciones. Hubo incluso, entre los políticos y académicos que desde la derecha criticaron las barbaridades simplonas del Plan Bush, quienes imaginaron la posibilidad de una rectificación. Llegó el 20 de mayo de 2006. Se inquietaron los medios y preguntaron. Pero nada sucedió ese día ni en los días y semanas siguientes. Los voceros oficiales respondieron con evasivas a las indagaciones de los periodistas. Hasta que unos y otros, una vez más, olvidaron el asunto.

Llegó la tercera semana de junio de 2006 y de modo extraño, sigilosamente, apareció en el sitio en Internet del Departamento de Estado, fechado el día 20 de ese mes. Pero, al parecer, nadie lo vio. Transcurrió una semana en la que voceros e informadores guardaron silencio total. Hasta que algunos medios de Miami y ciertas agencias noticiosas «descubrieron» lo que decidieron bautizar como «borrador». Curiosamente el hallazgo se produjo al mismo tiempo. Y no en cualquier momento, sino precisamente cuando comenzaba el más prolongado feriado de los Estados Unidos que se extendería hasta el martes 4 de julio. Como para que la información fuera sepultada en medio de los fuegos artificiales, la retórica patriotera y las ventas especiales en sus centros comerciales con los que allá suelen recordar el aniversario de la Independencia.

El texto publicado ahora no se aparta ni un milímetro del Plan Bush. Todo lo contrario. Comienza por precisar que lo ratifica, saluda los supuestos éxitos que ha tenido su aplicación y sobre esa «sólida base» anuncia «medidas adicionales» para «acelerar» el fin de la Revolución Cubana. Esas medidas merecen ser analizadas y me propongo hacerlo más adelante. Pero hay algo que exige la denuncia más enérgica y urgente, algo absolutamente insólito. Antes de exponer las «medidas adicionales», las que hace públicas, el Informe dice que existen otras contenidas en un anexo que permanece secreto por «razones de seguridad nacional» y para asegurar su «efectiva realización».

Después de haber divulgado todo lo que han divulgado –decenas de millones de dólares más para sus mercenarios, nuevas restricciones económicas y acciones ilegales contra el comercio internacional y la soberanía de Cuba y de otras naciones, castigos adicionales para los cubanos y para ciudadanos de otros países– y de haber hecho público hace ya más de dos años su Plan en el que, hasta el más mínimo detalle, describen su intención de recolonizar a Cuba, después de todo eso, ¿qué es lo que a estas alturas tienen que ocultar con el máximo secreto? ¿Qué esconden por razones de «seguridad nacional y efectiva realización»? ¿Más ataques terroristas? ¿Nuevos intentos de asesinato contra Fidel? ¿La agresión militar? Tratándose de Bush y sus compinches, cualquier cosa es posible.

El *Mein Kampf* de Bush

Porque no hay nada oculto que no haya de ser manifestado;
ni escondido, que no haya de salir a luz.

S. Marcos 4.22

No exagera un ápice Tom Crumpacker al comparar el Plan anexionista de Bush con el *Mein Kampf* de Hitler. Son, efectivamente, los únicos ejemplos disponibles de planes para subyugar a una nación que han sido anunciados públicamente. Coinciden, además, en su carácter genocida y racista. Si el Plan Bush fuera realizado, liquidaría a Cuba, la nación, pero también esclavizaría a los cubanos hasta el exterminio. Esa fue la experiencia que sufrieron millones de personas en los países europeos ocupados por las hordas hitlerianas.

El bloqueo contra Cuba es, sin duda, un crimen de genocidio. Ha sido eso desde el primer día y lo es hoy. A esa definición corresponde, con exactitud, una política que se propone «causar hambre y desesperación», como consta en documentos oficiales de 1959 y 1960 finalmente desclasificados. El Plan de 2004 y las medidas adicionales que aprobó Bush en 2006 tratan de aumentar el sufrimiento de todos los cubanos. Pero aspiran a ir más allá. El discípulo de Hitler, como su maestro, no reconoce fronteras.

El bloqueo, concebido desde sus inicios y aplicado así durante casi medio siglo, para afectar gravemente a Cuba y a todos sus ciudadanos, quiere desbordarse ahora para caer, como un látigo, sobre cualquier otro país y sobre cualquier otro pueblo del Tercer Mundo.

Katrina para todos

Entre las nuevas medidas están las que buscan dañar la colaboración médica cubana con otros países. Quieren, específicamente, impedir los servicios que aquí se ofrecen a miles de pacientes que han sido curados de catarata u otras afecciones oculares y han recuperado la visión, o reciben esos beneficios en sus propios países; tratan de frustrar la formación en Cuba de miles de jóvenes que estudian Medicina y otras carreras; y se empeñan en sabotear las misiones que nuestros médicos, técnicos y enfermeros realizan en el exterior. Bush se imagina capaz de acabar con la Operación Milagro, con la Brigada Internacionalista Henry Reeve, con la Escuela Latinoamericana de Medicina (ELAM).

Desde luego que «del dicho al hecho hay un gran trecho». O adaptando para la ocasión otro refrán popular, «una cosa piensa Bush y otra el cantinero». Pero, independientemente de que pueda alcanzarlo o no, está entre las cosas que acaba de aprobar, entre las porquerías que viene a anunciar. Eso es lo que proclama, en las páginas 31 y 32 del documento que aprobó el 10 de julio de 2006: «negar toda exportación» relacionada con equipos médicos que puedan ser usados en «programas médicos en gran escala para pacientes extranjeros» o en «instituciones de asistencia extranjeras». Tal propósito implica, irónicamente, el reconocimiento de una realidad cada vez más difícil de ocultar: el hermoso despliegue del internacionalismo y la solidaridad humanos del que son testigos millones de personas desde Pakistán e Indonesia, atravesando África y el Caribe, hasta los Andes y Centroamérica.

Ni el imperio arrogante, ni ninguno de sus acólitos en otros países capitalistas, pueden mostrar nada que se parezca, siquiera remotamente, a ese ejemplo de genuina cooperación internacional, de verdadera lucha por la vida y los derechos más elementales de millones de seres humanos. Ninguno de aquellos es capaz de hacer lo que esta isla pequeña, agredida y hostigada. Causa indignación que aún haya miles de víctimas del huracán Katrina en Louisiana, Mississipi y Alabama reclamando ayuda, no son pocos los que fueron desplazados y viven como refugiados en su propio país, y sí muchos los que murieron sin protección ni asistencia, que Bush impidió les diera esa misma Brigada Henry Reeve que ahora quiere destruir, miles los niños desaparecidos y miles los padres que aún los buscan. Nueva Orleans y el Katrina quedarán para siempre como símbolos de la inhumanidad intrínseca al capitalismo. El «recen y váyanse» de Bush, resumen de su torpe insensibilidad, lo perseguirá hasta el infierno.

Que Bush, como Hitler, desprecia a los pobres y a los negros de los Estados Unidos, que le importa un bledo si mueren abandonados, eso ya se sabe. Pero ahora sabemos, además, porque acaba de reconocerlo abiertamente, que su odio alcanza también a todos los pobres, a todos los indios, a todos los negros y mestizos de este mundo. Urge detenerlo y derrotarlo.

Crumpacker recuerda que cuando el *Mein Kampf* fue publicado en 1924, muchos europeos sencillamente lo ignoraron. Quince años después sobre ellos cayó su peor tragedia. La historia no debe repetirse. La situación ahora es peor. Bush tiene armas que no conoció su maestro. Cuando elaboró su infame panfleto, Hitler estaba en prisión. Su pupilo, anda suelto. No hay tiempo que perder.

El *Mein Kampf* de Bush y la Bella Durmiente

Varias de las «medidas adicionales» aprobadas por Bush contra Cuba el 10 de julio de 2006 apuntan de manera directa a quienes comercian con la Isla o tienen inversiones aquí. Entre ellas, se reitera la posibilidad de iniciar los juicios previstos en el Título III de la Ley Helms-Burton para algunos países en forma selectiva –por el lenguaje empleado parece que amagan con empezar por Venezuela, pero nadie sabe lo que ocurrirá una vez que destapen la Caja de Pandora– y se anuncia que «aplicarán vigorosamente» el Título IV «enfocando especialmente su aplicación» en aquellos sectores donde están más involucrados los europeos.

Cuando en 1996 los Estados Unidos promulgaron la Ley Helms-Burton, hubo protestas en Europa. Los europeos calificaron el texto norteamericano como extraterritorial y contrario a las normas relativas al comercio internacional. Pero no condenaron su carácter genocida e intervencionista, ni su propósito de acabar con la independencia y soberanía de Cuba y de someterla a un régimen de servidumbre y completa dominación. A la Unión Europea nada más le molestaban algunos aspectos de aquella Ley que afectaban sus propios intereses. Por eso protestó solamente por los Títulos III y IV del adefesio legislativo. El primero otorga una autoridad completamente ilegal a los tribunales norteamericanos para emprender juicios, a partir de reclamaciones presentadas por supuestos ex dueños de propiedades nacionalizadas por la Revolución, contra cualquier persona que las utilice ahora de cualquier manera, y el otro niega visas de entrada a los Estados Unidos a quienes inviertan en Cuba, prohibición que extienden también a sus cónyuges e hijos y de la cual han sido objeto ya personas de diversas nacionalidades. Sobre el resto, la parte más grave y extensa del documento, Europa no emitió sonido alguno. De esos capítulos no habló, sencillamente, porque los gobiernos europeos, de una manera o de otra, eran también cómplices de la política anticubana. Se vieron obligados a criticar parte de la Ley, debido a la presión de la opinión pública y, sobre todo, por la de los empresarios del Viejo Continente cuyos vínculos económicos y comerciales con Cuba, por entero legítimos, encaran sanciones ilegales y burdas amenazas del gobierno de los Estados Unidos.

La Unión Europea presentó entonces una demanda oficial contra Washington ante la Organización Mundial de Comercio (OMC). Quien revise la prensa de hace diez años encontrará, con facilidad, centenares de artículos, declaraciones e informaciones sobre esa demanda. Algunos hablaban de una inminente guerra comercial. Parecía que se iba a acabar el mundo. Pero también la prensa reportaba diariamente las frecuentes reuniones de los representantes de ambas partes: Stuart Eizenstat y Leon Britan. Cuando el primero no visitaba al otro en Bruselas, este se desplazaba para encontrarlo en Washington. Sus convites eran reflejados en los medios informativos casi con el mismo interés con que tratan a las más notorias parejas de la farándula. Finalmente, se pusieron de acuerdo y lo anunciaron a bombo y platillo: la Unión Europea retiraba su demanda ante la OMC y declaraba, además, que seguiría apoyando los intentos norteamericanos para subvertir a la sociedad cubana. Por su parte, la Administración en Washington no emplearía contra ella los mentados Títulos III y IV y se comprometía a gestionar ante su Parlamento las enmiendas necesarias para modificar a ese respecto la Ley Helms-Burton.

El ofrecimiento norteamericano era, por cierto, ridículo. La sustancia del Título III es la amenaza de entablar pleitos ante sus tribunales federales cuyo número pudiera ser de tal magnitud que caotizaría el sistema judicial, como advirtió a tiempo el propio gobierno norteamericano. Es por esa razón, y no por ninguna otra, que la misma Ley Helms-Burton dio la autoridad al presidente para suspender por seis meses el derecho a promover tales procesos, algo que Clinton hizo desde el instante que promulgó la Ley –mucho antes del primer gemido europeo– y que siguieron haciendo, él y Bush, y ya lo han hecho veinte veces. Los Estados Unidos le «daban» a Europa lo que ya se habían dado a sí mismos, y por su propio interés, desde el primer día. En otras palabras, después de tanto alboroto, Europa se contentaba con una insulsa promesa y a cambio ella era la única que actuaba y para hacer exactamente lo que le ordenaban.

Han pasado diez años. Ni la administración Clinton ni la de Bush en ningún momento, de cualquier forma, directa o indirecta, han hecho gestión alguna para cumplir lo que habían prometido de manera tan solemne. Ni siquiera han intentado simularlo. No hicieron nada, absolutamente nada. Y no lo hicieron porque su interlocutor tampoco recordaba el supuesto compromiso. Europa dejó transcurrir diez años sin parpadear, aunque Washington no cumplía su promesa. Peor aún. Nunca reaccionó, durante ese período, cuando los norteamericanos castigaron de modo arbitrario a empresas europeas al amparo de una Ley que sigue intacta. Europa, en profunda quietud, dormía. ¿Por qué deberían respetar su compromiso los Estados Unidos, si saben que siempre puede contar con los servicios de la obediente, disciplinada Unión Europea? Más aún, cada vez que lo considera oportuno, el gobierno norteamericano agradece públicamente la cooperación europea en la realización de sus planes anticubanos, cooperación tan generosa y desinteresada que no ha sido afectada por las repetidas violaciones a su soberanía y a los derechos de sus empresas y sus ciudadanos. Nada perturba su plácido sueño.

Llegó el mes de mayo de 2004. Con gran fanfarria Bush puso en vigor su Plan en el que, en fiel acatamiento de la Ley Helms-Burton, describe hasta el detalle el genocidio que imagina podrá realizar con Cuba y los cubanos. El Plan Bush contiene también nuevas medidas para recrudecer la guerra económica que nos impone, y entre ellas, muchas específicamente referidas a otros países que incluyen a los miembros de la Unión Europea. No hay ni una palabra de modificar la Ley Helms-Burton, sí demasiadas –casi 500 páginas– para repetir hasta el cansancio que la impondrán con todo rigor. Entre otras numerosas acciones, Bush amenazó con permitir los juicios previstos en el Título III y anunció el reforzamiento del aparato burocrático encargado de ejecutar las sanciones que contempla el IV.

Pasaron otros dos años completos. Llegamos a julio de 2006. La Unión Europea guarda silencio. Ninguna cancillería ha susurrado siquiera una palabra. Hasta ahora nadie en Europa se ha dado por enterado. Pedirles que condenen el plan secreto para atacar a la Revolución, las nuevas y aun más crueles restricciones a las familias cubanas, las estúpidas y criminales prohibiciones contra sus iglesias, los desvergonzados intentos por socavar la Operación Milagro y los servicios de salud que salvan la vida de millones, sería, seguramente, pedirles demasiado. ¿Pero lo es acaso sugerirles que defiendan los intereses de sus propios ciudadanos? ¿Recordarles, con el debido respeto, aquel papel que suscribió el caballero Britan con su inseparable amigo? Probablemente no valga la pena. Quizás sea más práctico no perturbar el sueño de la Bella Durmiente. En eso de pactar con los fascistas, de dejarles las manos libres, hay bastante experiencia allende el Atlántico, pero también la hay, dolorosamente, de las consecuencias. No son pocos, por suerte, quienes aún recuerdan a Munich y a Chamberlain y su paraguas, y todo el horror que vino después.

La muerte segunda de Bush

Dios me dijo que atacara a Al Qaeda y los ataqué,
y entonces Él me dio instrucciones para atacar a Sadam y lo hice.

George W. Bush

Las intenciones genocidas de Bush no tienen límites. Se propone hacer sufrir a todos los cubanos y las cubanas, independientemente de quienes sean, la profesión o el oficio que desempeñen, el color de la piel, sus gustos o costumbres, sus creencias o posiciones filosóficas. Se proyecta contra cualquier hijo de esta tierra, hombre o mujer, niño o anciano, y contra las organizaciones que los cubanos han creado y a las que han dado vida desde el barrio y la comunidad, en el campo y las ciudades.

Para causarles daño ahora castiga también a sus instituciones religiosas y a las iglesias norteamericanas. Nunca antes había pretendido ir tan lejos. Lo dice con todas las letras el tercer párrafo de la página 32 del Informe que acaba de aprobar el pasado 10 de julio. Es un texto que nadie puede ignorar. Bush afirma literalmente que va a «apretar las regulaciones para exportaciones de artículos humanitarios con el fin de asegurar» que no puedan ser enviadas a organizaciones «tales como el Consejo de Iglesias de Cuba». Por lo pronto, el empleo de esa expresión, «tales como», le permitirá mañana hacer lo mismo con cualquier otra entidad, sea religiosa o de otro tipo. Bastaría con afirmar que es «administrada o controlada» por el Gobierno, como acaba de hacerlo, mintiendo de manera impúdica y grosera respecto al Consejo de Iglesias, un Consejo al que pertenecen la Iglesia Episcopal y 22 iglesias protestantes y evangélicas, en el que tienen condición de observadoras tres iglesias más, con el que están asociadas fraternalmente otras siete organizaciones incluyendo la Comunidad Hebrea de Cuba, y con el que colaboran permanentemente 12 movimientos ecuménicos y organizaciones de inspiración cristiana. En otras palabras, se trata de por lo menos 45 instituciones religiosas o fraternales que cuentan con la activa participación de miles de ciudadanos de este país.

Tiene razón el presbítero Pablo Odén Marichal, ex presidente del Consejo, actual director de su Centro de Estudios y rector de la Parroquia Episcopal Fieles a Jesús de Matanzas, al denunciar que Bush pretende «matar al movimiento ecuménico en Cuba, que es uno de los más fuertes de América Latina». Por su parte, al condenar las medidas norteamericanas, la actual presidenta del Consejo de Iglesias de Cuba, reverenda Rodhe González Zorrilla, aseguró que «nosotros seremos capaces, como siempre hemos sido, de sobreponernos a todas las situaciones, porque las relaciones entre las iglesias de Cuba y los Estados Unidos son relaciones históricas» y expresó su convicción de que nada «será capaz de distanciarnos como iglesias».

Desde su sede en Ginebra, el Consejo Mundial de Iglesias reaccionó enérgicamente mediante una declaración de su secretario general, el Rev. Dr. Samuel Kobia, que calificó las acciones de Bush como «una flagrante violación de la libertad religiosa y una notoria interferencia en asuntos religiosos». Kobia hizo un llamamiento a todas las iglesias y a los consejos nacionales de iglesias a expresar su solidaridad con el Consejo de Iglesias de Cuba y a evidenciar su preocupación a las autoridades norteamericanas.

En los Estados Unidos alzó su voz de protesta el Servicio Mundial de Iglesias (CWS), Agencia Ecuménica integrada por 35 denominaciones (protestantes, ortodoxos y anglicanos) que agrupan a decenas de millones de miembros en ese país. Su director ejecutivo, el Rev. Johan L. McCullough, tras advertir que estas medidas pondrán fin a su capacidad para proveer ayuda humanitaria básica a personas necesitadas, las calificó «como una incursión injustificada en la libertad religiosa por la administración de Bush».

Recordó que desde los años 40 del pasado siglo el CWS ha mantenido relaciones de cooperación con las iglesias cubanas y afirmó categóricamente que «no tenemos dudas que el Consejo de Iglesias de Cuba es una auténtica expresión cristiana». Martin Shupack, director asociado para Relaciones Públicas del Servicio Mundial de Iglesias precisó que «perturbar esta actividad –la cooperación con las iglesias cubanas– es golpear el corazón de nuestra identidad religiosa y nuestra libertad. La libertad religiosa fue un principio fundamental para los fundadores de la República Americana».

En Cuba, el Centro Memorial Dr. Martin Luther King Jr. puntualizaba que «los verdaderos intereses de la actual Administración norteamericana nada tienen que ver con el ministerio diacónico de las iglesias y mucho menos con el espíritu de la enseñanza de Cristo de amor al prójimo como el mandamiento que es semejante al amor a Dios».

Quien así insulta a millones de creyentes es el mismo Bush que ha tratado de manipular a favor suyo y de su camarilla los sentimientos religiosos de la gente. Lo ha hecho además de un modo grotesco, rayano en la más vulgar blasfemia. Ha llegado a decir que habla con Dios, le consulta las principales decisiones y de Él recibió instrucciones sobre cuestiones tales como apoderarse de la presidencia de su país y llevar la guerra y la muerte a pueblos indefensos. ¿Se atreverá a decir ahora que de Él recibió la orden de golpear con estúpida saña al movimiento ecuménico cubano? ¿De cuál otro crimen osará inculpar a Dios? Se sabe, porque lo ha dicho, que Bush no lee libros. Por ello aún no sabe el destino que le aguarda y que fue descrito hace ya casi un par de milenios: «todos los mentirosos tendrán su parte en el lago que arde con fuego y azufre, que es la muerte segunda» (*Apocalipsis* 21.8).

Bush y sus valores familiares

*Si esto fuera una dictadura, sería muchísimo más fácil,
mientras yo fuera el dictador.*

George W. Bush

El Plan para la anexión de Cuba publicado por Bush en mayo de 2004 incluyó, entre otras muchas cosas, duras restricciones en materia de visitas, remesas y envíos que afectan gravemente a las familias cubanas. El Informe aprobado el 10 de julio del año actual ratifica ese Plan y refuerza aún más esas crueles prohibiciones. Recordemos que conforme a su Plan los cubanos residentes en los Estados Unidos fueron despojados del limitado derecho que entonces tenían para visitar, solo una vez al año, a sus familiares en Cuba. A partir de aquella fecha tienen que solicitar y obtener un permiso especial para poder hacerlo, siempre y cuando entre una visita y la siguiente hayan transcurrido por lo menos tres años. Por si esto fuera poco, Bush se arrogó la facultad de redefinir el concepto de familia excluyendo a tíos, sobrinos, primos y otros parientes. Como si poseyera una autoridad divina decidió –porque le dio la gana–, que la familia sería reducida solo a cónyuges, a padres, hijos, abuelos y nietos. Los familiares –restringidos de ese modo–, para colmo, solo podrían ser autorizados a encontrarse una vez cada tres años y por un máximo de dos semanas. Fueron eliminados los llamados permisos humanitarios con lo que han impedido viajar a varios casos de personas que deseaban acompañar a un enfermo grave o asistir al sepelio de la madre. Todas esas medidas son discriminatorias y claramente contrarias a la Constitución y la legalidad norteamericanas. Los cubanos y sus descendientes radicados en los Estados Unidos son tratados como si fuesen personas inferiores, a las cuales se les impone limitaciones a sus derechos individuales que no existen para ningún otro segmento de la población de ese país.

No hay nada parecido para nadie más. No existe ninguna otra disposición que regule los vínculos de los demás habitantes de Norteamérica con los países desde los cuales emigraron ellos o sus ascendientes. Como se sabe, salvo lo que queda de las poblaciones aborígenes, todos los demás llegaron o, en el caso de los esclavos africanos, fueron obligados a hacerlo, de algún otro país. La burocracia federal no se ocupa en lo absoluto de cuántas veces alguien visita el país de sus ancestros, o cuánta remesa manda a sus familiares, o qué cosa envían a quién. Los cubanos son obviamente víctimas de una discriminación que solo les es impuesta a ellos, con lo cual se les convierte en un grupo especial fuera de la protección de la Constitución y las leyes. Cuando comenzaron a aplicar esas medidas en 2004 hubo incidentes en el aeropuerto de Miami. A duras penas escapó entonces de la indignación popular un personajillo de la fauna batistiana promotora de la inhumana política. Transcurrieron dos años en los que no han faltado las protestas y tampoco el llanto, el dolor y la rabia.

El archiconservador Bush, que se supone debe promover por encima de todo la santidad de la familia y sus valores, el demagogo que alguna vez dijo «la familia es el lugar donde nuestra nación encuentra la esperanza», arremete con furia hitleriana contra la familia cubana. El Informe de este año se congratula por los sufrimientos que ha causado. Con total desvergüenza afirma, en la página 29, que «estas medidas han sido exitosas y debemos continuar implementándolas». Pero no solo eso. En la siguiente página anuncia que a partir de ahora las aplicará con mayor rigor. Para ello creará un grupo especial que unificará las acciones de los diversos mecanismos represivos norteamericanos. Además, emite una directiva para «dar curso a investigaciones criminales, incluyendo acusaciones ante tribunales» por posibles violaciones a sus arbitrarias restricciones en materia de viajes a Cuba. Y agrega, asimismo, nuevas prohibiciones en cuanto a los envíos de remesas y a los servicios que puedan utilizar quienes sean autorizados a visitar a sus familiares en Cuba. Hasta el 10 de julio los supuestos violadores podían ser objeto de una multa. Desde ese día se amenaza con la cárcel a quienes sean acusados de «involucrarse en organizar o facilitar operaciones relacionadas con viajes no autorizados a Cuba».

Hace años el Tribunal Supremo reconoció que viajar a Cuba era un derecho de los norteamericanos. Ahora Bush, el pequeño, intenta convertirlo en una actividad criminal, con el fin de castigar a las familias cubanas. El dictadorzuelo, entretanto, siempre que puede abandona el trabajo para irse a retozar en Miami con su ilimitada parentela.

Bayamo siempre

Hay algo en el Informe aprobado por Bush el 10 de julio tan evidente y reiterativo que no han podido pasarlo por alto ni los medios de comunicación más obedientes al imperio: el empeño por fabricar, dirigir y financiar dentro de Cuba a los grupos mercenarios a su servicio. Tras recordar, en la página 14, que esa era una de las directrices principales del Plan Bush de mayo de 2004 –«dar más apoyo directo del gobierno de los Estados Unidos a esos grupos dentro de la Isla»–, la reafirma y hasta la califica, como «el sólido cimiento» de las «medidas adicionales» para «apresurar el fin» de la Revolución Cubana.

Entre la página 19 y la 22, el Informe precisa que este año y el próximo dedicarán ochenta millones de dólares a ese propósito y se explaya en detalles: aclara una y otra vez que son recursos del gobierno norteamericano; que los entregará directamente a sus destinatarios en Cuba; que no solo pagará a sus mercenarios, sino que además los entrenará y les suministrará equipos y materiales; y por si fuera poco lo anterior, menciona a algunos de sus asalariados con nombres y apellidos. Esto es lo que aparece en la porción del Informe que han divulgado. No olvidemos lo más importante, que es la parte secreta, cuya extensión y contenido nadie conoce, la que incluye otras medidas que se mantienen ocultas «por razones de seguridad nacional y para su efectiva implementación». De ese programa secreto lo único que se sabe es que Bush lo aprobó el 10 de julio de 2006 en una reunión del Consejo de Seguridad Nacional realizada en horas de la mañana. Cualquiera está obligado a suponer lo peor. Basta con recordar la abultada historia de acciones encubiertas contra Cuba para suponer que sus planes esconden más terrorismo, sabotajes, asesinatos y operaciones militares en las cuales, como prueba una experiencia de medio siglo, piensan utilizar también a mercenarios.

La política norteamericana hacia Cuba ha sido invariable desde enero de 1959 hasta hoy. La sustancia no ha cambiado. Siempre ha tenido un rostro público, cargado de retórica mentirosa que trata de ocultar la realidad, el sufrimiento y el dolor que, de modo premeditado, con fría maldad, causa a nuestro pueblo. Con el tiempo, lenta y dificultosamente, los planes secretos trascienden a la luz, al menos una parte que, aunque sea limitada y con ángulos que nunca son revelados, permite comprender la naturaleza genocida de esa política. Hubo que esperar hasta 1991 para conocer documentos oficiales en los que los gobernantes estadounidenses reconocían que era eso, un genocidio, lo que desataron contra Cuba desde el triunfo de la Revolución.

En un informe interno, fechado el 22 de junio de 1959, en el que analizaba la supresión de nuestra cuota azucarera, una de las primeras medidas que adoptaron, el Departamento de Estado reconocía cuál era su propósito: «la industria azucarera sufriría rápidamente una caída abrupta y causaría un desempleo generalizado. Grandes cantidades de personas quedarían sin trabajo y comenzarían a pasar hambre». Otro documento, del 6 de abril de 1960 y que lleva la firma aprobatoria de su jefatura, reconoce que «la mayoría de los cubanos apoyan a Castro [...] el único modo previsible de restarle apoyo interno es a través del desencanto y la insatisfacción que surjan del malestar económico y las dificultades materiales [...] hay que emplear rápidamente todos los medios posibles para debilitar la vida económica de Cuba [...] negarle dinero y suministros a Cuba para reducirle sus recursos financieros y los salarios reales, provocar el hambre y la desesperación y el derrocamiento del Gobierno». Desde entonces, sistemáticamente, con ensañamiento, la guerra económica se ha extendido e intensificado. Una medida tras otra, un Plan agregado al anterior, hasta culminar con la Ley Helms-Burton, en 1996, que establece que el bloqueo seguirá hasta que los cubanos hayamos «devuelto» a quienes las reclaman supuestas propiedades, incluyendo todas las viviendas, y las tierras y hayamos perdido también la independencia y soberanía nacionales.

El Plan anexionista de 2004 no hace otra cosa que exponer, hasta el último detalle, cómo aplicarían esa Ley poniendo énfasis en los desahucios y desalojos, la privatización completa de la economía, la eliminación de los sistemas de salud, educación y seguridad social y en describir puntillosamente el «futuro» régimen de ocupación yanqui. El Informe de julio de 2006 ratifica ese Plan y le agrega algunas medidas adicionales que he ido analizando. Otra línea integra la política de Washington desde el primer día: la creación de una quinta columna que le sirva de instrumento. A su fabricación, organización y dirección están dedicados muchos de los documentos que fueron secretos, pero que ya son de dominio público, donde aparece bastante información sobre lo que en Washington llaman el Programa Cuba.

En febrero de 1998 la CIA desclasificó un informe redactado por el general Kirkpatrick, quien fuera Inspector General de la Agencia. El propósito de ese documento era evaluar dicho Programa. Kirkpatrick precisa que el Programa Cuba fue iniciado en la primavera de 1959 con el propósito de «fabricar una oposición dentro de Cuba alimentada con asistencia clandestina externa y organizar una oposición desde el exterior que sirva de cobertura a las actividades de la Agencia». Para el General norteamericano esa era la «sustancia principal» de un Programa que no ha dejado de existir desde entonces, algunos de cuyos componentes –obviamente los que no son secretos– pueden encontrarse en los sitios de Internet y en otras publicaciones oficiales de los Estados Unidos.

Al proclamar su Plan anexionista en 2004 y referirse a sus esfuerzos para «fabricar» esa llamada «oposición», Bush los calificó como «la piedra angular de nuestra política para acelerar y ponerle fin» a la Revolución. En el Informe de julio de 2006 pisa el acelerador y ahora habla de «apresurar o precipitar el fin». Por una parte el «hambre y la desesperación» se las quieren imponer a un pueblo entero, por la otra el salario vergonzante y el apoyo material para un puñado de traidores y algunos farsantes de otros países que también son pagados por el presupuesto norteamericano. El Informe que acaban de divulgar en Washington es, en ese sentido, esencialmente, la continuación de la misma política. Pero esta vez el cinismo desborda cualquier límite. El cinismo y la indecencia.

Más recursos para sus agentes, ninguno para el pueblo cubano ni para sus iglesias y sus asociaciones fraternales; equipos para los traidores que facilitan su labor genocida, pero no para los hospitales que devuelven la vista, la salud y la vida; apoyo material para los mercenarios, amenazas, castigos y hasta la cárcel para quienes busquen el reencuentro familiar. Esos son los «sólidos cimientos» de la política anticubana de Bush. Suponer que con tal política pueda derrotar a los cubanos, implica ser muy ignorante, sea dicho con el respeto que merecen otros ignorantes.

Los cimientos de la nación cubana sí son sólidos y profundos. Sobre su base inconmovible los cubanos hemos levantado una Patria que ningún mequetrefe, por poderoso que crea ser, podrá destruir jamás. Tiene raíces muy firmes que calan en lo hondo de la hazaña de varias generaciones. Nuestros cimientos, esos sí verdaderamente sólidos, están allá en la heroica provincia de Granma donde este año celebramos el 26 de Julio. Al hacerlo celebramos también el 10 de Octubre, el 24 de Febrero y tantas otras fechas gloriosas que jalonan la historia de un pueblo que ni se rinde ni se vende.

Donde comenzó a andar la nación cubana y nació nuestra Revolución, está y estará siempre Bayamo, ahora más hermosa que nunca, la primera capital, que los cubanos prefirieron reducir a cenizas antes que entregarla al enemigo. Mientras alzaban la tea incendiaria, nuestros abuelos proclamaban ayer, como nosotros hoy y nuestros hijos y nietos mañana, la consigna que sintetiza la vida de este pueblo: Independencia o Muerte.

RICARDO ALARCÓN DE QUESADA es presidente de la Asamblea Nacional del Poder Popular de la República de Cuba y miembro del Buró Político del Partido Comunista de Cuba.

Cuba insurrecta

ELIADES ACOSTA MATOS

Alguien afirmó, con entera razón, que Cuba mide al resto del mundo y que la estatura de las políticas que se aplican y de los políticos que las aplican en otros países no debe medirse por su cercanía o lejanía a los Estados Unidos, sino a esta pequeña y aparentemente insignificante isla tercermundista del Caribe. Recuerdo haberlo leído en alguno de los excelentes ensayos que forman el libro *Cuba, la Ilustración y el socialismo* (Editorial de Ciencias Sociales, La Habana, 2005) que tuve la suerte de prologar y presentar en la pasada Feria Internacional del Libro de La Habana junto a sus autores, los españoles Santiago Alba Rico y Carlos Fernández Liria.

Así es: Cuba mide a los demás, aún cuando no se lo proponga expresamente. La Revolución que la atraviesa desde hace casi medio siglo, contradictoria y viva, a veces trepidante, es lo suficientemente original como para constituirse en referente divino o maldito, según quien juzgue. Se puede estar a favor o en contra de ella, pero la indiferencia no se acepta. En el fondo, aparte de protagonizar y defender un modelo alternativo, herético, disidente con respecto al que señorea en el resto del planeta, con contadas excepciones, lo que enciende las polémicas y desata las pasiones es la misma posibilidad de que puedan existir y sobrevivir tales alternativas después de la debacle de la experiencia socialista europea y la consolidación del mundo unipolar y de pensamiento único, con los Estados Unidos a la cabeza.

Para los explotadores de siempre, Cuba es una anomalía, una pieza en rebeldía, demasiado peligrosa porque testimonia ante las infinitas ruedas y ruedecillas dentadas que mueven la maquinaria del capitalismo global, que la libertad y la soberanía son posibles. Para otros, la sobrevida de su Revolución es obscena, porque les recuerda cada día el significado de conceptos tales como debilidad, traición, apostasía y claudicación. Y no solo renuncia a los principios del socialismo, sino también a los de la más elemental decencia.

A partir de lo que Cuba significa para sus detractores, la isla se expande más de lo deseado ocupando un espacio polémico que va del pasado al futuro. Para sus partidarios, se trata de una trinchera que debe defenderse, un bastión sitiado donde se decide la suerte de todo el frente, incluso, de la guerra, en su conjunto. Para estos últimos, más que de un tema historiográfico polémico o de una utopía, se trata de un presente palpitante, una especie de Stalingrado tropical rodeado por divisiones enemigas, un símbolo que no puede caer, la encarnación del «No pasarán» republicano y español de 1936 en tiempos de televisión por cable, teléfonos celulares e Internet.

Hasta hace pocos días, exactamente hasta las 9:15 p.m. del pasado 31 de julio, nadie dudaba que Cuba era la isla insurrecta, el lugar donde se enterraron en 1898 los jirones del imperio español, que en tiempos de Carlos V jamás veía ponerse el sol; el país en cuyas arenas sufrió el imperialismo norteamericano su primera gran derrota en América y alrededor del cual estuvo a punto de convertirse la Guerra Fría en guerra nuclear; la nación que había resistido más de medio siglo el acoso y la hostilidad de diez administraciones norteamericanas, las amenazas de presidentes belicosos, como Nixon o Reagan, y las promesas astutas de otros, como Carter o Clinton.

Pero bastó para arrastrarla al ojo del huracán que ese día de un cruento verano insular, el locutor del Noticiero Nacional de Televisión anunciase al pueblo la lectura de una importante proclama de Fidel. Bastó que apareciese en pantalla para leerla Carlos Valenciaga, en vivo y en directo. Bastó que entrasen a nuestros hogares, a nuestras vidas, palabras inesperadas y la conciencia de que algo grave pasaba:

> Delego con carácter provisional mis funciones [...] Nuestro glorioso Partido Comunista, apoyado por las organizaciones de masas y todo el pueblo, tiene la misión de asumir la tarea encomendada en esta Proclama [...] Nuestro pueblo y nuestra Revolución lucharán hasta la última gota de sangre para defender estas y otras ideas y medidas que sean necesarias para salvaguardar este proceso histórico...[1]

Un denso silencio descendió sobre la ciudad, acallando la música que acompaña siempre a los veranos. Un denso silencio cubrió la isla. No era el silencio del nerviosismo, el miedo, ni la tensión, como ha tratado de caracterizarlo un enemigo, siempre despistado, ni el que describió una contrarrevolución que se alimenta de anhelos y mentiras. Era el silencio de un pueblo entero, recogido ante la majestad de un momento histórico decisivo, para el que nadie y todos, estábamos preparados.

En medio de una noche de verano, la noche de un lunes cualquiera, cayó entre nosotros el momento de la verdad, el instante en que se pierde o se levanta una nación. Para este instante, sin saberlo, veníamos

---

[1] Proclama del Comandante en Jefe Fidel Castro Ruz al pueblo de Cuba, diario *Granma*, La Habana, 1ro. de agosto de 2006.

preparándonos. Para él nos preparaba el propio Fidel cuando habló, hace pocos meses, en el Aula Magna de la Universidad, de los peligros que cercan a las revoluciones como la nuestra, en primer lugar, la desunión, los errores, o la cortedad de los hombres que las protagonizan. Todos los estudios, toda la cultura, todas las reflexiones, todos los argumentos, supimos ahora, desempeñaron, exactamente, su papel. Toda la conciencia y la información acumulada se justificarían aquella noche de julio.

En el silencio y recogimiento de aquel ya inolvidable 31 de julio, la mayoría de los cubanos pensamos y decidimos qué futuro queríamos para nuestros hijos y nietos.

Aquella misma noche, 90 millas más al norte, en la Calle 8 de Miami y en los alrededores del restaurán Versailles estallaba una ruidosa celebración, un jolgorio apresurado. Pasaban costosas camionetas tocando las bocinas y vociferaban algunos cientos de personas, muchas de ellas achispadas por la bebida, mientras los vendedores de banderas cubanas y norteamericanas se lanzaban a la calle, presurosos, adivinando la zafra inminente. Las cadenas de televisión llevaban al mundo la imagen de una fiesta superficial, visceral, canallesca que no tardaría en ser barrida por los acontecimientos.

Contradiciendo las apariencias, aquí la victoria se envolvió en el manto de respetuoso silencio que tanto impresionó a los que atravesamos La Habana aquella noche.

En silencio se suelen expresar las victorias más profundas e indelebles. Con su silencio, como expresión de su pensamiento y de su cultura, triunfó la verdadera Cuba aquel 31 de julio, y con ella, la Revolución.

Callada y con eficacia adquiriría nueva vida en la isla todo lo que, ruidosamente se celebraba como enterrado en Miami.

La Historia, socarrona impenitente, se burlaba otra vez de la miopía de algunos.

Cómo la burguesía cubana espera combatir el insomnio

La nueva situación creada en Cuba por la repentina enfermedad de Fidel se expresaría en una curva de atención ascendente. En los primeros días de agosto alrededor de dos mil órganos de prensa, solo en formato electrónico, reportaban la situación, escudriñaban cada rostro o declaración de los cubanos, de dentro y de fuera, desenterraban cronologías fiambres, intentaban biografías apresuradas, entrevistaban a compañeros y enemigos. El carácter de lo publicado iba desde el rigor, el respeto y el comedimiento, hasta las especulaciones más delirantes, los embustes más obvios y las predicciones más apocalípticas.

A pesar de las toneladas de documentos publicados con anterioridad, donde se analizaba, milimétricamente, cada escenario, actor, actuación y las consecuencias de una hipotética «transición» cubana, en el momento de la verdad, en las horas siguientes a la delegación temporal de las funciones de Fidel anunciada por Valenciaga, lo único cierto resultó el hecho de que semejante gasto de papel había sido en vano.

Tantos congresos, tantos seminarios internacionales, tantos reportes de investigación, tantos millones de dólares invertidos por prestigiosas universidades norteamericanas y europeas, tantos agoreros empeñados en ganar prestigio gracias a la isla, demostraron ser solemnemente inútiles. La tranquilidad más absoluta, que reinó y reina desde entonces en el país, la falta de señales visibles de un aumento de la vigilancia o del despliegue de efectivos militares o policíacos, la normalidad en que han continuado trabajando y viviendo los cubanos, han actuado como una enorme trompetilla criolla que debe haber resonado con especial acritud en los oídos de los estrategas de la contrarrevolución y del imperio.

Se quedaron con las ganas, calcularon mal, se intoxicaron con su propia propaganda, les fallaron los modelos de probabilidades de la CIA, del Pentágono y de Rand Corporation. Les cegó la soberbia, la subestimación, la rutina, la mediocridad de extrapolar a la isla las variables exitosas, anteriormente utilizadas en la subversión del socialismo europeo. Aprendieron que no todo tiene precio, que no todos los hombres se compran o se venden, que las ideas blindan a los pueblos, que la virtud no es cosa vana, ni una antigualla inútil y anacrónica en un mundo altamente competitivo.

Aprendieron, en fin, que existe Cuba y existe el pueblo cubano a la par, desde antes y sobre todo, por encima, de la Cuba y el pueblo de ficción que han construido, componiendo con retazos verdaderos e inventados de la realidad un paisaje de ruinas físicas y morales dominado por represores y tiranos de opereta. Y que esa otra Cuba y ese otro pueblo han sido y siguen siendo revolucionarios y martianos, de una manera lo suficientemente culta y consciente, como para haberles aguado la fiesta, con deleite.

Al día siguiente, mientras algunos intentaban descifrar las señales misteriosas de una calle cubana que no actuaba según lo pautado en sus computadoras, ni lo asegurado por sus asalariados, el colectivo de la Biblioteca Nacional se reunió para un mitin relámpago en el sótano, frente a la cafetería, minutos antes de iniciarse el turno de almuerzo de los trabajadores. Vi serenidad y confianza en los rostros de aquellas personas, la mayoría gente humilde, muchas mujeres, las mismas que lidian con las dificultades cotidianas de la vida, y que no han dejado de trabajar, ni siquiera en los momentos terribles del llamado «período especial». En esa época, gloriosa y dolorosa a la vez, mantuvieron abierta la institución y atendieron a los lectores, aún cuando tenían que llegar a su puesto tras recorrer decenas de kilómetros en bicicleta, no había mucho qué comer y fallaba el suministro de energía eléctrica a cada instante. Pocas veces habíamos logrado una asistencia semejante para un encuentro así, convocado apenas con unos minutos de antelación. Una compañera, representando al Comité del Partido, leyó un texto brevísimo, de apoyo irrestricto a la Revolución, de compromiso con la Patria. Hubo aplausos cerrados, incluso, vibrantes. Tomé la palabra, improvisé acerca del momento decisivo que vivíamos, fustigué las celebraciones cobardes de una clase revanchista, derrotada siempre, la comparé con Boabdil, el vacilante rey moro de Granada, llorando en la distancia por el reino perdido para siempre. Con palabras prestadas de Martí recordé que la clave de Cuba, de la Revolución, de Fidel radicaba en preservar la unidad de los cubanos a toda costa, y que si el extranjero osaba agredirnos, sería esa el arma secreta que nos haría invencibles.

Todo duró menos de quince minutos. Las salvas de aplausos fueron para Fidel, para Martí, para el pueblo cubano, para nosotros mismos.

Nos sentimos crecer en aquel sótano, en aquel momento, en aquellas circunstancias. Después supimos que la escena descrita se repitió en miles de lugares del país.

Poco después comenzaban las llamadas y correos electrónicos de compañeros que disfrutaban sus vacaciones, incluso de jubilados, como Máximo, el electricista. Se ofrecían para reincorporarse al trabajo, me decían, espontáneamente, lo que los plumíferos del imperio jamás hubiesen imaginado sin compulsión, sin miedo, sin represión: «Cuente con nosotros, aquí estamos». Recuerdo, en especial, el mensaje electrónico que envió Ginebra, el joven abogado de la institución, siempre serio y callado. En él me decía que se encontraba de vacaciones y que le había tocado velar en el hospital, al pie de la cama de su abuelo, seriamente enfermo, con peligro para la vida; que el viejo había sido un luchador revolucionario, y que por él, ahora incapacitado, se ofrecía para hacer lo que este hubiese hecho: defender la Revolución.

Mientras esto ocurría en la Cuba real, la misma que nunca será agraciada con un reportaje objetivo de la CNN, la que no existe para *El País*, de España, los estrategas e ideólogos foráneos, incluso algunos nacidos en Cuba, arrollados por los acontecimientos, intentaban recomponer su maltrecha visión de una Cuba virtual. Esta otra isla, la inexistente, se hallaba abocada a un levantamiento popular contra el gobierno, liderado por una oposición valiente, democrática y patriótica, que solo desea la felicidad para todos los cubanos, garantizándoles, de paso, el acceso justo a la salud, la educación, el trabajo, la dignidad nacional y el respeto a su historia y cultura, todo ello, milagrosamente compatible con el capitalismo dependiente, clientelista, apátrida, y en el fondo, anexionista, que se proyecta restaurar en la isla, a escasas 90 millas del imperialismo más poderoso, agresivo, expansionista e inescrupuloso que ha existido.

El cuento que el gobierno de los Estados Unidos y sus asalariados domésticos intentan contar al mundo sobre el presente y el futuro de Cuba es una burla al sentido común y se contradice con la realidad palpable. Peor aún: es incompatible con la elevada cultura general y la profunda cultura política del pueblo cubano. Si se detuviesen a analizar, por un momento, la manera en que ha trascurrido en el país la llamada «transición», o sea, el traspaso de poder de Fidel a Raúl, aún cuando con carácter provisional, debiesen haber aprendido algo. Pero los imperios jamás aprenden las lecciones históricas, y cuando lo logran, ya es demasiado tarde.

Espantada y escarmentada tras casi medio siglo de Revolución, la burguesía cubana derrotada se pasa la vida en Miami ejecutando los ritos para predecir el futuro recogidos en los libros de los augures romanos. Tras la enfermedad de Fidel, este atavismo ha alcanzado niveles insospechados: cada noticia o rumor llegado de la isla, a partir del 31 de julio, es analizado con microscopio, escrutado hasta la más remota de sus partículas componentes, desde el mensaje aperturista que encierra la marca Adidas del mono deportivo que lucía el enfermo en las primeras fotos publicadas, hasta el supuesto significado en las religiones afrocubanas de la palabra «caguairán», el árbol de madera recia y erguida con el que algunos han comparado a Fidel.

Un ilustrado pichón de este gremio «ojalatero», el escritor y ex agente de la CIA Carlos Alberto Montaner, escribió por estos días desde Madrid un interesante artículo que resume, de alguna manera, esta propensión a los milagros que aparece cuando no se aceptan la lógica, ni los datos aportados por la realidad. «¿Por qué el castrismo morirá con Castro?», se titula este compendio de miedos y lista de deseos navideños de la burguesía que Montaner representa. Pocas veces hemos encontrado, resumido en apenas diez párrafos, la metodología que nos permita entender por qué esa clase ha sido barrida de su horizonte por el propio pueblo cubano.

«La clase dirigente está totalmente desmoralizada y secretamente desea cambios profundos» –afirma Montaner, en momentos en que los cuadros revolucionarios y el pueblo acaban de dar una ejemplar lección de unidad y firmeza en torno a la Revolución.

«Cuba, situada en el corazón del mundo libre, no puede ser permanentemente la anacrónica excepción de una utopía enterrada hace 15 años» –dice, y quiere que le creamos, en momentos en que América Latina se mueve públicamente en la dirección de esas mismas utopías que Montaner considera enterradas debido, precisamente, a las inmensas injusticias y fracasos sociales del mundo que reputa como «libre».

«Existe una oposición democrática dentro y fuera de Cuba con la cual pactar la transición» –intenta convencernos de algo que se asemeja más al alarido despechado de quien mete cabeza para hacerse notar, que a la constatación de un hecho real. Si en algo han coincidido los analistas de la situación cubana en esta ocasión, ha sido en que no existe ninguna oposición interna medianamente creíble o respetada por el pueblo, y tampoco una oposición cubana en el exilio digna de ser tenida en cuenta, ni siquiera por el gobierno de los Estados Unidos, de ahí los desaires y las advertencias a mantenerse quietos y con la boca cerrada, como les trasmitiese la orden en Miami el senador Mel Martínez, vocero oficioso de Bush para asuntos insulares.

«Estados Unidos no quiere anexar a Cuba, sino contribuir copiosamente a que en la isla se instale un gobierno democrático y un sistema económico capaz de generar prosperidad creciente» –sostiene Montaner, aunque lo contradigan y desmientan siglos de intentos yanquis de apoderarse de la isla, mediante la evidente ocupación o la subordinación neocolonial. Extraña afirmación esta, difícil de creer, teniendo a la vista la democratización y el desarrollo que el gobierno de los Estados Unidos ha garantizado a los países latinoamericanos, africanos y asiáticos, su propia situación interna, evidenciada, como pocas veces, en Nueva Orleans, tras el paso del huracán Katrina, y los efectos democratizadores, libertarios y desarrollistas de la ocupación norteamericana en Irak y Afganistán.

Es evidente que si estas son las razones que fundamentan las predicciones de Montaner acerca del inminente fin de la Revolución, sobran motivos para pensar que esta tiene por delante siglos de perdurabilidad y buena salud.

Y en esta coyuntura en la que algunos se apresuraron a repartirse la piel del oso antes de cazarlo, vale la pena destacar que, no sin asombro, pero a la vez, de manera absolutamente lógica, hemos visto al anexionismo renacer dentro del estercolero de la Historia adonde la nación cubana lo había confinado. Esta corriente de pensamiento político, apátrida y servil ante el extranjero, de profunda desconfianza en las virtudes y valores del pueblo cubano, en su capacidad para el autogobierno y el desarrollo independiente, resurge, como tantas veces antes, para brindar algo de esperanza, por canallesca que sea, a quienes les importa un bledo la Patria pero mucho sus índices de ganancias personales.

El anexionismo es una mala hierba que solía brotar sobre el suelo de la isla cuando las esperanzas en el futuro yacían derrotadas, sufrían un quebranto serio a manos del enemigo; cuando no se vislumbraba una solución nacional a cualquiera de los grandes dilemas de su desarrollo; o cuando los problemas a encarar eran de tal magnitud que rebasaban lo que se estima sea la capacidad de los cubanos para resolverlos. En todas estas ocasiones, además de la razón, existía una clase social definida que la encarnaba, en virtud de sus intereses específicos y sus alianzas exteriores.

En el caso presente, por primera vez, el anexionismo viene de manera inducida, absolutamente sin justificación o respaldo en la vida social contemporánea de nuestro pueblo, como un embarazo *in vitro*. No responde, como antes, a una lógica histórica, ni al reclamo de quienes decían desear lo mejor para la isla, aún cuando esto significase la entrega a una nación extraña, la anulación de la nacionalidad y la absorción de nuestra cultura. No trae esta vez la justificación derivada del estudio de las estadísticas del comercio recíproco, porque este, sencillamente no existe, por obra y gracia del bloqueo norteamericano. No puede aportar siquiera, como alguna vez pudieron hacerlo sus promotores insulares, los ejemplos de la democracia y las libertades concedidas a sus ciudadanos, a los inmigrantes y a otros países, pues hoy, como nunca antes, los Estados Unidos encaran un rechazo internacional inédito, debido a las políticas de su gobierno. Anexionistas son hoy, exclusivamente, los representantes y voceros de un sector de la burguesía cubana revanchista y resurrecta en Miami gracias a la corrupción y a los subsidios del gobierno norteamericano, sus novísimos aliados, los representantes más abyectos del lumpen, los desclasados más ignorantes, un puñado de mercenarios profesionales, y los halcones neoconservadores que mueven los hilos del gobierno de Bush y que defienden la última expansión de las fronteras imperiales, la última marcha recolonizadora mundial disfrazada ahora de lucha contra el terrorismo.

Remontado el nacionalismo de sus inicios, rebasados sus devaneos revolucionarios e independentistas del siglo xix y principios del xx, la burguesía exiliada cubana está conformada hoy, de hecho, por una nada despreciable cantidad de ciudadanos norteamericanos. Según la última encuesta del Buró del Censo de los Estados Unidos, correspondiente a 2004, cerca del 60% de la población cubana en los Estados Unidos ha obtenido la ciudadanía estadounidense, de ellos, más del 90% de los que emigraron antes de 1980, siendo estos, en lo fundamental, quienes forman el segmento más recalcitrante contra la Revolución y el que se ha enriquecido más.

Sobre este terreno florecen «iniciativas» anexionistas, como la de crear a Havami, el estado 51 de la Unión, por cualquier medio posible, incluyendo el uso de la fuerza militar, fusionando los condados Monroe y Miami-Dade, de la Florida, y las provincias cubanas, un grotesco intento de un empresario de la Florida, nacido en La Habana, presentado en 2005 al Congreso de los Estados Unidos, para entrar a saco en la isla y, de paso, liquidar para siempre a su pueblo como fuente de rebeldía, y al país como ejemplo de dignidad y defensa de la soberanía, en un mundo donde estas cosas tratan de ser borradas de la memoria colectiva mediante la constante exaltación de las supuestas bondades de la globalización neoliberal, que es, por definición, antinacional y apátrida, como antinacional y apátrida es el capital que se nutre de mano de obra barata donde exista y alienta la «deslocalización» de las industrias, aunque esto signifique la ruina, el desempleo y la miseria para millones de sus compatriotas.

Perdida para siempre la inocencia en lo albores del siglo XXI, los residuos de la burguesía cubana exiliada y sus aliados cuasi delincuenciales, han arribado a la conclusión de que jamás podrán restaurar su dominio sobre las clases más humildes y los trabajadores cubanos sin la decisiva ayuda de una fuerza militar foránea, de fuertes mecanismos de coerción como los que dispone el gobierno de los Estados Unidos y sus clases dirigentes.

Llegados a esta dramática alternativa, puestos en un platillo de la balanza, de un lado, la nación, la soberanía, la independencia y la cultura nacional, y del otro, la posibilidad de poder dominar la isla, explotar a su pueblo, y enriquecerse sin pesadillas ni preocupaciones futuras, la burguesía cubanoamericana no ha dudado en optar por la última variante, aunque ello signifique la anulación definitiva de su patria natal y la subasta forzada de su nación de origen.

Pero la burguesía, de cualquier parte del mundo, como demostró Carlos Marx, no está para preocuparse por semejantes tonterías a las que no ha dudado nunca en llamar «sentimentaloides» y «anticuadas», cuando llega la hora de contar el *cash*. Mucho más la cubana, que es hoy, además, profundamente inculta y mediocre, vacilante, carente de raigambre simbólica y fuerza vital. La confirmación de lo dicho es sencilla: radica en que ha llegado a la conclusión de que solo mediante su suicidio histórico, como clase nacional, con su disolución voluntaria en el seno de una nación extranjera, logrará la solución definitiva a su dilema clasista, encontrará la única manera de vencer en la lucha de sus intereses contra los trabajadores cubanos, y hallará la única fórmula para poder implantar y mantener su dominio.

Las cosas, se ha visto, no son tan sencillas como se sueñan o se modelan en los seminarios internacionales convocados por generosas fundaciones norteamericanas, capaces de jurar, por su madrecita, que les interesa, de verdad, el futuro del pueblo cubano. A fin de cuentas, «el hombre propone y Dios dispone». Y el Ser Supremo para la burguesía cubana ha sido, es, y será, quien la amamanta, quien la acoja bajo su ala maternal, como hiciesen los Estados Unidos, cuando fue castigada por el pueblo debido a sus errores históricos. Y el gobierno norteamericano, más anglosajón, menos tropical, más pragmático, más calculador y oportunista, más inescrupuloso, si cabe, cuenta con información fidedigna acerca de la fortaleza de la Revolución Cubana, y aunque paga por torrentes de propaganda de baja estofa sobre Cuba y los cubanos, y por el aireo de «pruebas» sobre la inminente caída del gobierno, es evidente que no la consume.

La señal del Olimpo se ha concretado en una simple orden («Quieto en base, todo el mundo») capaz de frenar los júbilos apresurados de los borrachos miamenses de la Calle 8, que se disponían a una prolongada vigilia etílica esperando patrióticamente «la caída». De paso, se ha cortado, de momento, para júbilo de sus herederos, la erogación irresponsable de un puñado de exultantes paganinis patrióticos del «exilio histórico vertical» que abastecieron de whisky a cuanto connacional se ganó el vasito plástico con par de gritos de «abajo» y «que viva» en el estacionamiento del Versailles.

> Señores políticos del exilio y líderes comunitarios [de Miami] –ha resumido la situación el periodista Alejandro Armengol, del *Nuevo Herald*, en nota publicada el pasado 1ro. de septiembre en su blog, «Cuaderno de Cuba»– han quedado fuera del futuro de Cuba. No le echen la culpa al régimen de La Habana, ni siquiera a su «querido Presidente» George W. Bush. La responsabilidad es de ustedes. Demasiados años viviendo de espaldas a la realidad cubana. Ese país que ustedes ni se imaginan, esa nación que lleva años transformándose para bien o para mal, no los necesita[...] No niego que tuvieron oportunidades para cambiar, pero la soberbia y el desprecio les impidieron comprender que era imposible regresar al pasado.

Entre jeremiadas seniles de Orlando Bosch para *La Vanguardia*, de Barcelona, en las que reconoce que para hacer «algo» en la Cuba de hoy se necesitan «mercenarios» (y ya sabemos lo que Bosch entiende por «algo»), y lacrimógenos alegatos en *El País*, de España, de Oscar Arias, presidente de Costa Rica, a favor de la democracia en América Latina, y especialmente en Cuba, cuando en México acaba de realizarse, a la vista del mundo y del ilustre Señor Presidente tico, un megafraude charro con técnicas de Karl Rove, se mueve el bufo, la picaresca, y los ceremoniales de la Corte de los Milagros que el gobierno de los Estados Unidos moviliza cuando de intentar ablandar a la isla se trata.

Todo en vano, todo ya visto, todo gastado, las mismas zanahorias y el mismo garrote de siempre, o como dirían los españoles, «todo cutre y casposo»: sin novedad en el frente.

Se cierra el círculo: una clase social explotadora, desarraigada y dependiente de un imperio hostil a su patria original, termina renegando de ella y pidiendo su anexión, en nombre de... su patriotismo. Para ella, vale más dormir tranquila, que preocuparse de minucias tales como el culto a los ancestros, el cultivo de la lengua nacional o el desarrollo de una cultura propia, distintiva.

Se aleja la burguesía cubana, o mejor dicho, lo que queda de ella. Se pierde a lo lejos, en el horizonte nacional, embarcada en su último viaje, el sin retorno. El buque, por su tripulación y pasajeros, recuerda los de la flotilla del Mariel. Al timón, el fantasma de José Ignacio Rodríguez discute con el de Mas Canosa el rumbo más corto para cubrir cuanto antes las 90 millas, «no vaya a ser que los yumas se arrepientan a última hora y nos cierren las fronteras». Llevan bajo el brazo el acta de capitulación definitiva ante el imperio que nos anheló, cortejó, invadió y dominó durante más de dos siglos. Se le entregan, o mejor dicho, se le regalan casi jubilosamente, sin remordimientos ni escrúpulos de conciencia. Fueron ablandados con astucia y con mucho dinero. Un pueblo en Revolución también hizo lo suyo, alimentando sus miedos. La resistencia que opusieron a la anexión los que se marchan siempre fue simbólica, puro trámite para guardar las formas. Ya no hace falta, incluso, estorba esa magra hoja de parra que cubría las vergüenzas. Jorge Mañach, el último que creyó tenazmente en la burguesía cubana como depositaria de las virtudes patrias, la despide, lánguidamente, agitando un pañuelo blanco desde los arrecifes. Aunque murió lejos, él se queda. El pueblo le da la espalda a los que huyen: no hace falta despedirlos dos veces.

Ya lo habíamos hecho, para siempre, el primero de enero de 1959.

Cuba, la isla insurrecta, sigue en Revolución. Veremos quién se cansa primero.

ELIADES ACOSTA MATOS es director de la Biblioteca Nacional José Martí, de Cuba.

contexto histórico

Antecedentes históricos de la Alternativa Bolivariana para la América

SERGIO GUERRA VILABOY

En esa época feliz, yo consideraba toda la América española como la patria de mi nacimiento.

Vicente Rocafuerte
(1783-1847)

La propuesta de una Alternativa Bolivariana para la América (ALBA), esgrimida por el presidente Hugo Chávez Frías, tiene profundas raíces en la historia de este continente. Sus orígenes se remontan a la crisis definitiva del colonialismo español y portugués, a fines del siglo XVIII y principios del XIX. La aspiración de unir de alguna manera a los países de América Latina –denominación que sólo surgió a mediados del siglo XIX– se desarrolló desde entonces bajo el signo de las intervenciones y agresiones de las grandes potencias capitalistas y luego como parte de la lucha por su plena liberación, en la época de predominio del imperialismo norteamericano.

Al parecer, fue también un venezolano, Francisco de Miranda, el primer criollo que concibió un proyecto para la integración continental. Desde 1790 Miranda soñaba con una Hispanoamérica emancipada y unida, para cuyo objetivo redactó un Plan para la forma, organización y establecimiento de un gobierno libre e independiente en la América meridional. La idea de la unidad hispanoamericana de Miranda reaparece en 1797 cuando junto con José del Pozo y Sucre y Manuel José de Salas firma el Acta de París, documento que preveía la formación de un «cuerpo representativo continental», así como en su *Bosquejo de gobierno provisorio* (1801), donde propuso la creación de una asamblea hemisférica que «se denominará Dieta Imperial, y será la única responsable para legislar para toda la federación americana».[1]

Sin duda, en los años de la lucha independentista (1808-1826), la conciencia de una identidad hispanoamericana común y de la necesaria unión de las colonias que luchaban contra España estuvo muy extendida entre los patriotas levantados en armas contra la metrópoli. Así, por ejemplo, la primera junta de gobierno creada en Caracas el 19 de abril de 1810, a sólo una semana de su formación, dirigió una exhortación a los cabildos para «contribuir a la grande obra de la confederación americano española».[2] En Chile, Juan Martínez de Rozas se pronunciaba casi al mismo tiempo por la «unión de América» y la convocatoria de un «Congreso para establecer la defensa general»;[3] idea acogida enseguida por el sacerdote chileno Camilo Henríquez en un sermón (1811) y por el peruano-chileno, Juan Egaña, quien a solicitud de la junta de gobierno de la tierra austral elaboró un proyecto de declaración que señalaba: «Es muy difícil que cada pueblo por sí sólo sostenga [...] una soberanía aislada [...] Los pueblos de América necesitan que [...] se reúnan para la seguridad exterior contra los proyectos de Europa y para evitar las guerras entre sí».[4]

En fecha también temprana, el 20 de julio de 1811, la junta gubernativa de Asunción del Paraguay envió una nota a su similar de Buenos Aires, presumiblemente redactada por el doctor José Gaspar Rodríguez de Francia, donde consideraba que: «La confederación de esta provincia con las demás de nuestra América [...] debía ser de un interés más inmediato, más asequible, y por lo mismo más natural, como de pueblos no sólo del mismo origen, sino que por el enlace de particulares recíprocos intereses parecen destinados por la naturaleza misma a vivir y conservarse unidos.»[5] Por su parte, el secretario de la junta de mayo de Buenos Aires, Mariano Moreno, era también partidario de la creación de una especie de sistema federativo en la América española: «Reparad en la gran importancia de la unión estrechísima de todas

---

[1] Citado por Ricaurte Soler: *Idea y cuestión nacional latinoamericana. De la independencia a la emergencia del imperialismo*, México, Siglo XXI, 1980, p. 44.

[2] Citado por J. M. Yepes: *Del Congreso de Panamá a la Conferencia de Caracas 1826-1934. El genio de Bolívar a través de la historia de las relaciones internacionales*, Caracas, Talleres de Cromotip, 1955, t. I, p. 29.

[3] En Bartolomé Mitre: *Historia de San Martín y de la emancipación sudamericana*, Buenos Aires, Talleres Gráficos Argentinos Rosso, 1950, t. I, p. 265.

[4] En A. Glinkin: *El latinoamericanismo contra el panamericanismo. (Desde Simón Bolívar hasta nuestros días)*, Moscú, Editorial Progreso, 1984, p. 9.

[5] Citado por Soler: ob. cit., p. 55.

las provincias de este continente: unidas impondrán respeto al más pujante; divididas pueden ser la presa de la ambición».[6]

A su vez, la Constitución del Reino de Quito, promulgada en 1812, dejaba «a la disposición y acuerdo del congreso general todo lo que tiene trascendencia al interés público de toda la América, o de los estados de ella que quieran confederarse»;[7] mientras el sacerdote mexicano fray Servando Teresa de Mier proponía en ese mismo año: «Un congreso, pues, junto al istmo de Panamá, árbitro único de la paz y la guerra en todo el continente colombiano, no sólo contendría la ambición del Principino del Brasil, y las pretensiones que pudiesen formar los Estados Unidos, sino a la Europa toda».[8] Incluso, el 8 de octubre de 1823, el diputado Juan de Dios Mayorga planteó al Congreso de México que «se diga al gobierno que inmediatamente invite a todos los continentales y aún al de la república de Haití, proponiéndole la reunión de un congreso compuesto de representantes de cada gobierno».[9]

También el prócer Bernardo O'Higgins había abogado en su Manifiesto del 6 de mayo de 1818, en calidad de Director Supremo de Chile, por «instituir una Gran Federación de Pueblos de América»,[10] plan que compartiera el hondureño José Cecilio del Valle en su artículo «Soñaba el Abad de San Pedro; y yo también sé soñar», del 23 de febrero de 1822, donde preveía un Congreso General en Costa Rica o León (Nicaragua) que sentara las bases de «la federación grande que debe unir a todos los estados de América», pues como escribiera con anterioridad: «Es una la voz desde el cabo de Hornos hasta Texas».[11] Siguiendo su ideario, la Asamblea Nacional Constituyente de las Provincias Unidas de Centro América acordó, el 6 de noviembre de 1823, que se excitara

---

[6] Citado por Joaquín Santana Castillo: «Utopía y realidad de la integración latinoamericana: una reflexión desde su historia», *Utopía y experiencia en la idea americana*, La Habana, Imagen Contemporánea, 1999, p. 80.

[7] Ibíd.

[8] Ibíd., p. 47. El subrayado en el original. Obsérvese el uso que hace Mier de la expresión mirandina «continente colombino», como sinónimo de Hispanoamérica, y su preocupación por el papel futuro de los Estados Unidos.

[9] En Soler: ob. cit., p. 160. El propio autor menciona a un ministro de Iturbide, José Manuel de Herrera, quien un año antes había informado al propio Congreso del Imperio Mexicano que «estamos en amistosa correspondencia con los estados independientes del Perú, de Chile y Guayaquil, y que hallándose estos en consonancia con Buenos Aires y Colombia, forman un sólo pueblo las Américas del Sur y del Septentrión».

[10] Citado por Alejandro Witker: *O'Higgins. La herencia del Libertador,* Jalisco, Universidad de Guadalajara, 1978, p. 52.

[11] En Daniel Camacho Monge: «Integración centroamericana: El "proyecto popular" a la luz del pensamiento bolivariano», en Jorge Núñez Sánchez (Editor), *Integración y política exterior,* Quito, Editora Nacional-ADHILAC, 1992, p. 189; y Soler, ob. cit., pp. 48-49. Ese texto de Del Valle incluye una nota aclaratoria importante: «No hablo de toda América. Hablo de lo que se llama América Española» (*loc. cit.*, p. 212).

a los cuerpos deliberantes de América a una confederación general, fijando los puntos que debían someterse a la consideración de los gobiernos independientes establecidos en las antiguas colonias de España.[12] Otra destacada personalidad de la generación de la independencia que abogó por la formación de una alianza de los nuevos Estados fue el brasileño José Bonifacio Andrade e Silva, quien la consideraba «necesaria para que todos y cada uno de ellos pueda conservar intactas su libertad e independencia profundamente amenazados por las irritantes pretensiones de Europa».[13]

A fines de 1816, el Director Supremo de Buenos Aires, Juan Martín de Pueyrredón, en instrucciones reservadas a José de San Martín para la liberación de Chile, le había solicitado el envío de un «diputado al congreso general de las Provincias Unidas, a fin de que se constituya una forma de gobierno general, que de toda la América unida en identidad de causas, intereses y objeto, constituya una sóla nación».[14] El propio San Martín, en su condición de Protector de la Libertad del Perú, se manifestó más tarde partidario de la unión de las antiguas colonias españolas, tal como se desprende de los documentos de su histórica entrevista con Bolívar en Guayaquil:

> El Protector aplaudió altamente la Federación de los Estados Americanos como la base esencial de nuestra existencia política. Le parece que Guayaquil es muy conveniente para residencia de la Federación. Cree que Chile no tendrá inconveniente en entrar en ella; pero sí Buenos Aires por falta de unión y de sistema. Ha manifestado que nada desea tanto como el que la Federación de Colombia y el Perú subsista aunque no entren otros Estados.[15]

Además, su antiguo consejero, Bernardo Monteagudo, redactó en 1825 en Lima un programa completo de organización continental titulado Ensayo sobre la necesidad de una Federación General entre los Estados hispanoamericanos. En este texto, elaborado sin duda como parte de los preparativos orientados por Bolívar para el proyectado Congreso de Panamá, Monteagudo anotó:

> Independencia, paz y garantías: estos son los grandes resultados que debemos esperar de la asamblea continental, según se ha manifestado rápidamente en este ensayo. Su idea madre es la

---

[12] Luis Cardoza y Aragón: *Guatemala, las líneas de su mano*, México, Fondo de Cultura Económica, 1955, pp. 216-217.

[13] Citado por Olga Velázquez R.: «Aportaciones del movimiento bolivariano a la organización internacional», *Nuestra América*, México, Universidad Nacional Autónoma de México, septiembre-diciembre de 1982, no. 6, p. 57.

[14] En Soler: ob. cit., p. 79.

[15] «Relación enviada al Intendente de Quito, General A. J. de Sucre» fechada en Guayaquil el 29 de julio de 1822, en Vicente Lecuna: *La entrevista de Guayaquil. Restablecimiento de la verdad histórica*, Caracas, Academia Nacional de la Historia de Venezuela, 1948, p. 111.

misma que ahora nos ocupa: formar un foco de luz que ilumine a la América; crear un poder que una las fuerzas de catorce millones de individuos; estrechar las relaciones de los americanos, uniéndolos por el gran lazo de un congreso común, para que aprendan a identificar sus intereses, y formar a la letra una sola familia.[16]

Pero fue Simón Bolívar quien más lejos llegó en los planes integracionistas de lo que llamó la América Meridional, para diferenciarla de la del Norte, a los cuales ya aludió en su Manifiesto de Cartagena de 1812 y en la Contestación de un americano meridional o Carta de Jamaica del 6 de septiembre de 1815, así como en diversas misivas, entre ellas las enviadas a Juan Martín de Pueyrredón, O'Higgins y San Martín como jefes de los gobiernos del Río de la Plata, Chile y Perú respectivamente, proponiéndoles la asociación de cinco estados de la América Hispana. Así, al primero de estos mandatarios escribió desde Angostura en 1818:

> Luego que el triunfo de las armas de Venezuela complete la obra de su independencia o que circunstancias más favorables nos permitan comunicaciones más frecuentes y relaciones más estrechas, nosotros nos apresuraremos con el más vivo interés a entablar por nuestra parte, el pacto americano, que formando de todas nuestras repúblicas un cuerpo político, presente la América al mundo con su aspecto de majestad y grandeza sin ejemplo en las naciones antiguas. La América así unida, si el cielo nos concede ese deseado voto, podrá llamarse la reina de las naciones, la madre de las repúblicas. Yo espero que el Río de la Plata, con su poderoso influjo, cooperará eficazmente a la perfección del edificio político a que hemos dado principio desde el primer día de nuestra regeneración.[17]

En particular, su estrategia de unidad y del futuro Congreso de Panamá aparece bien perfilada en este conocido texto de su famosa Carta de Jamaica:

> Yo deseo más que otro alguno ver formar en América la más grande nación del mundo, menos por su extensión y riquezas que por su libertad y gloria.
>
> [...]

---

[16] Bernardo Monteagudo: *Ensayo sobre la necesidad de una Federación General entre los Estados hispanoamericanos*, México, Universidad Nacional Autónoma de México, 1979, p. 14.

[17] Citado por Norberto Galazo: *Seamos libres y lo demás no importa nada. Vida de San Martín*, Buenos Aires, Ediciones Colihue, 2000, pp. 274-275.

> Es una idea grandiosa pretender formar de todo el mundo nuevo una sola nación con un solo vínculo que ligue sus partes entre sí y con el todo. Ya que tiene un origen, una lengua, unas costumbres y una religión, debería por consiguiente tener un solo gobierno que confederase los diferentes Estados que hayan de formarse. [...] ¡Qué bello sería que el Istmo de Panamá fuese para nosotros lo que el de Corinto para los griegos! Ojalá que algún día tengamos la fortuna de instalar allí un augusto congreso [...][18]

En el mismo documento, Bolívar dejó constancia de su concepción sobre la singularidad hispanoamericana al señalar que «nuestro pueblo no es el europeo ni el Americano del Norte, que más bien es un compuesto de África y América que una emanación de Europa».[19]

Otra muestra de la coherencia del pensamiento bolivariano en esta dirección puede encontrarse en la proclama que emitió el 12 de junio de 1818 desde su cuartel en Angostura a los habitantes del Río de la Plata tras conocer el triunfo de San Martín en Maipú:

> Vuestros hermanos de Venezuela han seguido con vosotros la gloriosa carrera que desde el 19 de abril de 1810 ha hecho recobrar a la América la existencia política de la que la habían privado los tiranos de España. [...] En todo hemos sido iguales.
>
> [...]
>
> ¡Habitantes del Río de la Plata! La República de Venezuela, aunque cubierta de luto, os ofrece su hermandad; y cuando cubierta de laureles haya extinguido los últimos tiranos que profanan su suelo, entonces os convidará a una sola sociedad, para que nuestra divisa sea unidad en la América Meridional.[20]

La primera realización práctica de las ideas confederativas de Bolívar fue la fundación, poco después, de la República de Colombia (17 de diciembre de 1819) que unió a las antiguas colonias españolas de Venezuela y Nueva Granada, piedra angular de sus aspiraciones de integración hispanoamericana. La unión en un solo Estado de Nueva Granada y Venezuela era un viejo sueño del Libertador, explícito desde diciembre de 1813 en carta al general Santiago Mariño:

> Apenas Venezuela unida con la Nueva Granada podría formar una nación que inspire a las otras la decorosa consideración que le es debida. Nuestra seguridad y la reputación del gobierno

---

[18] Simón Bolívar: *Obras Completas*, Caracas, Librería Piñango, [s.f.], t. I, pp. 169-172.
[19] Ibíd.
[20] Tomado de Norberto Galazo: ob. cit., p. 254.

independiente nos impone [...] el deber de hacer un cuerpo de nación con la Nueva Granada. Divididos seremos más débiles, menos respetados de los enemigos y neutrales. La unión bajo un solo gobierno supremo, hará nuestra fuerza, y nos hará formidables a todos.[21]

Después de 1821 los territorios de Santo Domingo, Panamá y Quito solicitaron su inclusión en la «*gran*» Colombia bolivariana, aunque la incorporación de la isla caribeña no pudo llegar a materializarse debido a la ocupación de la parte española por los ejércitos de Haití. A este proyecto siguieron otros más ambiciosos, como el de la malograda Confederación de los Andes –concebida para agrupar todas las colonias españolas liberadas por sus ejércitos.

Sin duda, fue el Congreso de Panamá la máxima expresión de los esfuerzos de Bolívar para la integración continental. El primer paso concreto en esta dirección fue dado por el Libertador en octubre de 1821, cuando despachó misiones diplomáticas especiales para concertar tratados de Unión, Amistad, Liga y Confederación Perpetua entre las naciones recién emancipadas de España. Como resultado de estas gestiones, Colombia firmó acuerdos de este tipo con Perú (1822), Chile (1822), Buenos Aires (1823) –sólo de amistad–, México (1823) y América Central (1825). Estos pactos estipulaban la ayuda mutua y acciones conjuntas para rechazar la amenaza a la independencia por parte de España o cualquier otra potencia e incluían, con excepción del firmado con Buenos Aires, cláusulas similares en su contenido referidas al futuro congreso hispanoamericano. Otros apartados de los tratados se referían al mutuo otorgamiento de ventajas comerciales, igualdad de tratamiento para los nacionales de cada país y para la circulación de personas y mercancías.

Dos días antes de la batalla de Ayacucho, el 7 de diciembre de 1824, Bolívar envió desde Lima a los gobiernos de Colombia y México, y más adelante a los de Chile, el Río de la Plata y Centroamérica, las invitaciones oficiales al Congreso Anfictiónico de Panamá. En las primeras de ellas afirmaba:

> Después de quince años de sacrificios consagrados a la libertad de América por obtener el sistema de garantías que, en paz y guerra, sea el escudo de nuestro nuevo destino, es tiempo ya de que los intereses y relaciones que unen entre sí a las repúblicas americanas, antes colonias españolas, tengan una base fundamental que eternice, si es posible, la duración de estos gobiernos.
>
> Entablar aquel sistema y consolidar el poder de este gran cuerpo político, pertenece al ejercicio de una autoridad sublime que dirija

---

[21] Simón Bolívar: ob. cit., t. I, p. 81.

la política de nuestros gobiernos, cuyo influjo mantenga la uniformidad de sus principios, y cuyo nombre solo calme nuestras tempestades. Tan respetable autoridad no puede existir sino en una asamblea de plenipotenciarios nombrados por cada una de nuestras repúblicas, y reunidos bajo los auspicios de la victoria obtenida por nuestras armas contra el poder español.[22]

Las principales instrucciones impartidas por Bolívar como primer mandatario de Colombia a su delegación, apuntaban a la búsqueda de la unidad de los nuevos Estados hispanoamericanos: renovación del pacto de unión, liga y confederación; determinación del contingente de fuerzas terrestres y marítimas de la confederación; declaración de la Asamblea del Istmo y la efectividad de su arbitraje; tratados de comercio y navegación; y la independencia de Cuba y Puerto Rico. A estas proposiciones, el Libertador le añadió un plan combinado de hostilidades contra España para obligarla a reconocer la independencia de sus ex colonias.

En la convocatoria al tratado de Unión entregada por Bolívar a su diplomático Joaquín Mosquera, se puede leer:

la asociación de los cinco grandes Estados de América para formar «una nación de repúblicas», objetivo tan sublime en sí mismo que no dudo vendrá a ser motivo de asombro para Europa. La imaginación no puede concebir sin pasmo la magnitud de un coloso que, semejante a Júpiter de Homero, hará temblar la tierra de una ojeada. ¿Quién resistirá a la América reunida de corazón, sumisa a una ley y guiada por la antorcha de la libertad.[23]

Ahora bien, la estrategia del Libertador para la reunión de Panamá quedó más claramente definida después en carta desde Arequipa (Perú), del 30 de mayo de 1825, al general Francisco de Paula Santander, donde además manifestaba su inconformidad con la invitación cursada por el vicepresidente de Colombia a Estados Unidos para participar en el Congreso de las Repúblicas de la América Meridional:

He visto el proyecto de federación general desde los Estados Unidos hasta Haití. Me ha parecido malo en las partes constituyentes, pero bello en las ideas y en el designio. Haití, Buenos Aires y los Estados Unidos tienen cada uno de ellos sus inconvenientes. México, Guatemala, Colombia, el Perú y Chile y el Alto Perú pueden hacer una soberbia federación [...] la que tiene la ventaja de ser homogénea, compacta y sólida. Los americanos del Norte y los de Haití, por sólo ser extranjeros tienen el carácter de heterogéneos

---

[22] Simón Bolívar: ob. cit., t. II, p. 148.
[23] Tomado de Galazo: ob. cit., p. 398.

para nosotros. Por lo mismo, jamás seré de opinión que los convidemos para nuestros arreglos americanos.[24]

Hay que aclarar que el proyecto bolivariano de unidad estaba diseñado exclusivamente para las antiguas colonias españolas. La exclusión del débil y controvertido gobierno de Buenos Aires –que en la práctica no tenía jurisdicción sobre las provincias del extinguido Virreinato del Río de la Plata– obedecía a razones coyunturales y la explica el propio Bolívar en esa misma carta: «Buenos Aires no es más que una ciudad anseática sin provincia» (sic).[25]

En definitiva, el Congreso Anfictiónico de Panamá se reunió del 22 de junio al 15 de julio de 1826 con la asistencia de delegaciones de Perú, Centroamérica, México y Colombia –territorios que actualmente comprenden doce repúblicas latinoamericanas–, así como de Gran Bretaña y Holanda en calidad de observadores.

Pese a que en el cónclave de Panamá hubo resistencias de algunas delegaciones a aceptar la propuesta bolivariana de formar un ejército continental hispanoamericano, respuesta natural a los proyectos agresivos de la Santa Alianza favorecidos con la restauración del absolutismo en España, al final se aceptó una tácita coordinación como parte de los cuatro tratados signados. El más importante de ellos fue el de Unión, Liga y Confederación Perpetua –abierto a la firma de los restantes países de Hispanoamérica–, «cual conviene a naciones de un origen común, que han combatido simultáneamente por asegurarse los bienes de libertad e independencia».[26]

Este tratado tenía 32 artículos y uno de ellos especificaba: «El objeto de este pacto perpetuo será sostener en común, defensiva y ofensivamente si fuese necesario, la soberanía e independencia de todas y cada una de las potencias confederadas de América contra toda dominación extranjera».[27] El propio acuerdo también afirmaba el carácter irrevocable de la independencia hispanoamericana, declaraba la solidaridad de las naciones firmantes y concedía la ciudadanía común a sus habitantes, pero más tarde no fue ratificado por los gobiernos representados en Panamá, con excepción de Colombia. En el cónclave hubo desacuerdos entre las delegaciones, referidos, entre otras cuestiones, a los alcances de la alianza que se proponía y sobre todo por el controvertido tema de los límites de los nuevos estados.

Los resultados de Panamá fueron duramente criticados por Bolívar. En carta a Páez, del 8 de agosto de 1826, el Libertador escribió: «El Congreso de Panamá, institución que debiera ser admirable si tuviera más eficacia, no es otra cosa que

---

[24] Véase Simón Bolívar: ob. cit., t. II, p. 148.
[25] Ibíd.
[26] En Manuel Medina Castro: *Estados Unidos y América Latina siglo XIX*, La Habana, Casa de las Américas, 1968, p. 173.
[27] Tomado del *Diccionario de Historia de Venezuela*, Caracas, Fundación Polar, 1988, t. I, p. 816.

aquel loco griego que pretendía dirigir desde una roca los barcos que navegaban. Su poder será una sombra y sus decretos meros consejeros: nada más».[28] Y al general Briceño Méndez le precisa, el 14 de septiembre del mismo año:

> He leído aquí los tratados celebrados en Panamá y voy a darle a Ud. francamente mi opinión. El convenio sobre contingentes de tropas [...] es inútil e ineficaz. [...] La traslación de la asamblea a México va a ponerla bajo el inmediato influjo de aquella potencia, ya demasiado preponderante, y también bajo el de los Estados Unidos del Norte.[29]

En el Congreso se frustró también, por la abierta oposición de Inglaterra y los Estados Unidos, no sólo la aspiración de Bolívar de eliminar el tráfico de esclavos en América, sino también su plan de independencia para Cuba y Puerto Rico dirigidos a su posterior integración en la gran confederación hispanoamericana. Pero Bolívar no pudo llevar adelante estos propósitos por la postura hostil de los Estados Unidos, tal como se lo confesó sin tapujos a una delegación de cubanos que lo visitó en Caracas (1827) en busca de su apoyo para la emancipación de la isla:

> No podemos chocar con el Gobierno de los Estados Unidos, quien unido al de Inglaterra, está empeñado en mantener la autoridad de España en las islas de Cuba y Puerto Rico, no obstante que esa determinación nos ha de mantener en constante alarma y nos causará gastos crecidos, a fin de repeler cualquier tentativa desde esas islas por nuestro tenaz enemigo.[30]

El cubano José Aniceto Iznaga, que recogió para la historia estas acusaciones del Libertador, añade este comentario a su testimonio de la entrevista con Bolívar:

> De esta manera se frustró una empresa tan magna como las glorias del héroe que la concibió: la grandiosa obra de la redención americana. La República del Norte de América, dirigida por su Presidente John Quincy Adams, se opuso a la invasión de Cuba, y su poder e influencia destruyeron la expedición.[31]

La liberación de las dos islas antillanas era la clave del proyecto bolivariano de agrupación continental, pues se realizaría con el concurso de

---

[28] Simón Bolívar: ob. cit., t. II, p. 459.
[29] Ibíd., p. 471.
[30] José Aniceto Iznaga: «Por qué Cuba y Puerto Rico no fueron liberados por Bolívar. El Congreso de Panamá de 1826», en Emilio Roig de Leuchsenring: *Bolívar, el Congreso Interamericano de Panamá en 1826, y la independencia de Cuba y Puerto Rico*, La Habana, Oficina del Historiador de la Ciudad, 1956, p. 157.
[31] Ibíd.

varios países creando sólidos fundamentos para la unidad de acción de los pueblos de la «América Meridional».

Cerrado en 1826 el ciclo independentista de principios del siglo XIX, la búsqueda de la unidad del continente colombiano –como lo había denominado Miranda–, perdió vigor y consistencia, aunque nunca desapareció totalmente. Eso explica que fracasado el proyecto integrador en el Congreso de Panamá, las ideas de unidad hispanoamericana solo serían retomadas ocasionalmente a lo largo del siglo XIX, sobre todo cuando un grave peligro amenazaba la soberanía e independencia de los países de América Latina. Intentos estos que, por otra parte, nunca lograron consolidarse por el predominio de heterógeneas fuerzas centrífugas (internas y externas) y las dificultades insalvables derivadas de querer impulsar grandes unidades estatales sobre estructuras socio-económicas precapitalistas, incapaces de proporcionar las bases objetivas para una sólida unidad hispanoamericana.

El primer intento de significación para revivir las ideas integracionistas de Bolívar, tras la muerte del Libertador (1830), correspondió al gobierno peruano, que en 1846 logró realizar el primer congreso continental posterior a Panamá. La cita se concretó ante los preparativos de la expedición de Juan José Flores contra Ecuador, auspiciados por la corona española, y el estallido de la guerra de Estados Unidos contra México en 1845. Los países representados en la capital peruana, Perú, Chile, Ecuador, Bolivia y Nueva Granada, aprobaron un tratado de confederación que decía en su preámbulo:

> Ligadas por los vínculos del origen, del idioma, la religión y las costumbres, por su posición geográfica, por la causa común que han defendido, por la analogía de sus instituciones y, sobre todo, por sus comunes necesidades y recíprocos intereses, no pueden considerarse sino parte de una misma nación, que debe mancomunar sus fuerzas y sus recursos para remover todos los obstáculos que se oponen al destino que les ofrecen la naturaleza y la civilización.[32]

Más adelante, las continuas agresiones del expansionismo norteamericano, reveladas en toda su crudeza con el robo a México de más de la mitad de su territorio (1848) y las actividades de los estadounidenses en Centroamérica guiados por William Walker a mediados de la década del cincuenta, dieron un nuevo aliento a los esfuerzos de unidad. Fue entonces cuando el pensador chileno Francisco Bilbao proclamó que la América Latina –era uno de los primeros en utilizar esta denominación– tenía que integrarse, pues en el Norte desaparecía la civilización y emergía la barbarie.

---

[32] Citado por Yepes: ob. cit., p. 150.

En este contexto, se firmaron dos pactos: uno, el Tratado Continental concretado en Santiago de Chile en 1856, y el Tratado de Alianza y Confederación acordado ese mismo año en Washington por los representantes de varios gobiernos latinoamericanos. En este último se preveía la creación de una Confederación de Estados Hispanoamericanos, propuesta por el diplomático guatemalteco Antonio José de Irisarri, empeñado en crear un frente común –para poner fin a las aventuras depredadoras de Walter– basado en los siguientes argumentos:

> Si tal alianza hubiera existido cuando Texas quiso separarse de México para anexarse a los Estados Unidos y cuando estos sin razón alguna declararon la guerra a México para quitarle la mitad de su territorio, México se hallaría hoy como estaba antes de estos acontecimientos, pues ni aquella anexión ni aquella guerra hubieran tenido lugar; porque, así como es fácil hacer la guerra a una nación menos fuerte, es dificilísimo hacerla a medio mundo al mismo tiempo; y en verdad que ni los Estados Unidos, ni la Inglaterra tienen la marina y los ejércitos necesarios para bloquear a un mismo tiempo todos los puertos de las costas hispanoamericanas y para invadir tan diversos y lejanos países. Puede ser que las repúblicas hispanoamericanas que se hallan más distantes de los Estados Unidos crean muchos que están libres de todo riesgo, y que por esto no tiene necesidad de aliarse contra un enemigo común, no habiéndolo desde que la guerra con España tuvo fin, pero estos hombres se engañan miserablemente, porque ni son solos los americanos del norte los temibles, ni estos limitan sus aspiraciones a los países que tienen más cerca.[33]

La oleada colonialista de los sesenta –intervención francesa en México, agresión española a los países del Pacífico sudamericano y recolonización de Santo Domingo– compulsó otra vez la búsqueda de la unidad continental. En enero de 1864 el gobierno peruano invitó a un nuevo congreso, que fue el último gran intento de unidad hispanoamericana, celebrado en Lima desde noviembre de ese año hasta mayo de 1865.

En la convocatoria, redactada por el ministro peruano de Relaciones Exteriores, Juan Antonio Ribeyro, se expresaba:

> cuando se concluyó en Ayacucho la guerra con la Península Española, se pensó en la reunión de un Congreso […] No se pudo entonces, por accidentes invencibles, llevar á cabo la idea, y lo mismo ha sucedido posteriormente […] Los Estados Americanos deben buscarse […] para darnos la respetabilidad que tanto hemos menester, para impedir los

---

[33] En Yepes: ob. cit., p. 195.

movimientos y trastornos que tanto nos desacreditan, para cambiar con facilidad nuestros frutos, para ayudarnos en el desenvolvimiento de la moral social y para frustrar, si los hubiere, proyectos de dominación.[34]

En la década del ochenta, con el advenimiento del panamericanismo imperialista promovido por los Estados Unidos, prácticamente terminaron los esfuerzos gubernamentales latinoamericanos por conseguir la unidad continental siguiendo la tradición bolivariana. Era la época de emergencia del imperialismo norteamericano, cuando el gobierno de Washington iniciaba una violenta ofensiva expansionista contra los países de América Latina y el Caribe, combinando los viejos métodos colonialistas con las más modernas formas de penetración del capital monopolista.

Ante la brutal acometida de los Estados Unidos, José Martí, casi al finalizar el siglo XIX, retomó y enriqueció el ideal bolivariano de unidad, precisamente cuando este comenzaba a ser desvirtuado por el panamericanismo diseñado por aquel. El concepto martiano de «Nuestra América» no se limitaba sólo a las antiguas colonias de España, algo común a todos los intentos y propuestas anteriores, pues incluyó a la totalidad de los países al sur del río Bravo salidos del colonialismo y enfrentados a la voracidad de las grandes potencias y en particular de Norteamérica. La idea de una comunidad latinoamericana comenzó a figurar como sinónimo de integración continental. Para Martí, esta unidad no dependía exclusivamente de un simple parentesco cultural o lingüístico, sino de una profunda identificación surgida de un pasado y un presente común de luchas –primero contra el colonialismo europeo, después contra el expansionismo norteamericano– además de las mismas aspiraciones, intereses, problemas y destinos históricos.

Al proclamar ante el creciente dominio norteamericano la tesis de la integración continental, Martí dio nuevas proyecciones al legado histórico de Bolívar y otras figuras cimeras de la primera independencia de América Latina. Desde que Martí lanzara este vibrante alegato a la unidad de nuestros pueblos, muchos acontecimientos, de diverso signo, han tenido lugar. Pero la integración latinoamericana, en su enorme pluralidad, riqueza y matices, sigue siendo hoy, como ayer, una hermosa utopía, al mismo tiempo que una apremiante necesidad histórica.

Ahora, más allá de cualquier diferencia secundaria, es la lucha común por la supervivencia, frente a un mundo unipolar cada día más injusto, lo que debe hermanar a todos los países de América Latina y el Caribe en busca de la total soberanía y su completa independencia. Por eso, el apóstol de Cuba, frente a la agresividad de los Estados Unidos, contrapuso la estrategia de la unidad latinoamericana, fundamentada en la identidad histórica de nuestros pueblos:

Pero ¿qué haremos, indiferentes, hostiles, desunidos?, ¿qué haremos para dar todos más color a las dormidas alas del insecto? Por primera

---

[34] Tomado de Apolinar Díaz-Callejas: *Colombia-Estados Unidos. Entre la autonomía y la subordinación. De la independencia a Panamá*, Santa Fe de Bogotá, Planeta, 1997, p. 345.

vez me parece buena una cadena para atar, dentro de un cerco mismo, a todos los pueblos de mi América. Pizarro conquistó al Perú cuando Atahualpa guerreaba a Huáscar; Cortés venció a Cuauhtémoc porque Xicontencatl lo ayudó en su empresa; entró Alvarado en Guatemala porque los quicheés rodeaban a los zutijiles. Puesto que la desunión fue nuestra muerte, ¿qué vulgar entendimiento, ni corazón mezquino, ha menester que se le diga que de la unión depende nuestra vida?[35]

Al proclamar ante el creciente dominio norteamericano la tesis de la integración continental, Martí dio nuevas proyecciones al legado histórico de Bolívar. Sin duda, la propuesta del presidente Hugo Chávez Frías, de construir la Alternativa Bolivariana para la América –frente a las pretensiones de los Estados Unidos de imponer en todo el hemisferio el Área de Libre Comercio para las Américas–, acogida con todo calor por la Revolución Cubana y el presidente Fidel Castro, se inscribe también en este empeño de retomar y actualizar el sueño del Libertador y darle cima en el siglo XXI.

SERGIO GUERRA VILABOY es Doctor en Filosofía por la Universidad de Leipzig, profesor titular y jefe del Departamento de Historia de la Universidad de La Habana, y secretario ejecutivo de la Asociación de Historiadores Latinoamericanos y del Caribe (ADHILAC).

---

[35] José Martí: «Guatemala», *Obras completas*, La Habana, Editorial Lex, 1946, t. II, p. 206.

Cuándo, cómo y por qué surge el Foro de São Paulo*

ROBERTO REGALADO

El Foro de São Paulo es un agrupamiento integrado por más de cien partidos y movimientos políticos de la izquierda latinoamericana y caribeña. Durante sus dieciséis años de vida, el Foro ha realizado doce Encuentros en plenaria en siete países de la región,[1] un promedio de tres reuniones anuales de su Grupo de Trabajo, numerosos seminarios y talleres, varios intercambios con fuerzas políticas de Norteamérica, Europa, Asia, África y Medio Oriente, y múltiples declaraciones y acciones de apoyo y solidaridad con sus miembros, y con las causas populares en otras áreas del mundo.

La característica singular del Foro de São Paulo es su composición política e ideológica plural, que abarca a todas las corrientes socialistas y no socialistas de la izquierda latinoamericana y caribeña. Este hecho sin precedente alguno lo convierte en un escenario privilegiado de los debates, polémicas y enfrentamientos contemporáneos sobre los objetivos, estrategias y tácticas de la lucha popular. Por ese motivo, la historia del Foro nos ayuda a conocer el contexto, las condiciones, el contenido y los sujetos del proceso de «búsqueda de alternativas» –frase acuñada en los últimos años que refleja las incertidumbres y divergencias existentes sobre cómo construir el futuro– en que se encuentra inmersa la izquierda en la región.

---

* Las ideas expuestas en este trabajo forman parte de un libro en preparación cuyo título provisional es *Encuentros y desencuentros de la izquierda latinoamericana en el Foro de São Paulo*, que será publicado en 2007, por la editorial Ocean Sur.
[1] Los Encuentros del Foro de São Paulo se han celebrado en: São Paulo, Brasil (1990); ciudad de México, México (1991); Managua, Nicaragua (1992); La Habana, Cuba (1993); Montevideo, Uruguay (1995); San Salvador, El Salvador (1996); Porto Alegre, Brasil (1997); ciudad de México, México (1998); Managua, Nicaragua (2000); La Habana, Cuba (2001); Antigua Guatemala, Guatemala (2002); y São Paulo, Brasil (2005).

Debido a la singularidad y la importancia de esta característica del Foro, el presente artículo hace énfasis en el análisis de cómo se conformó su identidad pluralista.

La influencia del contexto internacional

A mediados de 1990, la situación internacional era dominada por el impacto del desmoronamiento del bloque socialista europeo y la crisis terminal de la propia Unión de Repúblicas Socialistas Soviéticas (URSS), que cerró la etapa histórica caracterizada por la bipolaridad, es decir, por la división del mundo en dos sistemas sociales antagónicos. El fin de la bipolaridad dejaba el terreno libre al imperialismo, en particular, al norteamericano, para ampliar y profundizar su dominación hasta los más remotos confines del planeta. El capitalismo proyectaba de sí una imagen omnipotente, engalanada con toda una mitología construida en torno a la «globalización» y a la «Revolución Científico Técnica». La globalización, supuestamente, era una fuerza incontrolable que obligaba a la humanidad a subordinarse a un «Nuevo Orden Mundial» regido por el neoliberalismo. Como complemento a esa seudoteoría, se le atribuía a la llamada Revolución Científico Técnica el don de garantizarle al capitalismo vida y prosperidad eternas en el Norte y, quizás, también en aquellos países del Sur que cumplieran, a cabalidad y con premura, el recetario neoliberal.

En la medida en que la *perestroika*, la *glasnost* y la nueva mentalidad de Mijail Gorbachov apuntaban a un reordenamiento del mundo, desde finales de la década de 1980, en la izquierda latinoamericana y caribeña proliferaban las convocatorias a conferencias, seminarios, talleres y reuniones, con el fin de analizar las causas y consecuencias de los cambios en curso, y descifrar cuál sería su impacto en las condiciones y los sujetos de las luchas populares en la región. Una de esas convocatorias fue la realizada por el Partido de los Trabajadores de Brasil (PT) para celebrar, del 2 al 4 de julio de 1990, el Encuentro de Partidos y Organizaciones de Izquierda de América Latina y el Caribe. Entre tantas iniciativas similares, esta fue la que tuvo la mayor respuesta porque estaba avalada por el prestigio acumulado durante sus diez años de existencia por el PT, un partido nacido de la convergencia de combativos movimientos populares, que cosechó resultados sorprendentes en los comicios del 15 de noviembre de 1989, incluido el paso a la segunda vuelta, efectuada el 17 de diciembre, de su candidato, Luiz Inácio Lula da Silva, en la primera elección presidencial directa realizada en Brasil después de 25 años de dictadura. Aunque Lula fue derrotado en esa elección, la movilización de masas lograda durante su campaña y la alta votación recibida, tanto en la primera vuelta, como en la segunda, resaltan, junto a la participación del Frente Democrático Nacional en la elección mexicana de julio de 1988 y a la del Frente Amplio en la elección uruguaya de noviembre de 1989, entre los acontecimientos que abrieron la presente etapa de lucha política y electoral de la izquierda latinoamericana.

Meses después de las elecciones brasileñas de 1989, del 31 de mayo al 3 de junio de 1990, se efectuó el VII Encuentro Nacional del PT. Así caracteriza Wladimir Pomar el clima nacional e internacional en que se desarrolló ese evento:

> El Séptimo Encuentro Nacional se realiza después de la victoria y la toma de posesión presidencial de Fernando Collor, en 1990, en un cuadro de retraimiento aún mayor de los movimientos sociales y políticos, de estupefacción ante las medidas neoliberales implementadas por el gobierno y de completa capitulación del Congreso Nacional a los dictámenes del Palacio del Planalto, a pesar de la resistencia de la minoría popular y democrática.
>
> En el campo internacional se consolida la ofensiva ideológica y política del capitalismo, con la caída del socialismo en el este europeo, que abre el camino a la desaparición de la URSS y una expansión sin precedentes de las grandes corporaciones transnacionales.
>
> El Séptimo Encuentro, ante el impacto de los acontecimientos internacionales, evalúa como positiva la caída del socialismo del este europeo y se vuelve por entero al análisis de coyuntura.[2]

Fue en este Encuentro Nacional del PT en el que Lula convocó al Encuentro de Partidos y Organizaciones de Izquierda de América Latina y el Caribe, nombre original de lo que es hoy el Foro de São Paulo.

El Encuentro del Hotel Danubio

En un salón del ya desaparecido Hotel Danubio de la ciudad brasileña de la cual tomaría su nombre, durante tres días se reunieron los protagonistas de la gestación del Foro de São Paulo. Un hecho distrajo la atención de los líderes de la izquierda latinoamericana a lo largo del Encuentro: fue la Copa Mundial de Fútbol Italia '90, tentador espectáculo que se hallaba a su alcance con solo cruzar al local contiguo, donde había un televisor. Al comenzar el evento, ya la selección de Brasil había sido eliminada, por lo que los cabizbajos dueños de casa, una vez asimilada la derrota, pudieron concentrarse en los debates políticos. No ocurrió igual con la delegación de Argentina, cuyo equipo clasificó para la semifinal, la cual disputaría con Italia en la tarde

---

[2] Wladimir Pomar: «Introdução», en Partido dos Trabalhadores: *Resoluçoes de Encontros e Congresos: 1979-1998*, Editora Fundação Perseu Abramo, São Paulo, 1999, pp. 22-23.

del 4 de julio, a la misma hora en que estaba programada la sesión de trabajo previa a la clausura.

Los documentos del Encuentro de São Paulo afirman que hubo una asistencia de cuarenta y ocho delegaciones de catorce países. Si bien ese dato es cierto, cabe la salvedad de que la delegación del Frente Amplio de Uruguay (FA) fue considerada como una sola organización. Si se tiene en cuenta la presencia de cada una de las organizaciones miembros del FA, como se hizo en los Encuentros posteriores –porque cada una de ellas tiene derecho a ejercer su voz y voto a título individual en la plenaria–, esta cifra se eleva a sesenta. La asistencia fue por invitaciones cursadas por los anfitriones con el criterio de abarcar el más amplio espectro posible de la izquierda latinoamericana y caribeña. Ese objetivo se cumplió en buena medida en lo que respecta a América del Sur, en especial al Cono Sur, pero no tanto en América Central y el Caribe. Se destacaron las delegaciones de Uruguay (dieciocho representantes de doce partidos miembros del FA), Argentina (diecisiete representantes de doce partidos) y Brasil (diecisiete representantes de cinco partidos y varias personalidades). En sentido opuesto, resaltaron las ausencias del Frente Sandinista de Liberación Nacional de Nicaragua (FSLN) –desplazado del gobierno en las elecciones de febrero de ese año–, el Partido Revolucionario Democrático de Panamá (PRD) –cuyo gobierno fue víctima de la intervención militar del imperialismo norteamericano de diciembre de 1989– y la Unidad Nacional Revolucionaria Guatemalteca (URNG) –que se mantenía como organización insurgente; tampoco asistieron delegados de Honduras, de Costa Rica, ni de los países del Caribe anglófono y francófono.

A pesar de la escasa representación centroamericana y caribeña, el Encuentro de São Paulo fue un acontecimiento histórico, porque por primera vez coincidieron, en un mismo espacio, partidos y movimientos políticos que abarcaban todo el espectro de la izquierda latinoamericana. De esta convergencia se derivaron dos hechos inéditos: uno fue la participación de todas las corrientes de orientación socialista; el otro, la yuxtaposición de las corrientes socialistas con corrientes socialdemócratas y con otras de carácter progresista. Sin desmeritar la trascendencia de ese hecho, que sentó la pauta de la pluralidad del Foro, es preciso aclarar que no hubo una participación equilibrada que reflejase la fuerza e inserción social de cada una de las vertientes de la izquierda. Fue mayoritaria la presencia socialista, génesis de enfrentamientos posteriores entre, por una parte, los interesados en redefinir la orientación política y la composición del naciente Foro –mediante la exclusión de los grupos más pequeños y radicales, y la inclusión de los partidos socialdemócratas y de partidos progresistas menos representados en el Encuentro de São Paulo– y, por otra, quienes defendían la orientación socialista y la composición original. Entre ambas posturas se abrió un precario equilibrio, consistente en atraer a los partidos y movimientos políticos socialdemócratas y progresistas que no asistieron a la reunión del Hotel Danubio, pero sin excluir a ninguna de las fuerzas que participaron en él.

La asistencia al Encuentro de São Paulo de representantes de todas las corrientes ideológicas de la izquierda latinoamericana obedeció a una combinación de factores. La crisis terminal de la Unión Soviética provocó un cambio en la configuración geopolítica del mundo, que no solo alteró las condiciones y las premisas de la lucha de los partidos comunistas sino de toda la izquierda. Desde los movimientos guerrilleros hasta los partidos socialdemócratas y progresistas, sentían la necesidad de intercambiar criterios, pero no solo era momento de intercambio, sino también de mutación de identidades políticas, lo que presuponía un «diálogo exploratorio» entre quienes hasta entonces eran adversarios y en lo adelante podrían ser aliados. Este diálogo lo facilitó el hecho de que el Encuentro de São Paulo fuese convocado por el PT de Brasil, fuerza política con un abanico de corrientes internas que servían de puntos de contacto con todos los sectores de izquierda y progresistas de América Latina.

El acercamiento entre corrientes divergentes de la izquierda revolucionaria y socialista fue posible por el cisma ocasionado por la descomposición de la URSS. Sin duda, ese proceso avivó la polémica sobre cuál era el «pecado original» del socialismo soviético: si la dictadura del proletariado –como argumentaba la socialdemocracia–, la «burocratización» estalinista –como afirmaba Trotsky–, el «revisionismo» iniciado con la crítica a Stalin en el XVI Congreso del PCUS –como decía la corriente marxista-leninista (M-L)–, la «decadencia» en que quedó sumida la URSS a partir de la Secretaría General de Leonid I. Brezniev, o el proceso de *perestroika* y *glasnost* iniciado por Mijail Gorbachov. Sin embargo, la ya previsible desaparición de la «manzana de la discordia», el Estado soviético, y la coincidencia general en la necesidad de construir nuevos paradigmas socialistas, hacían pasar a planos secundarios las divisiones históricas del movimiento comunista. Si bien las diferencias no desaparecieron, sí se abrió un espacio de diálogo y convergencia.

Además del intercambio de criterios y la mutación de identidades, en la yuxtaposición entre fuerzas socialdemócratas, progresistas, revolucionarias y socialistas, también desempeñó un papel determinante el elemento fortuito de que el Encuentro de São Paulo fue concebido como un evento que se celebraría solo una vez, y no como el acto consciente de creación de un foro político. Si hubiese existido conciencia de que, al hacer esa convocatoria abierta se estaba conformando la identidad de un agrupamiento permanente, es probable que hubiesen surgido aprehensiones de todas las partes. No es casual que las discrepancias sobre su composición, objetivos y correlación de fuerzas empezaron a aquejar al Foro tan pronto se decidió institucionalizarlo.

El Encuentro de Partidos y Organizaciones de Izquierda de América Latina y el Caribe adoptó como acuerdos: la Declaración de São Paulo; celebrar un Segundo Encuentro en la ciudad de México en febrero de 1991; realizar un seminario sobre temas económicos referidos a la crisis capitalista y los programas alternativos para enfrentarla, que tendría lugar en Uruguay en noviembre de 1990; y efectuar, en São Paulo, en diciembre de 1990, un intercambio de experiencias de los partidos y organizaciones de izquierda que ejercían gobiernos locales.

La tónica de las intervenciones fue de condena al capitalismo neoliberal y afirmación de la necesidad de construir un paradigma socialista basado en las raíces históricas y culturales de América Latina y el Caribe. En muchos casos, esa afirmación se entremezclaba con la exaltación de la democracia «sin apellidos» y el Estado de derecho. Tal eclecticismo respondió a una combinación de elementos, entre ellos, el rechazo generalizado al «paradigma soviético», la entonces reciente culminación del mal llamado proceso de democratización en América Latina, y los avances electorales obtenidos por la izquierda en países como México, Brasil y Uruguay.

Desde 1985, el socialismo soviético se hallaba, una vez más, en el banquillo de los acusados. Eso había ocurrido en innumerables ocasiones desde la Revolución de Octubre de 1917. Las principales corrientes del pensamiento burgués y la socialdemocracia fueron las primeras en atacarlo. Después se sumaron las rupturas en el movimiento comunista, entre ellas, las provocadas por el estalinismo, el conflicto chino-soviético y las invasiones a Hungría, Checoslovaquia y Afganistán. En esta ocasión, sin embargo, el acusador era el propio secretario general del Partido Comunista de la Unión Soviética (PCUS), Mijail Gorbachov.

Durante los cinco años transcurridos desde su elección, Gorbachov había insistido en que el objetivo de su política de *perestroika* y *glasnost* era perfeccionar el socialismo, afirmación que concitó el apoyo casi unánime de la izquierda latinoamericana y caribeña. Esa unanimidad se rompió con la «caída» del Muro de Berlín, ocurrida el 9 de diciembre de 1989, que abrió paso a la restauración capitalista en Europa Oriental. Desde ese momento, una parte de la izquierda se percató de que la reforma soviética conducía al desmontaje del socialismo, mientras otra aún confiaba en el eventual surgimiento de un movimiento popular que liquidara al «Estado burocrático» e implantara una verdadera democracia socialista. Si bien en el Encuentro de São Paulo se manifestó la atomización de apreciaciones existentes sobre el curso de los acontecimientos en la URSS, el debate fue sobre si se trataba de una crisis del socialismo, de un modelo de construcción socialista o de ciertas políticas aplicadas en la URSS, pero la descalificación del *statu quo* allí existente fue general. Sobre este punto, la Declaración de São Paulo expresa:

> Hemos constatado que todas las organizaciones de la izquierda concebimos que la sociedad justa, libre y soberana y el socialismo solo pueden surgir y sustentarse en la voluntad de los pueblos,

entroncados con sus raíces históricas. Manifestamos, por ello, nuestra voluntad común de renovar el pensamiento de izquierda y el socialismo, de reafirmar su carácter emancipador, corregir concepciones erróneas, superar toda expresión de burocratismo y toda ausencia de una verdadera democracia social y de masas. Para nosotros, la sociedad libre, soberana y justa a la que aspiramos y el socialismo no puede ser sino la más auténtica de las democracias y la más profunda de las justicias para los pueblos.[3]

El proyecto de la Declaración de São Paulo, que sería discutido en la sesión de la tarde del día 4, fue confeccionado por una comisión integrada por el PT de Brasil, el Frente Farabundo Martí para la Liberación Nacional de El Salvador (FMLN), el Partido Comunista de Cuba (PCC) y el Partido Unificado Mariateguista de Perú (PUM). A la hora en que estaba previsto discutir y aprobar la Declaración, se iniciaba en Nápoles el partido de la ronda semifinal de la Copa Mundial de Fútbol entre Argentina e Italia, por lo que, antes que el salón de reuniones quedara desierto, Lula adoptó la atinada decisión de suspender la sesión hasta el final de ese enfrentamiento. Lamentablemente, el ex candidato presidencial de la Izquierda Unida de Perú, Henry Pease, cuyo vuelo de regreso a Lima no le permitía posponer su intervención programada, no pudo ofrecer su análisis sobre las elecciones en que triunfó Alberto Fujimori al frente de una coalición denominada Cambio '90. Era un inevitable sacrificio político en aras de que los aficionados al fútbol pudieran seguir todo el desarrollo de un partido en el que Argentina venció a Italia por penales –para perder después, el 8 de julio, en la gran final frente a Alemania.

La interrupción de la plenaria hizo que el proyecto de Declaración de São Paulo fuese sometido a discusión y aprobación cuando algunas delegaciones estaban a punto de partir, lo cual generó cierta tensión. Aunque los debates se caracterizaron por la madurez, la flexibilidad y el respeto mutuo, debido a que en la Declaración se abordaban los problemas de manera directa y específica, en su discusión afloraron varias divergencias. En particular, las referencias a los objetivos socialistas motivaron la objeción de las dos fuerzas políticas, de composición interna plural, que acogían en su seno a corrientes socialistas y no socialistas, a saber, el FA de Uruguay y el Partido de la Revolución Democrática (PRD) de México. No obstante, se acordó darle un voto de confianza al comité de redacción para que, con los cambios indicados por la plenaria, elaborase el documento definitivo. Ese texto, sin embargo, sería la manzana de la discordia de las reuniones subsiguientes.

La Declaración de São Paulo identificó los ideales de los participantes en el Encuentro de julio de 1990, como «de izquierda, socialistas,

---

[3] Declaración de São Paulo, aprobada por el Encuentro de Partidos y Organizaciones de Izquierda de América Latina y el Caribe, el 4 de julio de 1990 (www.forosaupaulo.org.br).

democráticos, populares y antimperialistas». Quien lee esa declaración sin conocer los debates que allí se produjeron, se forma una imagen simplista de lo ocurrido:

> Rechazamos [...] toda pretensión de aprovechar la crisis de Europa Oriental para alentar la restauración capitalista, anular los logros y derechos sociales o alentar ilusiones en las inexistentes bondades del liberalismo y el capitalismo.
>
> Sabemos, por la experiencia histórica del sometimiento a los regímenes capitalistas y al imperialismo, que las imperiosas carencias y los más graves problemas de nuestros pueblos tienen su raíz en ese sistema y que no encontrarán solución en él, ni en los sistemas de democracias restringidas, tuteladas y hasta militarizadas que impone en muchos de nuestros países. La salida que nuestros pueblos anhelan no puede ser ajena a profundas transformaciones impulsadas por las masas.[4]

También añade que el surgimiento y desarrollo de vastas fuerzas sociales, democráticas y populares constituye un motivo de aliento que «confirma a la izquierda y al socialismo como alternativas necesarias y emergentes». Si bien este enfoque anticapitalista y esta vindicación del ideal socialista reflejaron las convicciones expresadas por casi todos los participantes, su texto omitió la riqueza y la complejidad de la polémica desatada sobre la democracia, incluidos la ambigüedad y el eclecticismo de la defensa de la democracia «sin apellidos» y el respeto al Estado de derecho, e ignoró las objeciones a la definición socialista hechas por los representantes de la Mesa Política del FA de Uruguay y del PRD de México. Aunque esas objeciones expresaban las posiciones de una minoría absoluta de los allí presentes, la vida demostró que esas eran posiciones hegemónicas dentro de varios partidos, movimientos políticos y coaliciones que tendrían un gran peso en las actividades del Foro, por lo que no podían ser simplemente omitidas en virtud de una correlación circunstancial de fuerzas.

El rechazo a la creación de una organización partidista que tuviera alguna semejanza con la Tercera Internacional, es decir, regida por un «partido centro», con una línea política e ideológica uniforme, y con facultades de dirección sobre sus miembros, motivó el énfasis en el carácter de foro abierto y plural. Ese temor también condujo a crear un Comité Organizador[5] del Segundo Encuentro que se celebraría en México, tanto para apoyar al partido anfitrión como para garantizar la pluralidad en los criterios políticos y organizativos.

---

[4] Ibíd.
[5] Este Comité Organizador fue rebautizado en un Encuentro posterior con el nombre de Grupo de Trabajo, que es como se le conoce en la actualidad.

Ese comité estaba integrado por el PT de Brasil, el PRD de México, el FMLN de El Salvador, la Izquierda Unida de Perú (IU), el FA de Uruguay y el PCC de Cuba. En atención al significado de la desaparecida Revolución Popular Sandinista, se decidió invitar al FSLN a formar parte del mismo, a pesar de que esa organización no participó en el Encuentro de São Paulo.

Las labores de parto

El Encuentro en el Hotel Danubio fue el acto de gestación del Foro de São Paulo, pero las labores de parto se iniciaron durante los preparativos del Segundo Encuentro, que originalmente se acordó realizar en México del 28 de febrero al 3 de marzo de 1991. Tan pronto como las fuerzas políticas encargadas de organizar ese evento se percataron de que estaban creando un agrupamiento político permanente, aparecieron las contradicciones sobre su composición, identidad y objetivos.

Aunque en el Encuentro de São Paulo estuvieron representadas en mayor o menor medida todas las corrientes de la izquierda latinoamericana, y aunque allí se planteó la más amplia gama de posiciones sobre los temas en debate, en él predominó el rechazo, tanto al «socialismo real» como al capitalismo, y la ratificación de la vigencia del ideal socialista, concebido de muy diversas maneras. Por lo general, ese ideal enfatizaba el distanciamiento de los errores y las desviaciones en que, a juicio de cada participante, incurrió la URSS. El socialismo latinoamericano y caribeño sería democrático, descentralizado, participativo, eficiente, sustentable, con enfoque de género y respetuoso de la diversidad étnica, cultural, de preferencia sexual, etcétera.

Centrado el foco de atención en la crítica al «socialismo real» y en el esbozo de nuevas definiciones de socialismo, el debate sobre las condiciones y las formas de lucha (¿reforma o revolución?) quedó relegado a segundo plano en el Encuentro de São Paulo. La lucha armada no recibió allí atención: primero, porque ese no era un tema central; segundo, porque sus críticos estaban en una posición minoritaria que no les permitía hacer valer sus puntos de vista; y tercero, porque esos críticos confiaban en que las organizaciones insurgentes de la región, o bien emprenderían el camino de la solución política negociada ya transitado por el Movimiento 19 de Abril (M-19) y por otros grupos armados colombianos, o bien se extinguirían como consecuencia de los cambios en la situación mundial y regional. Además, debido a que el Encuentro de São Paulo no fue diseñado como el acto constitutivo de un Foro permanente, en él no se planteó el problema de si cada participante estaba o no de acuerdo en compartir ese espacio con los partidos y organizaciones con los que tuviese divergencias. Ese problema se presentó, por primera vez, en los preparativos del Segundo Encuentro.

En el debate sobre objetivos y formas de lucha, no solo desempeñó un papel determinante la ideología política que servía de prisma a cada cual para sacar sus conclusiones sobre los cambios en curso, sino también el impacto de esos cambios en la situación política, económica y social latinoamericana y caribeña. Entre esos cambios resalta el hecho de que el fin de la bipolaridad destruyó la noción de viabilidad de la revolución social en América Latina y el Caribe.

En los entretelones del desmoronamiento del socialismo europeo, el reflujo de las fuerzas revolucionarias latinoamericanas y el restablecimiento de la institucionalidad democrático-burguesa en la región, y también como consecuencia de la agudización de la crisis económica y social –cuya manifestación principal fue el Caracazo venezolano de 1989–,[6] por primera vez en la historia de América Latina, a finales de la década del ochenta se abrieron espacios seguros y estables para la lucha electoral de la izquierda. Hasta apenas unos años antes, en las pocas ocasiones en que fuerzas progresistas o de izquierda obtuvieron triunfos electorales, fueron aplastadas por la acción reaccionaria del imperialismo norteamericano y sus aliados locales.

El fin de la bipolaridad y el reflujo de la ola revolucionaria iniciada en 1959 coincidieron con el llamado proceso de democratización de América Latina. Durante veinticinco años, de 1964 a 1989, el imperialismo norteamericano empleó a las dictaduras militares de «seguridad nacional» como punta de lanza para destruir a todos los sectores de la izquierda, con independencia de que sus objetivos y formas de lucha fuesen reformistas o revolucionarios. En la medida en que los regímenes castrenses cumplieron su papel, durante la década de los ochenta se produjo el restablecimiento pactado y restringido de la democracia burguesa, siempre acompañado por leyes de impunidad para los crímenes cometidos por las dictaduras. Como colofón de ese proceso, la última dictadura militar del continente, la de Augusto Pinochet, fue sustituida en marzo de 1990 por el primer gobierno de la Concertación de Partidos por la Democracia (la Concertación). En las nuevas condiciones, en varios países de América Latina, entre ellos en México, Brasil y Uruguay, partidos y coaliciones de izquierda comenzaron a obtener resultados favorables en elecciones locales, legislativas y presidenciales.

Sin perspectivas a corto o mediano plazo de una ruptura revolucionaria del *statu quo*, y en medio de la apertura de condiciones más favorables para la izquierda en la lucha electoral, los términos «democracia» y «democrático» se convertían en los iconos del momento. Además, hasta 1991 no se iniciaría la reforma a la Carta de la Organización de Estados Americanos (OEA), primer

---

[6] El Caracazo fue un estallido popular ocurrido en la capital de Venezuela los días 27 y 28 de febrero de 1989, a raíz de la aplicación, por parte del presidente Carlos Andrés Pérez, de un «paquete» de medidas económicas que incluyó el alza de los precios de los combustibles.

paso dirigido a institucionalizar un mecanismo transnacional que «vaciaba» de poder los espacios institucionales del Estado nacional latinoamericano y caribeño, antes que la izquierda llegase a conquistarlos. Era difícil encontrar a alguien que reconociera que el sol de la democracia tenía manchas, y era más difícil aún encontrar a alguien que lo dijera en público. Tanto era el rechazo a las deformaciones del «socialismo real», que buena parte de los propios socialistas no se atrevía a cuestionar el mito de la democracia «sin apellidos».

La consigna del momento era «democratizar la democracia». Por lo general, se asumía que, al ser electa y asumir el gobierno nacional, la izquierda podría revertir la reestructuración neoliberal e iniciar su propio programa de reforma social progresista o transformación revolucionaria. Esa era, sin dudas, la noción más común. No obstante, los partidos de la Concertación chilena –y otros que la asumieron como paradigma– hablaban de desarrollar un «neoliberalismo de izquierda». Este concepto era expresión del éxito que habían tenido los ideólogos del capital financiero al inocular en la conciencia social, incluso en sectores de la izquierda, el criterio de que la sociedad gastaba más de lo que producía, por lo que era indispensable reducir el gasto. Eso podía ser cierto, pero, en vez de detener el despilfarro de las élites, el neoliberalismo recetaba el sacrificio de las capas bajas y medias de la población. En virtud de la aceptación del *statu quo* concentrador de riqueza por parte de los partidos que promovían esa tesis, el «neoliberalismo de izquierda» proponía aminorar «en lo posible» el sacrificio de las mayorías.

Si el fetichismo de la democracia era un extremo, el otro extremo era el fetichismo de la revolución, culto que seguía librando la cruzada contra el «electoralismo» y el «reformismo», en los mismos términos que se utilizaban cuando en América Latina la conquista del poder era –o parecía– alcanzable a corto plazo por medio de la lucha armada. Esta posición pasaba por alto que no existía una «situación revolucionaria»[7] y que las fuerzas socialistas tendrían que adecuar su estrategia y su táctica a esa realidad, lo que en muchos casos implicaba aprovechar, también ellas, las posibilidades abiertas en el terreno electoral para acumular fuerzas en el combate a la contrarreforma neoliberal. No en vano, casi un siglo antes, Rosa Luxemburgo había afirmado que: «la reforma social y la revolución no son [...] diversos métodos del progreso histórico que a placer podemos elegir en la despensa de la Historia, sino momentos distintos del desenvolvimiento de la sociedad de clases…».[8]

Aunque esta introducción permite «colocar en su justo medio» los términos de la polémica sobre objetivos y formas de lucha desarrollada en el

---

[7] Para conocer la definición de Lenin de «situación revolucionaria», ver: Vladimir Ilich Lenin: «La Bancarrota de la II Internacional», *Obras completas*, t. 26, Editorial Progreso, Moscú, 1986, pp. 228-229.

[8] Rosa Luxemburgo: *Reforma o Revolución y otros escritos contra los revisionistas*, Editorial Fontamara, México D. F., 1989, pp. 118-119.

Foro de São Paulo, esta no se inició en el plano conceptual, sino mediante maniobras de procedimiento para establecer un nuevo balance de fuerzas en el Segundo Encuentro. En un polo se ubicaron algunos de los representantes de la entonces denominada Nueva Izquierda, interesados en redefinir el perfil del Encuentro mediante la incorporación de fuerzas que participaran en el gobierno de sus respectivos países y la exclusión de los «pequeños grupos radicales» que dominaron el Encuentro de São Paulo. En el polo opuesto se situaron quienes exigían que el rasero para aprobar ingresos fuese aceptar el carácter socialista de la Declaración de São Paulo. Del enfrentamiento entre estas posiciones, surgió un precario equilibrio consistente en promover la incorporación de las fuerzas socialdemócratas y progresistas que no habían asistido al Primer Encuentro, pero sin excluir a ninguno de los partidos y organizaciones que estuvieron allí. La idea era crecer dentro del mismo espectro de fuerzas que convergieron en el Encuentro de São Paulo.

Los principales partidos, movimientos políticos y coaliciones que se consideraban parte de la Nueva Izquierda eran el Partido de la Revolución Democrática de México, el Partido de los Trabajadores de Brasil, el Frente Amplio de Uruguay, la Izquierda Unida de Perú, la Alianza Democrática M-19 de Colombia, el Movimiento Bolivia Libre, el Movimiento al Socialismo de Venezuela, el Partido por la Democracia y el Partido Socialista de Chile, y el Partido Socialista Popular de Argentina. Sin embargo, al utilizar ese concepto hay que tener el cuidado de no caer en estereotipos, porque la composición de estos partidos, movimientos y coaliciones es plural, es decir, se caracteriza por la convergencia e interacción de diversas corrientes políticas, algunas socialistas y otras no. Por este motivo, sus posiciones cambiaban en la medida en que variaba el balance de fuerzas entre sus respectivas corrientes internas. Tampoco puede afirmarse que toda la membresía de esas organizaciones compartiera –o incluso conociera– las posiciones de sus representantes en las reuniones del Grupo de Trabajo o en las plenarias del Foro. Con frecuencia, esas posiciones cambiaban cuando se sucedían los representantes, ya fuese como resultado de modificaciones en el balance de fuerzas dentro de la organización, o simplemente como reflejo de las opiniones personales del nuevo representante. Esta pluralidad explica por qué, a pesar de las contradicciones sobre la composición e identidad del Foro, ninguna de las corrientes en pugna podía aferrarse a ultranza a sus posiciones, y que todas se sintieran obligadas a aceptar soluciones de compromiso. La explicación es que la transgresión de ciertos límites podía avivar los conflictos internos de esos partidos, movimientos y coaliciones, e incluso provocar rupturas.

El bautizo del Foro de São Paulo

En São Paulo se decidió que el Comité Organizador del Segundo Encuentro se reuniese en la ciudad de México, en ocasión del Primer Congreso del PRD, los días 18 y 19 de noviembre de 1990, y que ese evento se efectuara del 28 de febrero al 3 de marzo de 1991. El PRD fue fundado poco más de un año y medio antes del Encuentro de Partidos y Organizaciones de Izquierda de América Latina y el Caribe. Ese partido nació el 21 de octubre de 1988, mediante la unión de la mayor parte de las fuerzas políticas y sociales, y de las ciudadanas y los ciudadanos independientes que, previamente, habían integrado el Frente Democrático Nacional (FDN), coalición electoral de izquierda, centroizquierda y centro, que presentó a Cuauhtémoc Cárdenas Solórzano como candidato a la elección presidencial del 6 de julio de ese año.

En sectores mayoritarios de la sociedad mexicana predomina la opinión de que Cárdenas fue despojado del triunfo en la elección presidencial de 1988, aunque ello nunca pudo ser demostrado porque, después de celebrados los comicios, el «ganador», Carlos Salinas de Gortari, y el líder del Partido Acción Nacional (PAN), representante de la derecha más recalcitrante de México, Diego Fernández de Ceballos, acordaron quemar las boletas para evitar su posible recuento. Con palabras del propio Cárdenas:

> El Partido de la Revolución Democrática nace como una primera concreción organizativa de la gran movilización popular que se generó en la campaña electoral de 1987-88, como respuesta al fraude electoral y a la imposición consumada por el gobierno en contra de la voluntad mayoritaria de la ciudadanía y como parte de la decisión de mantener la lucha dentro de los marcos constitucionales y por la vía pacífica.[9]

La reunión del Comité Organizador se celebró, según lo previsto, en noviembre de 1990, pero en ella se constató que un retraso en los preparativos hacía imposible realizar el Encuentro en la fecha acordada de fines de febrero y principios de marzo de 1991. En el trasfondo de ese retraso se hallaban las maniobras de «reformistas» y «revolucionarios» para cambiar o mantener, según el caso, la identidad y la composición del naciente agrupamiento. Fue necesario convocar a una segunda reunión del Comité Organizador, también en la ciudad de México los días 18 y 19 de marzo de 1991. Los resultados del cabildeo hecho por ambas partes fueron evidentes. De los miembros del Comité Organizador electo en São Paulo, se encontraban presentes el PRD de México, el PT de Brasil, el FMLN de El Salvador, el FSLN de Nicaragua y el PCC de Cuba. No asistieron el FA de Uruguay ni la IU de Perú. La ausencia del FA obedeció a que uno de sus miembros vetó la participación de esa coalición en el Foro. Tampoco la IU de Perú envió delegados por razones económicas. Aunque estuvieron presentes miembros del Partido Comunista Uruguayo (PCU) –integrante del FA– y del Partido Unificado Mariateguista de Perú

---

[9] Cuauhtémoc Cárdenas: *Nace una esperanza*, Editorial Nuestro Tiempo, México D. F., 1990, p. 8.

(PUM), no estaban facultados para actuar con carácter oficial: en el primer caso, por las razones antes apuntadas y en el segundo porque se había retirado de la IU. Sin embargo, lo principal no fueron las ausencias de los miembros del Comité Organizador, sino la asistencia de partidos y movimientos políticos que no habían sido elegidos para dicho grupo.

No es necesario mencionar nombres, ni decir cómo y por qué a la segunda reunión del Comité Organizador del Encuentro de México asistieron varios partidos y movimientos políticos que no eran miembros del mismo, algunos de los cuales ni siquiera participaron en el Encuentro de julio de 1990. Lo que interesa destacar es que, como parte de la lucha en torno a la composición e identidad del Foro, tanto los miembros del Comité Organizador defensores de las posiciones de la «Nueva Izquierda», como los «ortodoxos» o «radicales», trataron de inclinar la balanza a su favor mediante gestiones, hechas «por debajo de la mesa», para que a esa reunión asistieran organizaciones no miembros del Comité que fueran afines a sus respectivas posiciones. Como resultado de estas maniobras, además de los miembros, allí se presentaron otras ocho delegaciones. Con dificultad, se decidió que todos los presentes tuvieran el derecho a la voz, pero que los cinco miembros del Comité Organizador electo en São Paulo se reunieran al final en privado para formalizar la adopción de los acuerdos, pues eran los únicos que habían recibido ese mandato. Fue difícil hacer cumplir esa fórmula de compromiso.

Tras una polémica sobre la política de invitaciones que tendría un impacto decisivo en la conformación del Foro de São Paulo, se decidió convocar al Segundo Encuentro a todos los partidos y organizaciones que asistieron al Encuentro de São Paulo; a los partidos y organizaciones que fueron invitados al Encuentro de São Paulo, pero no asistieron; y a otros partidos y organizaciones ubicados dentro del mismo espectro político presente en el Encuentro de São Paulo.

Otra muestra de la polarización sobre la identidad y composición del naciente agrupamiento fue el debate sobre el nombre del Encuentro. Tampoco aquí vale la pena entrar en detalles que no aportan al análisis sobre qué fuerzas políticas o qué personas defendían una u otra posición. Baste decir que hubo una fuerte presión para hacer desaparecer la palabra «izquierda» del nombre del Encuentro. En concreto, se insistía en rebautizarlo como Encuentro de Partidos y Organizaciones Democráticas y Populares de América Latina y el Caribe. El argumento de quienes intentaban forzar este cambio era que no se podía «ser de izquierda» y al mismo tiempo aspirar al gobierno. Una de las propuestas dirigidas a encontrar un apelativo que reconociese la amplitud del Encuentro fue la suma de calificativos (democráticos, populares, de izquierda y otros); la alternativa planteada fue evadir los calificativos y hacer referencia a los objetivos generales (por la soberanía, la igualdad, el desarrollo, etcétera). La imposibilidad de llegar a acuerdos, ni siquiera sobre formulaciones de carácter general, fue la que hizo surgir el nombre que acuñaría la identidad del agrupamiento de la izquierda latinoamericana:

> Los partidos y movimientos políticos del Foro de São Paulo convocan a un Segundo Encuentro: América Latina y el Caribe frente a la reestructuración hegemónica internacional.[10]

Incluso esa formulación fue cuestionada con el argumento de que podía considerarse alusiva a la Declaración de São Paulo, cuya orientación era socialista. Tras un largo y difícil debate, esta solución fue la que prevaleció debido a que tenía la ventaja de mantener la identificación con el Encuentro celebrado el año anterior, al tiempo que llamaba a la incorporación de fuerzas políticas de un espectro más amplio. Sin embargo, después de la reunión del Comité Organizador en la que el nombre Foro de São Paulo quedó refrendado en la convocatoria al Segundo Encuentro, la minoría insatisfecha reabrió el debate con la intención de revertir esa decisión. Este enfrentamiento duró varios meses, hasta que, ya en medio del II Encuentro, la mayoría favorable al nombre Foro de São Paulo le solicitó a Lula y a Cárdenas que ejercieran su liderazgo para neutralizar a quienes mantenían a ultranza su desacuerdo con esta solución intermedia. Fue la acción personal de estos dos dirigentes la que consumó el bautizo del nuevo agrupamiento político regional.

El Segundo Encuentro de los Partidos y Movimientos Políticos del Foro de São Paulo se efectuó en la ciudad de México, del 12 al 15 de junio de 1991, con la participación de sesenta y ocho fuerzas políticas latinoamericanas y caribeñas, y la presencia, como observadoras, de doce organizaciones de América del Norte y Europa. Si bien el espectro político e ideológico fue el mismo que asistió al Encuentro de São Paulo, se registró un avance en cuanto a la representación proporcional de las diversas corrientes de la izquierda. También hubo mayor balance subregional, con cuarenta y tres partidos y movimientos políticos de América del Sur, once de México y Centroamérica, y catorce del Caribe.

La Declaración de México reivindica la identidad con que nació el Foro en el Encuentro de São Paulo:

> Con la organización de este Foro, celebrado por invitación del Partido de la Revolución Democrática de México, se da cumplimiento y continuidad a las resoluciones emanadas del I Encuentro de Organizaciones y Partidos Políticos de Izquierda realizado el año pasado en São Paulo por iniciativa del Partido de los Trabajadores de Brasil, en el sentido de aglutinar a un mayor

---

[10] Convocatoria al Segundo Encuentro del Foro de São Paulo, aprobada por el Comité Organizador del II Encuentro de Partidos y Organizaciones de Izquierda de América Latina y el Caribe, en la ciudad de México, el 19 de mayo de 1991 (www.forosaupaulo.org.br).

número de fuerzas políticas interesadas en discutir la actual problemática latinoamericana y en la búsqueda de alternativas viables para enfrentar el reto de las transformaciones que nuestras realidades plantean.[11]

Sin embargo, a diferencia de la Declaración de São Paulo, caracterizada por su exclusiva definición socialista, el nuevo texto refleja la naturaleza diversa del Foro. En tal sentido, la Declaración de México afirma:

El debate realizado en este II Encuentro ha sido franco, abierto, democrático, plural y unitario, con la participación de un amplio abanico de fuerzas. Unas tienen identidades nacionalistas, democráticas y populares, en tanto que varias otras llevan estos conceptos hacia identidades socialistas diversas, estando todas comprometidas con las transformaciones estructurales requeridas para el cumplimiento de los objetivos de las grandes mayorías de nuestros pueblos por la justicia social, la democracia y la liberación nacional.[12]

La pluralidad del Foro de São Paulo es, en conclusión, el resultado feliz del enfrentamiento entre corrientes divergentes de la izquierda latinoamericana que, por circunstancias extraordinarias, convergieron en un mismo espacio, del cual intentaron, sin éxito, excluirse mutuamente. Este enfrentamiento no terminó en el Encuentro de México: allí quedó formalmente acordado el espectro político que abarca el Foro, pero ello no implica que cesara la lucha ideológica dentro de él. Por el contrario, su pluralidad y su existencia misma dependen de un delicado equilibrio entre fuerzas centrífugas y centrípetas, que permanentemente amenazan con hacerlo estallar.

ROBERTO REGALADO dirige la Sección de Análisis del Área de América del Departamento de Relaciones Internacionales del Partido Comunista de Cuba y es fundador del Foro de São Paulo.

---

[11] Declaración de México, aprobada por el II Encuentro del Foro de São Paulo, el 15 de junio de 1991 (www.forosaupaulo.org.br).
[12] Ibíd.

el despertar de nuestra américa

AMÉRICA LATINA ENTRE SIGLOS
Dominación, crisis, lucha social y alternativas políticas de la izquierda
Por Roberto Regalado

Sintetiza las vivencias y reflexiones de un activo participante en los debates de la izquierda latinoamericana y caribeña. La sujeción a un esquema de dominación foránea; el agravamiento de la crisis capitalista; el auge de las luchas populares; y las redefiniciones estratégicas y tácticas de los partidos y movimientos políticos de izquierda, concluye el autor, caracterizan nuestro continente en este principio de siglo. (Edición actualizada) 277 páginas, ISBN 1-921235-00-4

UNA GUERRA PARA CONSTRUIR LA PAZ
Por Schafik Handal

Una breve reseña de la revolución en El Salvador. Contiene las palabras de Schafik Handal, líder histórico del FMLN, a cerca de la historia política del país a lo largo del siglo XX. Explica las causas de la guerra y su finalización por medio de la negociación de acuerdos políticos. Incluye discursos y entrevistas que Schafik diera en diferentes momentos del proceso de negociación y firma de los Acuerdos de Paz, y el cese del enfrentamiento armado. Así mismo incluye la denuncia años más tarde sobre el incumplimiento durante los últimos años.
160 páginas, ISBN 1-921235-13-6

¿GUERRA O PAZ EN COLOMBIA?
Cincuenta años de un conflicto sin solución
Por Carlos A. Lozano Guillén

Constituye un significativo aporte a la discusión sobre el largo conflicto interno, político y armado, que ha azotado Colombia durante los últimos cincuenta años y la constante búsqueda del pueblo colombiano y la insurgencia por conseguir una solución política que lleve a la paz con justicia social. Ofrece una perspectiva histórica y coyuntural, así como un análisis teórico desde una perspectiva de izquierda.
208 páginas, ISBN 1-921235-14-4

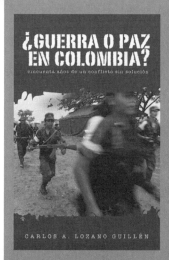

www.oceansur.com ■ info@oceansur.com

Monroísmo y bolivarianismo confrontan en los Andes

RENÉ BÁEZ

Dos tendencias contrapuestas se han imbricado en la evolución de nuestros países a partir de su constitución como unidades políticas independientes en el primer cuarto del siglo XIX: la latinoamericanista y la panamericanista. La primera, defensiva y de inspiración bolivariana, y la segunda, con soporte en la doctrina Monroe (1823) formulada para asegurar la penetración y el dominio hemisférico por parte de los Estados Unidos.

En fechas recientes, la coexistencia contradictoria de esas posiciones se ha enervado, tanto por el rechazo, en la Cumbre de Mar del Plata (noviembre de 2005), a la propuesta del presidente George W. Bush orientada a un relanzamiento del Acuerdo de Libre Comercio de las Américas (ALCA), como debido a los Tratados de Libre Comercio (TLC's) cerrados por Colombia y Perú que han tenido el efecto de colocar en una encrucijada a la Comunidad Andina de Naciones (CAN).

Vaivenes de la CAN

La crisis de la Asociación de Libre Comercio de América Latina y el Caribe (ALALC, ulteriormente ALADI) a mediados de los años sesenta del siglo pasado, provocada por su enfoque crematístico y el agotamiento de procesos industriales adelantados sin previa remoción de las estructuras agrarias, abrió paso a la idea de la fusión entre unidades nacionales más homogéneas. Este fue el origen del Acuerdo de Cartagena-Pacto Andino (1969), posteriormente denominado CAN, al cual se adhirieron inicialmente Bolivia, Colombia, Chile, Ecuador y Perú.

La CAN exhibe una biografía de etapas definidas y características.

En un primer momento, y conforme a los requerimientos de los empresariados industriales más poderosos de la subregión, es decir, los de Chile y Colombia, la CAN se configuró sobre la base de los mismos principios hegemonistas, competitivos y comercialistas que habían empantanado a la ALALC. Concretamente, el desarme arancelario, en la perspectiva de incursionar en los mercados más débiles, se convirtió en el eje de las negociaciones y ulteriores conflictos, mientras que propósitos como la planificación zonal y la armonización de políticas económicas y sociales, incluidos en el texto fundador del acuerdo, devinieron cada vez más elementos retóricos y decorativos. Estas condiciones de su primera época llevaron a que el proyecto andino fuera identificado como una «ALALC en pequeño».

El segundo momento de la CAN se diferencia notablemente del anterior y corresponde a la fase de predominio en el área de gobiernos nacionalistas y populares como los de Salvador Allende en Chile, Juan Velasco Alvarado en Perú y Juan José Torres en Bolivia. El logro más significativo de esa coyuntura constituyó la aprobación, en 1970, de la Decisión 24, un instrumento jurídico que disponía una serie de restricciones al capital metropolitano (delimitación de sectores de inversión, progresiva nacionalización de empresas, inaccesibilidad al crédito local, límites a la repatriación de utilidades, registro y control de tecnología, etcétera), disposiciones que, en la efervescente circunstancia de principios de los años setenta, resultó en una promisoria redefinición latinoamericanista de la CAN. A consecuencia de ese viraje, una serie de elementos –el pluralismo ideológico, el papel promotor del Estado en la economía, la complementación industrial, las empresas multinacionales andinas, la programación sectorial, amén de las políticas inherentes a la vigencia de la Decisión 24– bosquejaron una estrategia de desarrollo relativamente autodeterminado para nuestros países.

Semejante posibilidad no tardó en provocar la reacción de las viejas oligarquías criollas de añeja vocación librecambista y extranjerizante, que se materializó en una escalada de acciones desestabilizadoras mentalizadas y financiadas por Washington, que culminó con el derrocamiento *manu militari* de los gobiernos de Allende y Torres y en las caídas incruentas de Velasco Alvarado y del general-presidente ecuatoriano Guillermo Rodríguez Lara (1976), padre del nacionalismo petrolero. Este giro derechista –incluso abiertamente fascista, como en Chile– inauguró el tercer momento de la CAN.

A la sombra de esa regresión política, el capital monopólico internacional y nativo –apoyándose en la dictadura pinochetista– no escatimó esfuerzos para socavar las aristas nacionalistas y democratizantes de la CAN; especialmente se buscó mellar la Decisión 24, propósito que terminó zanjándose con el retiro de Santiago de la entidad subregional, en 1977, lo cual, de alguna manera, viabilizó que Pinochet y sus *Chicago boy's* aceleraran la implantación del decimonónico liberalismo económico en la nación sureña.

La autoexclusión chilena y las disputas interburguesas en la asignación de las líneas de producción automotriz instalaron a la CAN en una senda de debilitamientos e incumplimientos que se profundizó en los años ochenta a consecuencia de la *reaganomics* y del primer *shock* de la deuda (1982), que empujaron a los gobiernos andinos al tutelaje del FMI (Fundamentalismo Monetario Internacional) y sus rígidos programas de ajustes y reformas promonopólicas, instrumentados para asegurar el servicio de astronómicas deudas externas y adscribir a las economías zonales a la reprimarizante «nueva división internacional del trabajo», funcional al capital financiero internacional. A partir de la década del noventa, y en el marco del Consenso de Washington, se institucionalizó esa reestructuración subordinada del continente, y específicamente de la subregión, bajo el peregrino concepto de integración «hacia fuera».

Esta fase de falsificación del latinoamericanismo es la que ha llevado a la CAN al estado comatoso que padece en la actualidad, por obra de los TLC's negociados entre los Estados Unidos y las administraciones promonopólicas de Álvaro Uribe y Alejandro Toledo.

Conforme era previsible, los «hombres de paja» del imperio han buscado endosar el debilitamiento de la CAN al retiro de la Venezuela chavista y a las nacionalizaciones de los recursos energéticos decretadas por Evo Morales, con argumentos subjetivos que, por lo mismo, soslayan la incompatibilidad conceptual y práctica entre una Comunidad Andina neoliberal y los nuevos esquemas de unidad que vienen aflorando en Sudamérica, y a los cuales nos referiremos más adelante. Tales juicios, antes que explicar la crisis de la CAN, buscan solapar los aviesos propósitos del actual eje yancófilo Bogotá-Lima, refrendado recientemente por la reelección de Uribe y la victoria presidencial del converso Alan García. Entre sus fines estaría convertir a la entidad integracionista en un simple organismo asesor para la promoción de acuerdos de «libre comercio», así como en un biombo para nuevas articulaciones geoestratégicas con Washington, como la adhesión al Plan Puebla-Panamá que acaba de decidir la Casa de Nariño.

Este orden de posturas proestadounidenses se reforzaría con la reafiliación de Chile a la CAN, a punto de concretarse en virtud de la solicitud de la «socialista» Michelle Bachelet.

La Revolución Bolivariana, el ALBA y la reorientación del MERCOSUR

La frustración de esa CAN quintacolumnista no agota, ni mucho menos, la realidad subregional. Aún más, ha tenido el efecto de tornar visible e impulsar el renacimiento de la tendencia latinoamericanista, suceso perceptible en cuatro órdenes de procesos complementarios: a) la resistencia al modelo neoliberal (expresión contemporánea del monroísmo); b) la progresiva implantación de una estrategia alternativa de cuño nacional y popular; c) la emergencia y puesta en marcha de desalienadas formas de integración; y d) la redefinición del MERCOSUR a partir de la incorporación de Caracas a ese acuerdo unionista sudamericano previamente suscrito por Brasil, Argentina, Paraguay y Uruguay.

El papel clave de Venezuela en la *praxis* de estas vertientes político-económicas es algo que debe destacarse. ¿A qué aludimos en concreto?

Desde la objetividad que provee el paso del tiempo, parece incuestionable ahora que el levantamiento del «pobretariado» en Caracas –el famoso «Caracazo»– a principios de 1989, que se saldó con cientos de muertos y miles de heridos de las filas de los anónimos insurgentes, ha devenido un suceso fundacional de la historia contemporánea de nuestras naciones. No solamente porque mostró que la tolerancia al neoliberalismo tiene un límite, sino también porque abrió paso a inusitadas transformaciones internas y externas.

En el orden interno, la resistencia venezolana al modelo liberal-monetarista fructificó en el ascenso de un sentimiento nacional defensivo, el levantamiento de los militares patriotas contra el régimen del megalómano «socialdemócrata» y venal Carlos Andrés Pérez en 1992, la fundación del Movimiento V República, el avasallador triunfo de Chávez en las presidenciales de 1998, la aprobación de la Constitución de la República Bolivariana de Venezuela en 1999 y la progresiva implantación de una política económica distinta a la sugerida-impuesta por la banca internacional con mediación del FMI y del Banco Mundial.

¿Cuáles son los elementos vertebradores de la Revolución Bolivariana? Sumariamente pueden apuntarse los siguientes:

- La revalorización del Estado y su conversión en eje del desarrollo económico-social a partir del rescate de Petróleos de Venezuela (PDVSA), recuperándola de las manos de mafias político-empresariales adeco-copeyanas, y de la revisión de leoninos contratos suscritos con empresas extranjeras, principalmente estadounidenses.
- El destino productivo de una fracción sustantiva del excedente petrolero –la «siembra del petróleo»– es otro elemento clave del nuevo patrón de acumulación y desarrollo. A este respecto, el Palacio de Miraflores se ha fijado dos metas estratégicas. La primera, la asignación de cuantiosas inversiones para la búsqueda de nuevos yacimientos aceitíferos y para el equipamiento de la industria petrolera existente. La segunda, la canalización de fracciones asimismo cuantiosas de recursos financieros a programas como la reforma agraria y el fomento de la industria (grande, mediana y

pequeña) y la artesanía, política complementada con alzas salariales indispensables para asegurar el autocentramiento de la economía.
- Componente fundamental de la estrategia chavista-cepalina y de transición a un remozado socialismo son las inversiones sociales. A partir de una concepción que combina justicia social y racionalidad económica convencional, la Revolución Bolivariana financia un amplio abanico de programas de promoción humana y productiva. Entre los de mayor relieve se cuentan: la Misión Robinson (que ha erradicado completamente el analfabetismo, según certificación de la UNESCO), la Universidad Bolivariana, la Misión Barrio Adentro (salud), la Misión Zamora (reparto de tierras), la Misión Mercal (comercialización de bienes básicos), la Misión Vuelvan Caras (pequeña industria y artesanía), la Misión Piar (minería)...

Cabe subrayar que esta estrategia nacionalista y popular –«populista» para sus detractores– habría sido completamente inviable sin las acciones del gobierno llanero en cuanto a la recuperación de la soberanía sobre sus recursos naturales, con lo cual retomó uno de los legados teórico-prácticos más valiosos y visionarios de Simón Bolívar.

En este orden de precisiones, conviene recordar que, en la transformación democrática y pacífica de Venezuela, mucho tiene que ver, tanto la larga y valerosa resistencia de Cuba a las sistemáticas agresiones de Washington, como los aportes del pensamiento latinoamericano auténtico. Nos referimos a las contribuciones de científicos sociales como José Carlos Mariátegui, Raúl Prebisch, Celso Furtado, André Gunder Frank, Pablo González Casanova, Alonso Aguilar Monteverde, Domingo Maza Zavala, Antonio García, José Antonio Mayobre, Agustín Cueva, Juan Noyola, Federico Brito Figueroa, Aníbal Quijano, José Consuegra, Pedro Vuskovic, Ruy Mauro Marini y otros.

En cuanto a las aportaciones de la Venezuela contemporánea al proyecto de una genuina integración de nuestras naciones, cabe destacar que la patria del Libertador ha devenido no solo la cuna de la Alternativa Bolivariana para la América (ALBA), sino también su principal impulsora mediante su exitosa «diplomacia del petróleo», paradójicamente sustentada en el empantanamiento de la política de George W. Bush en el Medio Oriente. El ALBA, creado en 2005, cuenta con la membresía de Venezuela, Cuba y Bolivia. En su corta vida se ha constituido en una sólida propuesta teórico-práctica para la complementación, la cooperación y la solidaridad de nuestras naciones.

Premisa fundamental del ALBA es su entendimiento de la integración como un proceso para mejorar las condiciones de vida de los pueblos. Un enfoque diametralmente distinto al sustentado por los acuerdos convencionales –como la ALALC, el Mercado Común Centroamericano (MCCA), el Tratado de Libre Comercio de América del Norte (TLCAN), el Tratado de Libre Comercio de América Central (TLCAC) o la actual CAN–, diseñados dentro de la lógica del costo-beneficio y, por lo mismo, en función de los intereses del capital monopólico extrarregional y regional. Entre sus instrumentos cabe destacar el comercio compensatorio, una modalidad de intercambio que no requiere el egreso de divisas; la fijación del precio de los bienes, al margen de las cotizaciones determinadas por el mercado mundial; la asesoría y ayuda energética; la provisión de servicios de salud y educación a estratos depauperados, inclusive de terceros países (estratos pobres de los Estados Unidos se están beneficiando de esos programas).

En fechas recientes, y a petición de La Paz, el ALBA fue complementado con el Tratado Comercial de los Pueblos (TCP), que subraya el principio de la solidaridad bolivariana, al incorporar el compromiso de Venezuela y Cuba de garantizar la adquisición de productos agrícolas bolivianos que no puedan mantenerse en el mercado norteamericano debido a la eventual confirmación de los referidos TLCs por parte del Congreso de la Unión.

Sorpresivamente, esta «otra integración posible» acaba de proyectarse al MERCOSUR. Los hechos son los siguientes:

> Con la incorporación plena de Venezuela al MERCOSUR, la firma de un Acuerdo de Complementación Económica con Cuba y la adopción de una serie de resoluciones en materia económica, energética y política, el bloque regional salió fortalecido tras su última reunión presidencial de julio del 2006, desvirtuando los anuncios de sectores conservadores que vaticinaban su inminente defunción.[1]

La referida reorientación comporta un desafío de enorme magnitud debido a la democratización económica y política interna que presupone y a agudas controversias que aún prevalecen entre los socios, así como en razón de la injerencia incluso militar de los Estados Unidos. En todo caso, pocas dudas caben de que la incorporación de la Venezuela chavista está llamada a impactar favorablemente y de diversas maneras.

> La integración de Venezuela significa para el MERCOSUR contar con un socio que tiene 27 millones de consumidores, y reservas de petróleo y gas que están consideradas entre las más altas del mundo. Venezuela, la tercera economía sudamericana luego de Brasil y Argentina, le permite al bloque sumar el 76% del PIB de América del Sur. Desde el punto de vista político, la inspiración bolivariana del gobierno de Hugo Chávez contribuye a fortalecer una visión estratégica de Sudamérica como bloque regional, independiente de los designios hegemónicos de Washington [...]

---

[1] Eduardo Tamayo: «Se fortalece el MERCOSUR», *América Latina en Movimiento*, no. 410, julio de 2006, p. 19.

Tras quince años de integración, el MERCOSUR se ve abocado a superar la fase de la integración aduanera y asumir otros desafíos en los campos económicos, energéticos, sociales, institucionales e incluso militares. En materia de integración económica, los presidentes aceptaron la propuesta argentino-venezolana de crear un banco de desarrollo del MERCOSUR (el Banco del Sur) para financiar proyectos de desarrollo regional. Esta banca permitiría mantener independencia financiera respecto a organismos como el FMI y el Banco Mundial. Otro desafío es la implementación de una moneda única para las transacciones comerciales [...] para salir del dólar estadounidense [...] En lo que respecta a la integración energética [...] se prevé la construcción del Gasoducto del Sur que recorrerá unos 8 000 kilómetros desde el mar Caribe hasta el Río de la Plata, abasteciendo de gas a los países [...] Fidel Castro [...] manifestó que en tanto exista voluntad política el MERCOSUR podría convertirse en una herramienta de gran contundencia para resolver carencias que la región padece en asuntos como salud, analfabetismo, educación y desarrollo social [...] El MERCOSUR, bajo la presidencia *pro témpore* de Lula da Silva, se ha comprometido a hacer avanzar el bloque y en ese sentido invitó a Bolivia, México y Cuba a integrarse al mismo.[2]

Otros capítulos de la resistencia

Ecuador

Abocado a firmar el TLC que venía «negociando» con los Estados Unidos bajo la presión de cúpulas empresariales sin sentido nacional (los Dassums, Pintos, Blascos, Ginattas, Illingworths y otros), Alfredo Palacio ha optado por una sinuosa conducta.

Mientras, por un lado, bloqueó el cierre del Tratado interponiendo reformas de corte nacionalista a la Ley de Hidrocarburos, por las cuales el Fisco percibiría, en principio, el 50% del excedente petrolero de las concesionarias; declaró la caducidad del contrato con la estadounidense Occidental Petroleum Corporation (OXY), y anticipó la reafiliación del Ecuador a la Organización de Países Exportadores de Petróleo (OPEP); por otro lado, se unió a Vicente Fox en su campaña por la resurrección del ALCA, no ha cesado en su adhesión a la cruzada internacional contra el narcotráfico tan cara a Wall Street, ni en sus imploraciones al Gran Hermano para que retorne a las tratativas telecistas, escenificando un denigrante pedido de

---

[2] Ibíd., pp. 19-20.

recolonización totalizante. En esta misma línea entreguista, ha continuado sin escatimar autos de fe en la CAN neoliberal y en un hipotético acuerdo con la Unión Europea.

¿Cómo explicar esa ambidextra diplomacia?

Por un lado, obedeció al temor del presidente saliente, Alfredo Palacios, a que un franco retiro ecuatoriano del TLC provoque represalias aún mayores de Washington y las corporaciones yanquis (actualmente Quito enfrenta la amenaza de la Casa Blanca de suspender la vigencia de las preferencias arancelarias andinas y una demanda de la OXY por 1 000 dólares a ventilarse en un tribunal internacional dependiente del Banco Mundial); y por otro, el miedo que le provocó la ascendente ola nacionalista expresada en vastas movilizaciones indígenas-populares comandadas por la Confederación de Nacionalidades Indígenas del Ecuador (CONAIE) que lidera el saraguro Luis Macas. Movilizaciones antimperialistas y antioligárquicas que, el pasado marzo, semiparalizaron el país con pancartas contra el TLC, la OXY, la dolarización, las privatizaciones, la banca usurera, la cesión de la Base de Manta al Pentágono, el Plan Colombia-Plan Patriota, el FMI-Banco Mundial, la deuda, la partidocracia burguesa hegemonizada en el Congreso por el Partido Social Cristiano y la «Izquierda» Democrática... Y, en contrapartida, con proclamas a favor de la convocatoria a una Asamblea Constituyente representativa de «los de abajo», la moratoria de las obligaciones externas e internas, la nacionalización de las riquezas naturales, la reforma agraria, la reactivación productiva, la atención a las necesidades básicas... Es decir, un conjunto de planteamientos similares a los que definen a los regímenes de Venezuela y Bolivia.

Presionado por el fervor nacionalista, el hamletiano Palacio sorprendió a tirios y troyanos al firmar con el visitante Hugo Chávez, el pasado 30 de mayo, acuerdos marco para la integración energética. Instrumentos visualizados, tanto por militantes como por enemigos del bolivarianismo, como paso previo a la incorporación del Ecuador al ALBA.

Para un país como Ecuador que, desde hace varios lustros, ha venido despilfarrando su renta petrolera para favorecer a gansteriles grupos extranjeros y criollos, la cooperación ofrecida por Caracas resultó ilustrativa de los beneficios que puede proveer una integración de corte no-capitalista.

El cambio del escenario político subregional después de las victorias de Uribe y García, por un lado, y por otro, la presión interna ejercida por los «enloquecidos por el dinero» –particularmente los intermediarios petroleros y los importadores de derivados– hicieron que las tratativas con Miraflores nunca llegaran a cristalizar. A los turbios entretelones de esa traición al nacionalismo y al proyecto bolivariano del ALBA nos referimos en el estudio «El último tango de Alfredo Palacio».[3]

---

[3] ALAI: www.alainet.org/active/12706&lang=es

Rehén del establecimiento de su antipatriótico viraje, el cardiólogo-presidente se empeñó en una suerte de fuga hacia delante, a los efectos de cumplir con las exigencias planteadas por la administración de Bush para la concreción del TLC de marras: reconocimiento de deudas reales o fantasmales a corporaciones estadounidenses, renegociación de contratos petroleros, reformas laborales, alineación del país con la lucha del imperio contra el «terrorismo al por menor» (Chomsky) cumplida mediante una actualización del llamado Libro Blanco...

Más allá de la ansiedad del actual inquilino de Carondelet por cerrar el Tratado de Libre Comercio con los Estados Unidos antes del 15 de enero de 2007, fecha en la que culmina su mandato, la meta del sucesor de Lucio Gutiérrez no se cumplirá por diversos motivos, particularmente por la cercanía de las elecciones norteamericanas para renovar la Cámara de Representantes. De esta suerte, el futuro del acuerdo va a estar en función de la inclinación del presidente que resulte elegido en las presidenciales ecuatorianas de 2006 y, sobre todo, de las acciones contestatarias parlamentarias y extraparlamentarias que puedan desplegar las fuerzas y organizaciones locales opuestas a la globalización corporativa.

En el contexto de la política convencional, la profunda crisis de acumulación a que ha conducido el liberalismo esquizofrénico (Estado máximo para los ricos, Estado mínimo para los pobres), el malestar de la población ante la clamorosa desinstitucionalización de la República, el riesgo de «balcanización» del Estado unitario en caso de aprobarse la Ley de Autonomías impulsada por el alcalde de Guayaquil, Jaime Nebot Saadi, y el de Quito, Paco Moncayo, y, en fin, la docilidad de los últimos gobiernos ante el *diktat* del Gran Dinero y los designios del eje Washington-Bogotá, polarizó al electorado entre las candidaturas derechistas del multimillonario Gustavo Noboa, el banquero León Roldós y la ex modelo socialcristiana Cynthia Viteri, y la del nacionalista-latinoamericanista Rafael Correa, quien anticipó la convocatoria a una Asamblea Constituyente refundacional, una renegociación soberana de la deuda externa-interna, la no-firma del TLC y la denuncia del convenio de la Base de Manta.

Colombia

La reelección de Uribe el pasado mayo da lugar a múltiples lecturas. Básicamente representa el triunfo de la derecha oligárquico-financiera y pro imperialista, de los grandes medios de alienación colectiva, la Iglesia conservadora y el paramilitarismo, así como la continuidad de las políticas recesivas y antipopulares provistas por el recetario del FMI y el Banco Mundial. Asimismo, va a significar la prosecución de la campaña contra la «narcoguerrilla» bajo los membretes de la «seguridad democrática» y el Plan Patriota, la ratificación por un Congreso clientelar del TLC concluido «en su fase técnica» con la metrópoli, la persistencia de la conspiración contra la República Bolivariana de Venezuela, la presión sobre el Ecuador para su intervención directa en la guerra civil norteña, la reforma agraria «al revés» y la intensificación de los desplazamientos internos, la persecución y el asesinato de opositores, el incremento de la pobreza y miseria de ese hermano pueblo.

Empero, la refrendación en las urnas del poder del establecimiento tiene también otra cara, derivada de la resistencia a la dominación externa y a la expoliación interna. Aludimos a que, gracias a los más de 2,5 millones de votos logrados por el carismático Carlos Gaviria, el izquierdista Polo Democrático Alternativo (PDA) se ha convertido en la segunda fuerza política de Colombia, sepultando el bipartidismo liberal-conservador que ha controlado la Casa de Nariño por más de un siglo, y en una opción cierta de poder para el 2010.

El PDA encarna los anhelos de patria soberana, vida digna y respeto a los derechos civiles del pueblo colombiano. Para la baza electoral librada, el «Partido de la Esperanza» postuló –entre otras metas deseables– la oferta de que el TLC colombo-estadounidense sea decidido en un referendo, así como la búsqueda de un entendimiento con las Fuerzas Armadas Revolucionarias de Colombia (FARC) para lograr una salida política a la añeja guerra civil.

A la luz de estos y otros postulados, la honrosa derrota de Gaviria y sus seguidores supone que el horizonte de dignidad, autodeterminación y democracia económica y política sigue vigente para los coterráneos de Antonio Galán y Camilo Torres. Tanto más que Uribe Vélez está predestinado a un acelerado desgaste por sus deleznables vínculos y su insistencia en un agotado discurso.

Perú

El panorama político de Perú luego de la vuelta definitoria para la elección de presidente y que se selló con el apretado triunfo de Alan García sobre el nacionalista Ollanta Humala, el pasado 4 de junio, muestra gran similitud con la situación colombiana. ¿A qué aludimos? Esencialmente a que tanto Uribe como García están condenados a actuar como prisioneros de Washington y de sus respectivas oligarquías domésticas. En el caso del peruano, porque su victoria se fundó decisivamente en la «votación prestada» por la ultraderechista Lourdes Flores, candidata eliminada después de la primera ronda, así como en su habilidad con las palabras y en el baile del *reaggaton*.

La nueva presencia del derechizado APRA en el Palacio de Pizarro va a significar, con seguridad, la reedición de la *performance* cumplida por Toledo. Es decir, consecuencia de la política hemisférica de los Estados Unidos y las corporaciones de ese país, con su saga de ajustes recesivos, privatizaciones, economía de puertos, ruina de la agricultura tradicional, desempleo, represión, servicio de una impagable deuda externa, castigo a los presupuestos familiares, migraciones internas y externas. Y por cierto, oposición a cualquier iniciativa de integración de signo latinoamericanista. De hecho, con votos apristas el Congreso peruano aprobó el TLC con Washington incluso antes de la posesión de García Pérez, quien, además, ya como mandatario ha venido oficiando como adalid de la CAN neoliberal. Sin embargo, también es previsible que, en circunstancias en que la teología del mercado ha perdido su encanto entre las masas, especialmente del altiplano, la nueva gestión del candidato de Wladimiro Montesinos y Mario Vargas Llosa (quien recomendó votar por García «tapándose la nariz»), resulte cualquier cosa, menos un camino de rosas.

Los síntomas de las convulsiones sociales por venir ya están presentes. Y no solo porque el liderazgo de Humala ha convertido a Unión por el Perú (UPP) en el principal bloque parlamentario, sino porque para muchos de sus prosélitos el país del Rímac cuenta ahora con dos presidentes: Alan para el «Perú limeño» y el ex-militar Humala para los millones de réprobos del Progreso y el Crecimiento.

Chile

Y de la caja de sorpresas que constituye América Latina, acaso principalmente el territorio cruzado por los Andes, acaban de emerger deslumbrantes y promisorios sucesos. Aludimos a las recurrentes y masivas movilizaciones protagonizadas por los estudiantes secundarios chilenos que, arriesgando su integridad física y psíquica, han colocado en la picota al publicitado «milagro» neoliberal de su país, con sus demandas de subsidios para su transportación, pero sobre todo con sus creativas y estéticas impugnaciones de la «educación de mercado» de inspiración pinochetista.

La incorporación de los «cabros» y «cabras» compatriotas de Balmaceda, Allende y Neruda a la lucha que desde hace medio milenio libran los invisibles mapuches, está llamada a despertar del sueño mercantil a los socialistas «políticamente correctos» apoltronados en La Moneda.

RENÉ BÁEZ es profesor de la Universidad Católica del Ecuador, Premio Nacional de Economía y miembro de la International Writers Association.

América Latina: integración regional y luchas de emancipación

GUSTAVO CODAS

América Latina entró en un período político de grandes potencialidades emancipadoras, cuyos contornos y desarrollo aún están en construcción y disputa. Las dificultades son inmensas, pero se trata de una oportunidad histórica única para conquistar nuestra segunda y verdadera independencia. En ese contexto, la cuestión de la integración es clave para definir el rumbo político que tomará la región. El objetivo de este artículo es sistematizar algunos elementos de este nuevo período político, analizar las dificultades y potencialidades de la coyuntura regional, y plantear los desafíos que las izquierdas deben resolver, en particular, en materia de integración regional, para hacer avanzar las luchas emancipatorias.

Cuatro procesos

Conscientes de los riesgos de toda comparación histórica, pero con la intención de subrayar la importancia del período actual, podemos apuntar, como otros autores ya lo hicieron, que esta es la cuarta vez en los últimos doscientos años que en nuestra región se vive una oleada emancipadora. Es obvio que no fueron procesos homogéneos, pero su denominador común fue su alcance regional y su potencial de ruptura con el orden colonial e imperialista.

El primer proceso emancipatorio se registró cuando las luchas por la independencia, que tuvieron su epicentro entre los años 1810 y 1830. Conquistamos la independencia formal de España y Portugal, pero no rompimos las cadenas de la dependencia económica que nos ataban a la otra metrópoli que, en breve, se convertiría en el imperialismo hegemónico. La segunda andanada se expresó en el ascenso del nacionalismo en los años 1930-1940. Ese nacionalismo intentó crear las bases materiales para la independencia económica, pero le faltó una voluntad política que la llevara hasta el final. Así, pasada su primera fase, se transformó en un fracasado proyecto que, sin rechazar la dependencia, pretendía impulsar un desarrollo asociado al imperialismo. El tercero se abrió con la Revolución Cubana de 1959. Este proceso tuvo un tremendo impacto político-ideológico sobre la región y generó nuevas condiciones para realizar la tarea propuesta por Mariátegui (desde Perú, en 1928) de pensar un socialismo indo-americano como una creación heroica y no como calco y copia de doctrinas importadas de las metrópolis. No se consiguió sortear, sin embargo, el feroz cerco de dictaduras militares que el imperialismo norteamericano y las oligarquías locales a él aliadas impusieron a la región en las dos décadas que siguieron.[1]

Cada uno de esos procesos tuvo sus conquistas, sus limitaciones y sus derrotas. Lo nuevo que se presenta es que se puede reunir, de una sola vez, condiciones económicas, políticas e ideológicas para generar un proyecto de emancipación de escala regional. Para discutir cómo conseguirlo, vamos primeramente a detenernos en el análisis de los antecedentes del actual período, lo que nos dará una visión más clara sobre las condiciones bajo las cuales tenemos que operar.

Neoliberalismo, un proyecto contestado

A mediados de la década pasada, el discurso dominante era el del «fin de la historia» y de que «no hay alternativas». Entonces, nuestro continente estaba cubierto de gobiernos neoliberales obedientes al de Washington; y Cuba, solitaria, atravesaba el desierto del «período especial». El neoliberalismo había tenido entre sus pioneras a dos dictaduras militares sangrientas, la chilena (1973-1989) y la argentina (1976-1983), pero se transformó en proyecto dominante cuando, en los años ochenta, fue asumido por el imperialismo norteamericano (con el gobierno Reagan) como programa que debía ser implementado mundialmente.

Las crisis del programa socialdemócrata europeo desde finales de los años setenta y del socialismo burocratizado en la década de 1980, y el fin de la Unión Soviética en 1991, abrieron espacio para que el proyecto neoliberal se tornara ideológicamente hegemónico en ese período. Al mismo tiempo, el «fin de la guerra fría» alimentó en algunos círculos la ilusión de un mundo sin conflictos que no se verificó: surgió un orden mundial más injusto, más

---

[1] José Carlos Mariátegui: «Aniversario y balance» (1928), *Textos Básicos* (selección, prólogo y notas de Aníbal Quijano), FCE, México, D. F., 1991, p. 125. La Revolución Cubana fermentó también otra tesis mariateguista: que el antiimperialismo, para ser consecuente, debe tener una perspectiva socialista. Ver en la misma antología, «Punto de vista antimperialista» (1929), p. 203.

inestable y más violento que el anterior, regido por la unipolaridad del imperialismo norteamericano.

Entiendo que aún estamos bajo ese doble signo a nivel mundial: de la imposición del programa neoliberal y de la unilateralidad de la acción del imperialismo norteamericano. Sin embargo, se trata de un orden que presenta resquebrajaduras regionales con características y potencialidades políticas muy heterogéneas. De todas ellas, la que más elementos emancipatorios incorpora es la que vivimos en América Latina.

En nuestra región la coyuntura dio un giro. Hay un despertar de los pueblos y el neoliberalismo es por aquí un proyecto puesto en jaque. La línea del tiempo de la coyuntura actual la podríamos comenzar en diversos puntos. Y ciertamente, dependiendo de la ubicación geográfica de quien observa, habría percepciones diferentes de acuerdo con las experiencias nacionales. El antecedente más distante podría ser el Caracazo de 1989 en Venezuela, primera revuelta masiva contra un ajuste neoliberal, sangrientamente reprimida por el gobierno del entonces presidente Carlos Andrés Pérez. Entre los antecedentes, estaría, con seguridad, el levantamiento indígena zapatista mexicano contra el Tratado de Libre Comercio de América del Norte (TLCAN) en enero de 1994. Pero, será la rebelión popular en Cochabamba, Bolivia, en 2000, contra la privatización del agua, la que ponga en evidencia de forma más clara que ya se había alcanzado una nueva coyuntura, donde la presión popular era capaz de bloquear la aplicación del programa neoliberal. En esa cronología habría que poner igualmente los momentos, desde finales de la década pasada, en que movilizaciones populares echaron a presidentes neoliberales en Ecuador, Paraguay, Argentina y Bolivia; y cuando los pueblos, mediante su voto, buscaron alternativas, comenzando con las elecciones venezolanas de 1998, cuando Hugo Chávez fue electo presidente de Venezuela, en una serie que creció expresivamente en los últimos años con Brasil, Argentina y Uruguay, y tuvo su momento alto con la reciente elección de Evo Morales en Bolivia.[2]

Ahora bien, que haya cuestionamiento y oposición al neoliberalismo no quiere decir aún que otro proyecto ya esté claramente en marcha, lo que significa es que ese programa se agotó porque no ofrece más perspectivas de gobernabilidad, al menos en un marco democrático, por lo que está abierta la temporada de formulación, construcción y aplicación de alternativas. Por otro lado, no hay un programa alternativo ya listo y válido para todos los casos. El desenlace de la coyuntura dependerá de la constitución de voluntades políticas capaces de impulsar a cada país y a la región hacia un proyecto

---

[2] Al momento de escribir este artículo, el gobierno de derechas del PAN en México cometía fraude en las elecciones presidenciales del 2 de julio de 2006 para evitar la victoria del candidato por la coalición de centroizquierda Por el Bien de Todos, Andrés Manuel López Obrador, del Partido de la Revolución Democrática (PRD).

de superación del neoliberalismo; y serán «capaces» si construyen mayorías políticas. Por ello, el tema clave es el de la «hegemonía» en los procesos nacionales. Sin embargo, tampoco quiere decir que en el proceso de ese parto no estén presentes ya indicaciones del sentido general de los cambios. Por ejemplo, no es un detalle menor que en la Cumbre de Presidentes de Mar del Plata, en noviembre de 2005, el presidente Bush mismo, con la ayuda de sus testaferros regionales –con el mexicano Vicente Fox a la cabeza–, no haya conseguido forzar el reinicio de las negociaciones del Área de Libre Comercio de las Américas (ALCA), bloqueada por la oposición de los gobiernos de Venezuela y del MERCOSUR. Téngase en cuenta que el ALCA era, desde el tiempo del auge neoliberal, la principal estrategia imperialista para completar su dominación sobre la región. Por las cuentas de Clinton, primero, y de Bush, después, en el año 2005 estaría vigente el ALCA para todo el continente (excluyendo a Cuba), al igual que en 1994 lo estuvo el TLCAN. No se logró y no hay perspectiva de que se pueda retomar a corto plazo.

Lo que le resta a los Estados Unidos es presionar a los gobiernos nacionales más susceptibles a su coerción –Chile, Colombia, Perú, países de América Central y República Dominicana– para imponer tratados bilaterales de libre comercio. Esto que es un avance del imperialismo norteamericano por las partes de menor resistencia (gracias a la presencia de gobiernos entreguistas) es también su confesión de derrota en relación al todo.

Imperio empantanado

Hay muchos indicios de que el auge del imperialismo norteamericano ya pasó. Su principal argumento –su capacidad de despliegue militar convencional– se empantanó en Irak. Sus políticas para el mundo árabe y el musulmán fracasaron al no estabilizar un arco de aliados estratégicos; al contrario, han introducido nuevos elementos de inestabilidad para sus antiguos aliados. Por haber entrado militarmente de forma maciza, no tiene cómo salir tan temprano de allá y todo indica que no cuenta con fuerzas suficientes para dos frentes de conflictos agudos al mismo tiempo.

El unilateralismo de su política internacional despertó el «nacionalismo» en otras potencias capitalistas que, sin capacidad de enfrentarle militarmente, sin embargo, se ven tentadas a buscar un nuevo mapa geopolítico –osadía facilitada por la ausencia del «peligro comunista»–. Su economía (tomada individualmente) continúa siendo la principal del planeta, pero en declive y con problemas crecientes, cada vez más dependiente del financiamiento del resto del mundo, en particular de China.

Al mismo tiempo, vemos que vuelven a crecer movimientos populares de contestación dentro de los Estados Unidos. El caso más evidente es el de las gigantescas manifestaciones promovidas por inmigrantes (sobre todo latinos) en defensa de sus derechos el 1ro. de mayo de 2006, pero también tienen su impacto las coaliciones contra la guerra y las que desarrollan campañas contra las políticas de las corporaciones multinacionales norteamericanas. Es debido a ese cuadro coyuntural que América Latina no es hoy la primera prioridad estratégica del imperialismo norteamericano. También en otros momentos, cuando se aflojaron las cuerdas con que el imperialismo ata a la periferia, es que hubo mayores espacios políticos para proyectos emancipadores. Pero eso no significa que, en términos geopolíticos, nuestra región haya perdido su carácter de área natural de ejercicio de la hegemonía norteamericana (por lo que no hay que esperar auxilio de otras potencias).

Izquierda, crisis y reorganización

Es importante señalar que las izquierdas (sociales y partidarias) arriban a esa nueva coyuntura después de atravesar una fuerte crisis política e ideológica en la región (y a nivel mundial). Compárese el escenario de mediados de los años ochenta con la primera parte de la década siguiente, y se verán dramáticas transformaciones en el mapa de las izquierdas latinoamericanas con deserciones importantes, con la disolución de organizaciones políticas que tuvieron peso, con la pérdida de referencias programáticas y otras, al mismo tiempo que las fuerzas conservadoras enseñoreaban su hegemonía ideológica y política neoliberal en la mayoría de los países. Sin embargo, la crisis de las izquierdas quince años atrás, tuvo un inesperado resultado positivo: deshizo las fronteras internas (muchas veces sectarias) entre tradiciones, partidos y facciones establecidas por las experiencias del siglo xx. Este fue el nuevo terreno fértil para las amplias convergencias populares ocurridas en el período siguiente, caracterizado por el auge de la protesta social y por un mayor cuestionamiento a la legitimidad del proyecto neoliberal.

Una de sus características, que tanto la diferencia de otros momentos históricos como le da potencialidades (aunque también dificultades) que aún no podemos medir, es que el actual proceso acontece sin que haya previamente alguna hegemonía político-ideológica instalada o pudiendo instalarse en el escenario político-popular de nuestro continente. Eso se debe, probablemente, a que aún estamos en un período de reconstrucción de las izquierdas sociales y partidarias después de la caída del «socialismo real» que junto con el vendaval neoliberal, unos quince años atrás, tuvo tremendo impacto sobre la configuración de las fuerzas progresistas. Todo indica que haremos de este rasgo actual un principio para que finalmente la liberación de los pueblos la construyamos buscando la unidad y rechazando los hegemonismos.

Una intensa actividad desde los movimientos sociales (o de la «sociedad civil», según se quiera) abonó esta nueva fase. Entre los antecedentes más importantes habría que nombrar la campaña continental contra los 500 años «de colonialismo» en 1992. Allí, la convergencia entre movimientos indígenas, campesinos, barriales, de mujeres, de cultura y comunicadores populares, etcétera, apuntaba para la conformación de nuevos actores políticos.

Articulaciones continentales o mundiales surgieron o se fortalecieron en ese proceso y en la nueva coyuntura que se delineaba en nuestra región: la Vía Campesina y la Coordinación Latinoamericana de Organizaciones del Campo (CLOC); los encuentros de pueblos indígenas que han resultado en coordinaciones (amazónica, andina, entre otras); Jubileo Sur América y «50 años [de FMI y Banco Mundial] bastan»; la Marcha Mundial de Mujeres y la Red Mujeres Transformando la Economía (REMTE); el Frente Continental de Organizaciones Comunitarias (FCOC); la Alianza Social Continental (ASC), la Campaña Continental contra el ALCA y los Encuentros Hemisféricos de Lucha contra el ALCA; la Convergencia de Movimientos Populares (COMPA); la Asamblea de los Pueblos del Caribe (APC); el Foro Social Mundial y el Foro Social Américas, el Foro Sindical de las Américas (primera experiencia de espacio sindical ampliamente unitario desde la Segunda Guerra Mundial), entre varias otras.

A diferencia de otros continentes y de otros momentos en nuestra región, hoy tenemos en las Américas muy amplios espacios de convergencia, articulación y construcción de luchas comunes. Son herramientas fundamentales para que, más allá de la diversidad nacional o sectorial que hay, vayamos trabajando en perspectivas cada vez más unitarias de superación de nuestra herencia colonial, de nuestra dependencia en relación al imperialismo y de las desigualdades sociales, étnicas y regionales que marcan a América Latina.

Necesidad y posibilidad de la integración

Que este proceso de rearticulación de las izquierdas ha tenido un balance globalmente positivo –aunque con grandes heterogeneidades– es innegable. La resistencia dio sus frutos como muestra el hecho de que la negociación del ALCA esté paralizada o de que hayan surgido en diversos países fuerzas políticas críticas del neoliberalismo y del imperialismo norteamericano con capacidad hegemónica (y que son gobierno en diversos casos). Pero, un proceso de emancipación no depende solamente de la construcción de fuerzas sociales y políticas con capacidad hegemónica, depende también de que haya una base material que lo permita.

Hasta 1991, las revoluciones que hubo en el siglo xx, después de la soviética, contaban –independientemente del mayor o menor entusiasmo que despertaran– con la retaguardia estratégica de la URSS, es decir, tenían disponible, fuera del circuito económico dominado por el imperialismo, un mercado para sus exportaciones, una fuente de aprovisionamiento de productos que les faltaran, una plataforma de tecnologías de punta a la cual poder acceder, etcétera. Y como el mundo estaba dividido por la confrontación entre la URSS y los Estados Unidos, había interés, por parte del gobierno soviético, de ampliar sus áreas de influencia. Pero, frente al hecho de que la URSS había alcanzado esa condición a partir de la opción estalinista en las décadas de 1920 y 1930, había que equilibrarse entre utilizar esa retaguardia estratégica y no perder el carácter del proceso revolucionario, dura prueba por la que pasaría la experiencia cubana.

La cuestión es: desaparecida la URSS, ¿cuál sería la actual retaguardia estratégica? Si el proceso emancipatorio se da en un país periférico, ¿habría condiciones de mantener y profundizar su rumbo revolucionario inserto en un mercado mundial dominado por el imperialismo? Ni el pensamiento revolucionario (desde Marx y Engels a mediados del siglo XIX) ni el pensamiento y la acción estratégica del imperialismo (desde 1917) han admitido tal hipótesis.

En el caso de nuestra región, sin embargo, hay una brecha que podría ser utilizada. Debido a la combinación de la existencia de amplias reservas de diversos recursos naturales con el esfuerzo de industrialización en las fases anteriores al neoliberalismo, América Latina posee el potencial regional de constituir capacidades autónomas frente a la presión del capital imperialista, pero no hay ningún país que aisladamente lo pueda hacer, por lo cual debe ser un proyecto común a varios. La integración regional es, pues, una necesidad para los propósitos emancipatorios, pero también es una posibilidad concreta, gracias al surgimiento, consolidación y crecimiento de las fuerzas antes mencionadas.

Las dificultades residen, sin embargo, en el carácter inédito de un proceso así. Hasta entonces la integración regional era enfocada y entendida dentro del área de influencia –y como parte de la influencia– de una potencia hegemónica. Incluso el proceso que resultó en la Unión Europea tiene que ser entendido como parte de la estrategia de los Estados Unidos de contención de la URSS.

Ahora bien, un proceso de integración regional sin el liderazgo de una potencia hegemónica y, peor, contra las pretensiones hegemónicas de la única actual superpotencia (los Estados Unidos) no cuenta con una doctrina que le proporcione antecedentes y consistencia programática: habrá que elaborarla sobre la marcha. Esta es la tarea dramática que se les impone a las izquierdas latinoamericanas como resultado de los éxitos cosechados en la fase anterior.

Agendas

Propongo el análisis de algunos aspectos como parte de las agendas:
1. Si este es el cuarto momento histórico de la larga marcha por la emancipación indo-americana, será importante sistematizar las ideas

y las lecciones de los tres esfuerzos anteriores. Eso incluirá, ciertamente, el rescate crítico de los debates propuestos por Simón Bolívar (a cuyas iniciativas los Estados Unidos respondieron con la Doctrina Monroe), José Carlos Mariátegui (en diálogo y polémica con Haya de la Torre), pensadores de la CEPAL (como Raúl Prebish, Celso Furtado, Aníbal Pinto y María C. Tavares), Ernesto Che Guevara, entre otros.

2. ¿Cuál deberá ser la identidad política de ese amplio proceso? ¿Identidad o identidades? El nacionalismo en los países periféricos o dependientes tiene un carácter revolucionario cuando es antimperialista,[3] pero cuando se orienta a disputas entre países de la periferia se hace patrioterismo de la peor especie, fácilmente manipulable por intereses imperialistas. En la región hay conflictos latentes entre países que si son dejados a esa dinámica, llevarían a la desagregación política y al fracaso de la idea de que hay alternativas a la hegemonía imperialista. Para superar ese escollo, el presidente Chávez ha propuesto el «bolivarianismo» y, de hecho, el legado de Bolívar tiene gran actualidad para las tareas de hoy. Sin embargo, hay que preguntarse –partiendo incluso de las experiencias del siglo pasado– sobre la pertinencia de la búsqueda de una sola identidad política, aunque ideológicamente amplia. Nos parece que lo más correcto será buscar la convergencia de diversas identidades, todas ellas orientadas hacia el objetivo estratégico común de una contrahegemonía ejercida por los pueblos.

3. ¿Cuáles deben ser los contenidos de ese proceso? O sea, ¿cuál sería su «programa»? Como decíamos más arriba esto no está listo: es y será un proceso. Y si admitimos una pluralidad de identidades convergentes, debemos considerar incluso una pluralidad de programas. No obstante, hay algunas directrices que podemos afirmar desde ahora. Es lógico y comprensible que cada gobierno inicie el proceso utilizando los medios que su economía nacional tiene actualmente. Sin embargo, si se queda en eso, sería la mera reiteración del modelo actual (de dependencia y subdesarrollo) que justamente se quiere superar. Por eso, es fundamental vincular los debates sobre la superación del neoliberalismo dentro de nuestros países al proceso de integración regional. Por otro lado, nuestras economías fueron construidas históricamente para servir a las metrópolis, tienen incluso características de unidades competidoras entre sí en los mismos rubros por mercados del capitalismo central y por capitales imperialistas. Un proyecto de integración debería, entonces, significar un amplio proceso de redefinición de nuestras estructuras productivas, de las infraestructuras de transporte y comunicación, de las matrices energéticas, etcétera, para hacer de la región una unidad económica común

---

[3] No así el nacionalismo en los países imperialistas, donde en general es parte componente de ideologías reaccionarias.

orientada hacia las necesidades de sus pueblos. Por último, no hay entre nuestros países uno que sea capaz de liderar a los demás, porque ninguno tiene capacidades hegemónicas regionales; esto significa que en el proceso se construirá un liderazgo compartido entre varios países o no habrá proceso regional. Este último es un desafío particularmente importante y estimulante ya que el pensamiento estratégico convencional no prevé esa hipótesis: deberá ser una creación heroica de nuestros pueblos.

4. Como señalamos antes, este proceso no comenzó ahora ni cayó del cielo. Es resultado de lentos y persistentes esfuerzos de construcción de actores políticos y sociales en nuestros países y a nivel regional. Por eso, como método, es necesario partir de lo que hemos construido en cuanto a espacios de convergencias y a capacidades de movilización. En ese sentido, el siguiente paso, definido en el Encuentro Hemisférico de Lucha contra el ALCA realizado en La Habana, Cuba, en abril de 2006, apunta para la Cumbre Social por la Integración que se efectuará en Bolivia, en diciembre de 2006. Será concomitante a la reunión de presidentes de la Comunidad Sudamericana de Naciones, que bajo el auspicio del gobierno boliviano, discutirá los rumbos de la integración regional. La Cumbre Social representa una oportunidad para avanzar en la convergencia de una pauta de propuestas para caminar hacia aquella construcción regional y para dialogar con otros actores de ese proceso (gobiernos abiertos al diálogo con los movimientos sociales, partidos políticos progresistas, entre otros).

GUSTAVO CODAS es periodista y economista paraguayo residente en São Paulo, Brasil, desde 1983.

Conflicto en el río Uruguay

JULIO C. GAMBINA, RINA BERTACCINI
y JORGE A. KREYNESS

El conflicto entre Argentina y Uruguay tiene su origen en el debate generado en torno a la construcción de dos plantas de pasta de celulosa en la ciudad de Fray Bentos, en la ribera uruguaya del río homónimo. La movilización popular en las ciudades de Gualeguaychu y Colón, en el lado argentino, hizo evidente un conflicto soslayado por gobiernos que oportunamente solo tuvieron en cuenta la faceta económica de la inversión. Si bien para Uruguay es un tema heredado, el gobierno de Tabaré Vázquez no tuvo la voluntad política de denunciar los acuerdos preestablecidos que el Frente Amplio había rechazado en instancias legislativas anteriores. Por su parte, el gobierno de Néstor Kirchner presenta el tema solo como un problema que afecta al medio ambiente, asumiendo así un ecologismo hipócrita que no considera la contaminación de proyectos similares en territorio argentino, incluso con tecnología de producción más contaminante.

En ambos países, los pronunciamientos populares en defensa del medio ambiente fueron continuos, incluso antes del inicio de la construcción de las plantas de producción de «pasta». El mérito de la movilización popular ha sido y es poner en evidencia un conflicto que muestra los límites de los gobiernos de Argentina y Uruguay para encarar transformaciones económicas y sociales profundas contra el poder económico de las trasnacionales. El modelo global de producción capitalista supone el traslado de las industrias contaminantes desde los países capitalistas desarrollados, al tiempo que potencian la explotación de los recursos naturales y la fuerza de trabajo de los países dependientes. La lucha de clases en el escenario mundial, por un lado, se define con la ofensiva de los capitales más concentrados por subordinar la naturaleza y la fuerza laboral a la lógica del mercado y la ganancia capitalista y, por el otro, se manifiesta en el rechazo del movimiento popular, aunque todavía no pueda expresarse como fuerza material en condiciones de instalar una propuesta política y económica alternativa, más aún, al aparecer desarticulada y sin acuerdo de acción común en ambos márgenes del río Uruguay.

Los hechos tienen antecedentes históricos y se vinculan a estrategias de acumulación de capitales asumidas en ambas orillas del Río Uruguay. Hace dos décadas que inversionistas locales e internacionales definieron en Uruguay la plantación de bosques de eucaliptos para la producción de pasta de celulosa, materia prima necesaria para abastecer la creciente necesidad de papel en los países del Norte, que según la FAO son destinatarios del 65% del consumo de papel del mundo, al tiempo que son los responsables de más del 80% de la producción, entre los que se destacan Canadá, Suecia y Finlandia. En un estudio publicado por *La Insignia* se puede leer que:

> En 1998 se consumieron 294 millones de toneladas de papel y cartón, lo que representa un consumo anual por habitante de 50 kilogramos en el mundo, aunque el consumo en muchos países africanos no llegó ni a 1 kilogramo por habitante, cifra muy alejada de los 330 kilos del norteamericano medio o los 135 kilos de España. Estados Unidos, Europa Occidental y Japón, que representan menos del 15% de la población mundial, consumen el 66% del papel y cartón.[1]

La forestación uruguaya de los últimos veinticinco años se vincula al proyecto generador de una fuente de provisión de materia prima para la industria del papel y de las llamadas «industrias culturales». Pero, del lado argentino también se desarrollan planes de acumulación de capitales y en la costa entrerriana, se vienen desarrollando proyectos turísticos sostenidos por capitales locales e internacionales. En ambas orillas fueron vistos con buenos ojos las inversiones con independencia del origen del capital. Tan así es que se generó en los dos países un clima favorable a la promoción de inversiones. El problema del desempleo en Uruguay y en Argentina constituía la razón suficiente para justificar cualquier inversión, aún a costa de la calidad ambiental.

Liberalización económica y promoción de las inversiones

Argentina y Uruguay sustituyeron sus regímenes legales para el tratamiento de las inversiones externas en el clima ideológico y político de los años noventa, mediante la suscripción de acuerdos bilaterales con otros países y entre sí para la promoción y defensa de las inversiones. El MERCOSUR, firmado en 1991, es el resultado de ese clima de época y está signado por la orientación al mercado de la economía, la liberalización en el movimiento internacional de capitales y la satisfacción de las necesidades de los capitales más concentrados, que hoy pugnan por la transnacionalización del mercado global.

---

[1] José Santamaría: «La situación actual de los bosques en el mundo», *La Insignia*, 21 de marzo de 2001 (http://www.lainsignia.org).

Tanto en Argentina como en Uruguay existían normas de regulación de las inversiones externas establecidas en la década del setenta que fueron suplantadas por las normas emanadas de la ofensiva capitalista de los últimos años. En los años noventa, se establecieron nuevos acuerdos bilaterales, los que se han difundido como práctica usual entre los Estados Nación para defender los intereses de las empresas inversoras. Es más, una de las funciones del estado capitalista contemporáneo consiste en lograr ocupar un buen lugar en la disputa global por la radicación de inversiones. Argentina y Uruguay no son ajenos a la disputa por la radicación de las pasteras, que se decidió a favor de Uruguay por la excesiva y corrupta demanda de las autoridades de la provincia argentina de Entre Ríos para ganar la inversión en su territorio.

A los efectos del caso que analizamos, pueden consignarse los tratados suscriptos de Promoción y protección recíproca de las inversiones entre la República Oriental del Uruguay y el Reino de España, en abril de 1992 y el Acuerdo relativo a la promoción y protección de inversiones firmado en marzo de 2002 entre Uruguay y Finlandia.[2] Dos acuerdos a la medida de Ence y Botnia, las empresas española y finlandesa que levantan las pasteras junto al río Uruguay y que son motivo del conflicto. La esencia de ambos tratados define claramente los intereses de las empresas y aún escritos con diez años de diferencia resumen las mismas cláusulas y condiciones favorables a las inversiones externas. En el último acuerdo puede leerse que;

> Cada Parte Contratante acordará siempre, para las inversiones de los inversores de la otra Parte Contratante, un tratamiento justo y equitativo y una total y constante protección y seguridad.[3]

Sigue señalando que:

> Cada Parte Contratante, en su territorio, no impedirá, con medidas injustas, o arbitrarias o discriminatorias, la administración, el mantenimiento, uso, goce, o adquisición de las inversiones realizadas por inversores de la otra Parte Contratante.[4]

Aunque se habla de «las partes», es clara la defensa del inversor externo y podría leerse como que «Uruguay se compromete con Botnia a...», pero no se precisan cuáles son los compromisos de Finlandia, no se indican cuáles son las inversiones uruguayas en ese país, y si las hubiera, se trataría incluso de un beneficio para un capital de origen oriental con pretensión de apropiación de plusvalía en el país europeo. No es imposible, pero no creemos que sea el caso. Lo mismo ocurre en el tratado firmado con España al que hacía referencia.

---

[2] Ambos acuerdos pueden consultarse en (http://www.parlamento.gub.uy).
[3] Acuerdo con Finlandia, artículo 2, acápite 2.
[4] Ídem.

Sigamos con el acuerdo en cuestión, donde puede leerse la facilidad «para contratar personal técnico y gerencial superior a su elección, independientemente de su nacionalidad».[5] Se pone así en duda el argumento sobre la contribución al desempleo de las inversiones externas, puesto que el personal «nacional» solo se privilegia en la etapa de construcción de la planta, ya que la especialización tecnológica posterior demandaría personal técnico y superior foráneo, con lo cual se le deja a los nativos las tareas más simples y no especializadas. El acuerdo establece igual trato del Estado a los inversionistas locales y externos.[6] Se establece que: «Las inversiones realizadas […] no serán expropiadas, nacionalizadas ni sujetas a otras medidas, directas o indirectas que tengan efecto equivalente a la expropiación o nacionalización» con las salvedades del «interés público […] el debido proceso legal y contra una inmediata, suficiente y efectiva compensación».[7] «Dicha compensación equivaldrá al justo valor de mercado de la inversión».[8] No resulta ocioso pensar en esta norma, cuando en Bolivia, el gobierno de Evo Morales dispuso por decreto la nacionalización de los hidrocarburos y entre otras quejas, el titular de la española Repsol manifestó el carácter «injusto» de la medida.

Es interesante verificar que: «Para los inversores […] cuyas inversiones sufran pérdidas por causa de guerra u otros conflictos armados, estado de emergencia nacional, revuelta, insurrección o manifestaciones en el territorio» donde se realiza la inversión, la Parte «acordará con relación a la restitución, indemnización, compensación u otros acuerdos, un tratamiento» igual al de los inversores locales, siendo «Los pagos resultantes […] en efectivo, en moneda de libre conversión e inmediatamente transferibles».[9] Se establece «La libre transferencia, hacia y fuera de sus territorios, de los pagos en relación con una inversión»,[10] referidos al movimiento de recursos para ampliar la inversión, remisión de rendimientos y utilidades, o producto de ventas de patrimonio bajo cualquier forma, reembolsos de préstamos, pagos de royalties, licencias, gastos y honorarios de administración, compensaciones y otros gastos derivados de la inversión. Son en conjunto formas de justificación de remesas de utilidades al exterior, explícitas y ocultas.

Insistimos en que ambos acuerdos sostienen cláusulas similares y que en materia de controversias remiten al «acuerdo entre las partes […] y si no puede resolverse […] la controversia será sometida, a petición de cualquiera de las Partes Contratantes, a un tribunal arbitral» en cuya conformación, si las Partes no designan los árbitros, puede intervenir el Tribunal Internacional de Justicia

---

[5] Ibíd., artículo 2, acápite 5.
[6] Ob. cit., artículo 3, acápite 1.
[7] Ibíd., artículo 5, acápite 1.
[8] Ibíd., artículo 5, acápite 2.
[9] Ibíd., artículo 6, acápite 1.
[10] Ibíd., artículo 7, acápite 1.

de La Haya.[11] Cuando el conflicto es entre un Estado y los inversionistas, los acuerdos remiten al Convenio sobre Arreglo de Diferencias Relativas a las Inversiones entre Estados y Nacionales de otros Estados, más conocido como CIADI, al tribunal auspiciado por el Banco Mundial desde el 18 de marzo de 1965, «o a un tribunal arbitral "ad hoc" establecido de conformidad con las reglas de la Comisión de Naciones Unidas para el Derecho Mercantil Internacional (CNUDMI)»,[12] en Resolución aprobada por la Asamblea General de la ONU el 15 de diciembre de 1976.

El impacto ambiental y el doble discurso

La planta de pasta de celulosa de la finlandesa Botnia es la más grande en su tipo en América y tendrá consecuencias por efecto de la contaminación sobre el río, el medio ambiente en general y, especialmente, sobre las poblaciones a ambos márgenes del río Uruguay. Los daños previstos serán irreparables. El Premio Nóbel de la Paz, Adolfo Pérez Esquivel ha señalado: «La tecnología a usarse en la empresa Botnia es la ECF con dióxido de cloro, es la más contaminante y si se piensa en la escala de producción prevista, los daños serán irreparables». En su intento por involucrar al gobierno uruguayo en la solución del conflicto y ante la demanda de los pueblos movilizados en la Argentina, Pérez Esquivel sostuvo: «Es necesario tener en cuenta que el problema de las celulosas no afectará únicamente a la Argentina, los mismos daños lo soportará Uruguay». Afirmó también: «Esta situación se ha transformado en un problema de soberanía e identidad al tensar las relaciones y ánimos entre los dos países. No se tiene en cuenta que a las empresas internacionales no les interesan nuestros pueblos, privilegian el capital financiero sobre el capital humano. Lo vienen haciendo en otros países y continentes, de la misma manera».[13]

La posición oficial de la Argentina se basa en la causa ambiental y en ese sentido es bueno comparar las palabras y los hechos. Es un dato político en Argentina la contradicción oficial entre ambos, y por ello resulta sorprendente la pretensión del gobierno argentino de aparecer como abanderado de la causa ambiental. Vale recordar que en Argentina situaciones similares de acciones contaminantes y/o depredadoras del medio ambiente –denunciados insistentemente por las poblaciones afectadas– ocurren sin que el gobierno haga nada por impedirlo. Es el caso de Misiones, provincia argentina limítrofe con Brasil y Paraguay, bordeada por los ríos Paraná, Iguazú y Uruguay, donde la situación es dramática, pues la destrucción de la selva avanza y se extienden las plantaciones de pino para abastecer a las tres fábricas de pasta de celulosa

---

[11] Acuerdo entre Uruguay y España de 1992, artículo X, acápite 1.
[12] Ibíd., artículo XI, acápite 4.
[13] (http://www.alterinfos.org).

emplazadas en la provincia. En su artículo «Robo de agua»,[14] el médico misionero Juan Yahdjian, integrante de la Pastoral de Iguazú, denuncia con detalle el comportamiento de las «pasteras» y no «papeleras», puesto que el papel en su mayor parte se fabrica en el extranjero. El pino, tanto como el eucalipto, absorbe grandes cantidades de agua, recurso fundamental que también utilizan ampliamente las fábricas de pasta de celulosa, pero, además, las plantaciones contaminan la tierra y las napas de agua por el uso intensivo de agrotóxicos. También contaminan las pasteras: el agua utilizada en los procesos de fabricación, junto con el remanente de los productos químicos empleados, se vuelcan a los ríos y estos arrastran los desechos tóxicos en todo su recorrido hasta el mar. Numerosas agrupaciones populares han planteado con insistencia estos problemas, particularmente en el Foro Social Misionero y en el I Foro Social de la Triple Frontera (Iguazú, Argentina, junio de 2004). Nada han hecho el gobierno provincial o las autoridades nacionales, para remediarlos. Es más, de eso no se habla.

Un caso emblemático es el de la explotación minera a lo largo de la Cordillera de los Andes. Poblaciones enteras, algunas desde hace varios años, vienen denunciando situaciones de grave riesgo de contaminación –a veces ya consumada– de terrenos, ríos y arroyos, el despojo de tierras a sus legítimos ocupantes, la depredación de glaciares y la enajenación, a precios irrisorios, de bienes naturales a cuenta de grandes compañías extranjeras. Existen informes técnicos probatorios de esas denuncias. Hay casos como el de la Mina La Alumbrera, en la provincia de Catamarca, en que el responsable de la empresa ha sido llevado ante la Justicia. Las localidades de Esquel, El Bolsón, Lago Puelo, Ingeniero Jacobacci, la comunidad mapuche del sur patagónico, Calingasta, Jachal, Belén, Andalgalá, dan testimonio de la continua iniciativa de los vecinos reclamando la paralización de actividades mineras, que son legales (en el sentido de que hay leyes argentinas que las permiten), pero ilegítimas por los daños irreparables que generan.

> Pedimos por el agua y las montañas –claman ciudadanos de la provincia de San Juan– en nuestra provincia hay emprendimientos […] emplazados en zona de biosfera, cuna de glaciares y cauce de los dos únicos ríos que son vida para nuestra provincia el San Juan y el Jachal. Este es el costo del gran negocio de la gran minería […] utilizan más de 12 millones de litros de agua por día, miles de litros de cianuro y otros tóxicos para extraer los metales, miles de kilos de explosivos y combustibles, dinamitan 42 000 ton de roca por día, destruyendo nuestras montañas, generan miles de toneladas de residuos tóxicos.[15]

---

[14] (http://www.ecoportal.net)
[15] Tomado de Agencia Walsh (Internet).

De especial interés es el pronunciamiento de la Asamblea Coordinadora Patagónica por la Vida y el Territorio, contra el saqueo y la contaminación, realizada en Ingeniero Jacobacci, Río Negro, el 11 de junio de 2006: «Si las mineras están aquí [señalan] es porque el estado promueve esta cuestionable forma de obtener dinero. Los políticos de los tres poderes, o quienes aspiran a ser candidatos, insisten en presentar la minería contaminante como algo inevitable y positivo, a pesar de todas las evidencias en contra […]. Rechazamos la adjudicación de permisos de cateo, exploración y explotación de minería contaminante en toda la Patagonia».[16] Una semana antes, el 5 de junio, una caravana multitudinaria había recorrido 10 km de la cordillera patagónica, hasta concentrarse en Lago Puelo, en la Asamblea Comarcal contra el Saqueo, para expedirse en forma similar que la Asamblea de Jacobacci y exigir la derogación de la legislación vigente en materia de explotación minera.[17]

Lo que pretendemos señalar son las responsabilidades de los dos gobiernos, cada quien en lo que corresponda. Ni el gobierno de la Argentina está exento de promover la contaminación ambiental, ni el gobierno uruguayo está obligado a convalidar los lazos contractuales establecidos por gobiernos anteriores. Si alguna duda existiera al respecto, bastaría con indicar la actitud soberana del gobierno boliviano con la nacionalización de los hidrocarburos, que modifica contratos previamente establecidos. Como sostienen dos autores, uno uruguayo y el otro argentino en un artículo compartido:

> Las particularidades y peripecias del conflicto por las plantas de celulosa no deberían ocultar que está en juego un dilema: la profundización de la disputa por atraer inversiones externas compitiendo en un «sálvese quien pueda» que puede llevar insospechados enfrentamientos regionales, o la apuesta a un proyecto regional soberano con complementariedad productiva sustentable y el reconocimiento y la compensación de las asimetrías.[18]

Señalan más adelante los autores:

> El conflicto actual entre Argentina y Uruguay no refleja los cambios sino las continuidades del «sálvese quien pueda» de toda una época. Como muestra de debilidad es posible observar el profundo

---

[16] (http://www.noalamina.org).

[17] (http://www.noalamina.org).

[18] El fragmento del artículo publicado en *Brecha* el 5 de mayo de 2006, ha sido tomado de *Argenpress* del 7 de junio de 2006 (www.argenpress.info). Sus autores son: Antonio Elías, uruguayo, docente de la Universidad de la República, miembro de la Red de Economistas de Izquierda de Uruguay (REDIU) y Jorge Marchini, argentino, docente de la Universidad de Buenos Aires, miembro de Economistas de Izquierda (EDI); ambos son miembros de la Junta Directiva de la Sociedad Latinoamericana de Economía Política y Pensamiento Crítico (SEPLA).

contrasentido de que, en el momento que se cuenta con gobiernos supuestamente más progresistas y que reclaman, más que nunca, la necesidad de que los latinoamericanos asumamos nuestras responsabilidades y rol histórico en forma madura, el Banco Mundial, el cuestionado organismo señalado tantas veces como causante de «semillas de destrucción» se convierta en el árbitro esperado para laudar en el conflicto. O la Corte de la Haya, cuya ineficacia en resolver conflictos internacionales es bien reconocida, se convierta en ámbito de dilucidación de la disputa entre Uruguay y Argentina en torno a la instalación de las plantas de celulosa. O peor aún, se busque que la salida salvadora sea terminar con los acuerdos regionales o avanzar en entendimientos individuales de preferencia comercial con países mayores (¿y las quejas de subordinación y falta de independencia?), en lo que sin duda sería un salto al vacío con impredecibles costos para nuestras sociedades.[19]

¿Qué soluciones para el conflicto?

Argentina llevó el tema a la Corte de La Haya y obtuvo una respuesta negativa en la expectativa de suspender la construcción de las plantas de fabricación de pasta de celulosa; aunque no afecta derechos futuros de la Argentina por los daños ambientales que puedan producirse. Uruguay ha sostenido que el ámbito de solución de controversias es el MERCOSUR, que se debate entre la inacción derivada de su tradición de estatuto «neoliberal» por su surgimiento en pleno auge de la ofensiva capitalista en 1991 y la expectativa por el reciente ingreso pleno de Venezuela y su formulación por un «socialismo del siglo XXI». Hasta ahora, ni La Haya, ni el MERCOSUR han sido útiles para resolver el conflicto. El movimiento popular de Gualeguaychu, tras la pausa de la acción judicial, retoma la dinámica de resistencia, a la que se suma en forma creciente parte del movimiento popular de Uruguay. El problema del movimiento popular en ambos países y en rigor, en todo el planeta, es la construcción de alternativa política. La dinámica popular en la región ha volteado gobiernos, e incluso ha llevado al gobierno a movimientos y partidos de izquierda y, sin embargo, no alcanzó para avanzar en las transformaciones sociales, económicas y políticas necesarias para resolver las demandas populares por una vida digna. El tema que debe discutirse en los pueblos es sobre el rumbo de América Latina y el Caribe. El capitalismo no aporta soluciones, más que la reivindicación de ganancia, riqueza y poder en las condiciones actuales de transnacionalización. El desafío actual incluye construir otro orden de relaciones sociales dentro de cada país y en el orden global. El «otro mundo posible» es el socialismo.

[19] Ibíd.

Alguien puede objetarnos y señalarnos que no se le puede dar a un conflicto actual, la solución que le correspondería en una sociedad socialista. Nos animamos a responder que el socialismo es una sociedad cuyos principios debemos definir en el presente, en la construcción de poder popular a partir de un imaginario social que sueñe con otros usos de las potencialidades actuales. Se puede pensar en los 25 000 millones de dólares que Brasil y Argentina asignaron al FMI como cancelación anticipada de deudas con el organismo. ¿Tienen usos alternativos y que contemplen la solución del conflicto en el río Uruguay? ¿Solo pasta de papel puede producirse a partir de la madera proveniente de eucaliptos en Fray Bentos, Uruguay, o pinos en Misiones, Argentina? ¿Puede pensarse en inversiones de la industria de la construcción basadas en la madera y que involucre una solución integral para las viviendas populares en la zona? Son ideas para resolver el tema del desempleo y vincularlo a la solución de la vivienda y el medio ambiente, con la utilización de recursos públicos que hoy se derivan a la cancelación de deuda pública. Estas ideas solo son posibles si se cambia la lógica mercantil de organización de las relaciones económicas vigentes en la cultura política hegemónica en nuestros países. Ello supone una cultura alternativa por otro orden social y eso no se le puede pedir a gobiernos que no reciben la presión de un poder popular que luche conscientemente por otras relaciones sociales. Esa lucha por el socialismo, en proceso de reinstalación en la agenda política de la región, es el camino de la superación de la conflictividad entre países, y le da proyección alternativa a la solución de las reivindicaciones populares.

JULIO C. GAMBINA es profesor de las universidades públicas de Rosario y de Buenos Aires, presidente de la Fundación de Investigaciones Sociales y Políticas, FISYP (entidad miembro de CLACSO), presidente de ATTAC-Argentina y miembro de la Comisión Política del Comité Central del Partido Comunista de la Argentina.

RINA BERTACCINI es ingeniera, co-presidenta del Consejo Mundial de la Paz, secretaria general del Movimiento por la Paz, la Soberanía y la Solidaridad entre los Pueblos (MOPASSOL) y miembro del Comité Central del Partido Comunista de la Argentina.

JORGE A. KREYNESS es responsable de Relaciones Internacionales y miembro de la Comisión Política del Comité Central del Partido Comunista de la Argentina.

Puerto Rico: remanente colonial en el siglo XXI

JULIO A. MURIENTE PÉREZ

El 13 de junio de 2006, el Comité de Descolonización de la ONU aprobó por unanimidad –como ya es usual– una nueva resolución sobre el caso colonial de Puerto Rico, que se suma a más de una veintena aprobadas por este importante órgano durante los últimos treinta y seis años. Además de reafirmar, una vez más, el derecho inalienable del pueblo puertorriqueño a la libre determinación e independencia, de conformidad con la Resolución 1514 (XV) de la Asamblea General, entre otros asuntos, el Comité: reiteró el carácter latinoamericano y caribeño de nuestra nación; expresó su preocupación por los actos de represión realizados por el FBI en territorio puertorriqueño durante el pasado año; reconoció que toda iniciativa descolonizadora debe tener como punto de partida la voluntad soberana del pueblo puertorriqueño; instó al gobierno de los Estados Unidos a que devuelva al pueblo puertorriqueño las tierras que permanecen ocupadas en la isla-municipio de Vieques y la antigua base naval Roosevelt Roads; reclamó la liberación de los presos políticos puertorriqueños; e insistió en que el caso colonial de Puerto Rico sea considerado por la Asamblea General de la ONU.

Las gestiones del movimiento patriótico puertorriqueño para que el Comité de Descolonización de la ONU considerara el caso colonial de Puerto Rico, datan de la misma fundación de dicho órgano. Sin embargo, los esfuerzos iniciales fueron infructuosos, sobre todo por la presión que ejercía el gobierno de los Estados Unidos sobre los países miembros del Comité de los 24. Finalmente, en el año 1972, el Comité de Descolonización decidió respaldar el derecho del pueblo puertorriqueño a su autodeterminación e independencia, y aprobó una resolución a esos efectos.[1]

La importancia de la resolución aprobada en 1972 –que fue presentada oficialmente por las delegaciones de Cuba y Venezuela– radica en dos

---

[1] Periódico *Claridad*, San Juan, del 7 al 13 de agosto de 1987, p. 20.

elementos principales. Primero, es fruto, consecuencia y reconocimiento de la lucha que, durante décadas, ha librado el pueblo puertorriqueño por su autodeterminación e independencia, en condiciones de extraordinaria desigualdad, contra la potencia capitalista desarrollada más poderosa, violenta y agresiva del planeta. Segundo, es un reclamo claro y directo a la comunidad internacional para que reactive su solidaridad con nuestra causa libertaria, en este caso, al elevar la discusión de nuestra anacrónica condición colonial a la Asamblea General y mediante la reafirmación del derecho de Puerto Rico a la soberanía e independencia plenas. Este reclamo, que tuvo oídos receptivos en los años subsiguientes, ocurría, valga recordar, en el que ha sido proclamado por la ONU como el Segundo Decenio Internacional para la Eliminación del Colonialismo. En este contexto, la Resolución 55/146 de la ONU, en los resolutivos 3 y 4:

> 3. Exhorta a las Potencias administradoras a que cooperen plenamente con el Comité Especial encargado de examinar la situación con respecto a la aplicación de la Declaración sobre la concesión de la independencia a los países y pueblos coloniales para elaborar un programa de trabajo constructivo respecto de cada uno de los territorios no autónomos, a fin de facilitar la ejecución del mandato del Comité Especial y de las resoluciones de las Naciones Unidas relativas a la descolonización, comprendidas las que se refieren a territorios concretos;
>
> 4. Invita a los Estados Miembros, los organismos especializados y otras organizaciones del sistema de las Naciones Unidas, así como a otras organizaciones gubernamentales y no gubernamentales, a que apoyen activamente la ejecución del plan de acción durante el Segundo Decenio Internacional y participen en ella.[2]

La consideración de esta resolución y, sobre todo, la disposición a apoyar desde cada rincón del planeta la lucha que libra el pueblo boricua contra el anacronismo colonial y por su derecho elemental a la libertad, obliga a un conocimiento más cercano del país, por lo cual ofrecemos aquí, en síntesis, una breve historia de Puerto Rico, que facilite la comprensión de su proceso.

Entre veinticincos de julio

En este mundo casi sin colonias –porque surgieron en los siglos pasados formas más elegantes, disimuladas y efectivas de dominación y explotación–, Puerto Rico se mantiene como uno de esos remanentes anacrónicos, probablemente el más importante, de los que aún quedan en el planeta. El pasado 25 de julio

---

[2] Resolución 55/146 de la ONU, Segundo Decenio Internacional para la Eliminación del Colonialismo, resolutivos 3 y 4.

se conmemoraron en este país caribeño, antillano y latinoamericano, tres eventos que sintetizan lo que ha sido su historia azarosa, desde las postrimerías del siglo XIX hasta los albores del siglo XXI.

El 25 de julio de 1898, Puerto Rico fue invadido y ocupado por las Fuerzas Armadas de los Estados Unidos, como parte de la Guerra hispano-cubano-americana. Previamente, en el amanecer del 11 al 12 de mayo, la capital, San Juan, fue objeto de un despiadado bombardeo por parte de la Marina de Guerra estadounidense, que provocó grandes destrozos y numerosos muertos y heridos entre la población de la ciudad amurallada. El diario *La Correspondencia* describía ese bombardeo con las siguientes palabras:

> Escribo a las 12 del día, pocas horas después de terminado el bombardeo; ese acto tan salvaje como inútil, mejor dicho como perjudicial para la causa que dicen defender nuestros utilizados enemigos.
>
> Es una guerra que han emprendido en nombre de la humanidad, y el primer acto humanitario que ha tenido lugar en Puerto Rico, es arrojar sobre la Capital sin miramiento alguno, centenares de proyectiles explosivos a la hora en que más daño directo e indirecto podían hacer a las personas inofensivas.
>
> El bombardeo de hoy ha sido uno de los más violentos que registrará la historia entre los marítimos, tanto por su duración, como por el número y la clase de los proyectiles arrojados, algunos de mayor calibre y todos de gran alcance.[3]

Así finalizaron 405 años de colonialismo español (1493-1898), que se plasmaron en el Tratado de Paz de París del 10 de diciembre de 1898, en cuyo Artículo Noveno quedó establecido que todo lo concerniente a Puerto Rico y los puertorriqueños estaría a partir de entonces –y hasta el presente– en manos del Congreso de los Estados Unidos.

> Los derechos civiles y la condición política de los habitantes naturales de los territorios aquí cedidos a los Estados Unidos se determinarán por el Congreso.[4]

Cincuenta y cuatro años después, el 25 de julio de 1952, se estableció oficialmente el Estado Libre Asociado (ELA) de Puerto Rico. El ELA es una criatura del Congreso de los Estados Unidos, según quedó establecido en la Ley 600, aprobada por ese cuerpo en 1950. Dicha ley establecía la elección entre los puertorriqueños de una asamblea constituyente. De la misma surgiría una constitución que, aunque puesta a la consideración del electorado

---

[3] Editorial del periódico *La Correspondencia*, San Juan, 12 de mayo de 1898.
[4] Tratado de París, 10 de diciembre de 1898, Artículo IX (fragmento).

puertorriqueño, sería aprobada finalmente por el Presidente y el Congreso estadounidenses; y en su texto quedaría claramente establecido el control absoluto de los Estados Unidos sobre Puerto Rico. En este sentido, la Constitución del ELA afirma:

> Que consideramos factores determinantes en nuestra vida la ciudadanía de Estados Unidos de América y la aspiración a continuamente enriquecer nuestro acervo democrático en el disfrute individual y colectivo de sus derechos y prerrogativas; la lealtad a los postulados de la Constitución Federal.[5]

El interés político principal de los Estados Unidos al promover la creación del ELA fue liberarse del estigma de país con colonias que le imponía la ONU, organización mundial fundada en 1945, que en su Carta se pronunciaba firmemente contra el colonialismo. Ello explica por qué al año siguiente de la fundación del ELA, en 1953, la delegación estadounidense radicó una resolución en la Asamblea General de la ONU –la Resolución 748 (VIII)– que presenta al ELA como una fórmula descolonizadora y a la «nueva» relación entre Puerto Rico y los Estados Unidos como una de asociación libre y democrática. El carácter fraudulento del ELA, en cuanto opción descolonizadora, resultó tan evidente para los miembros de la ONU de entonces que, aunque el gobierno de los Estados Unidos logró la aprobación de dicha resolución, fueron más los votos en contra y las abstenciones, que los votos a favor.

Resolución 748 (VIII) de la ONU sobre Puerto Rico, 27 de noviembre de 1953

Votos a favor   26.

Votos en contra   16.

Votos abstenidos   18.[6]

En 1978, la fecha del 25 de julio adquirió una nueva significación. Ese día la policía de Puerto Rico entrampó y asesinó a dos jóvenes independentistas, en una zona montañosa conocida como el Cerro Maravilla. La autoría intelectual de este doble asesinato se le adjudica al entonces gobernador colonial, el anexionista Carlos Romero Barceló, en complicidad con el FBI. Ese brutal acto formaba parte de un plan implementado meses antes –curiosamente en coincidencia con el macabro Plan Cóndor en América del Sur– dirigido a crear un clima de histeria colectiva en el pueblo, que justificara acciones represivas del gobierno contra el movimiento

---

[5] Fragmento del Preámbulo de la Constitución del ELA de Puerto Rico.
[6] Carmen Gautier Mayoral y María del Pilar Argüelles: *Puerto Rico en la ONU*, Edil, Río Piedras, 1978, p. 20.

independentista, el cual era visto como un impedimento a sus intenciones anexionistas y antinacionales.

No pasó mucho tiempo antes de que se develara la verdad. Aquellos dos muchachos habían sido ejecutados a sangre fría. Las investigaciones oficiales y privadas no se hicieron esperar. El impacto sobre nuestro pueblo fue estremecedor. Como quiera que sea, no todos los días la policía de Puerto Rico asesinaba de manera tan brutal y cruel a dos ciudadanos, mucho menos por razones político-ideológicas y con la intención tenebrosa de instalar un régimen de terror. De manera que, ciento ocho años después de la invasión militar, cincuenta y cuatro años después de la imposición del ELA y veintiocho años después de los asesinatos del Cerro Maravilla, Puerto Rico sigue siendo colonia de los Estados Unidos.

Una colonia a la manera republicana

Cuatrocientos cinco años después de haber sido colonia de una monarquía absoluta, Puerto Rico pasó a ser colonia de una república, que además se forjó como fruto de la primera guerra anticolonial victoriosa en América. Pasamos de manos de un imperio decadente y venido a menos, a las manos de una pujante república capitalista, que había ido expandiéndose durante el siglo XIX y que en la década de 1890 se lanzaba a la aventura imperialista. Ese hecho es importante para comprender el interés tan grande del gobierno de los Estados Unidos por establecer en Puerto Rico formas republicanas de gobierno y un «estado de derecho», ello –aunque suene paradójico– sin alterar la condición de subordinación colonial establecida en 1898. Por eso en 1900 sustituyeron el gobierno militar invasor por un gobierno civil compuesto en su inmensa mayoría por estadounidenses y aprobaron una ley (Foraker) que impuso las reglas de juego básicas de la dominación que recién se iniciaba.

Años más tarde –en 1917– el Congreso aprobó la Ley Jones, que, además de establecer la organización interna de su colonia del Caribe, le impuso a los puertorriqueños la ciudadanía yanqui. Ello ocurrió pocas semanas antes de la entrada de los Estados Unidos en la Primera Guerra Mundial, por lo que fue a ese conflicto bélico a donde por primera vez fueron enviados soldados puertorriqueños a defender los intereses de la nueva metrópoli. En ese contexto, a la vez colonial y «republicano», concibieron las autoridades estadounidenses la creación del Estado Libre Asociado. Esta condición de colonia a la manera republicana hace que el país se organice política y administrativamente como cualquier república –elecciones generales periódicas, ramas legislativa, judicial y ejecutiva, etcétera– sólo que adoleciendo de lo esencial, es decir, de la soberanía, del poder para tomar decisiones y para determinar nuestro destino libremente.

Esto es pura fachada, muy parecida a la obsesión yanqui de nuestros días de invadir, ocupar y destruir a Irak, y después pretender resolver la flagrante violación a la soberanía nacional de ese país con la «imposición democrática» de una nueva Constitución y un parlamento y un presidente títeres.

Public Law 600 – 81st Congress

To provide for the organization of a constitutional government by the people of Puerto Rico.

[…] The said constitution shall provide a republican form of government and shall include a bill of rights […]

Section 3. Upon adoption of the constitution by the people of Puerto Rico, the President of the United States is authorized to transmit such constitution to the Congress of the United States if he finds that such constitution conforms with the applicable provisions of this Act and of the Constitution of the United States.[7]

Una colonia moderna

El colonialismo en el Puerto Rico del presente es algo totalmente distinto al africano o al asiático de los siglos XIX y XX. La modernidad del capitalismo colonial «a la yanqui» con la que se topa uno en esta isla-nación ocupada –que no deja de confundir al recién llegado– no ha estado ahí siempre, y tiene su razón de ser en el marco de las relaciones de dominación prevalecientes.

La historia económico-social de Puerto Rico bajo la dominación colonial yanqui se divide en dos grandes períodos. El primero se extendió desde la invasión de 1898 hasta las postrimerías de la década de 1940. Durante esos años Puerto Rico fue convertido en una gran plantación azucarera, controladas las tierras, la industria del azúcar y la riqueza por los capitalistas ausentistas, conocidos como los Barones del Azúcar. La miseria, el hambre, la insalubridad y el desasosiego general campeaban por sus respetos, mientras los grandes terratenientes se enriquecían.

---

[7] Héctor Luis Acevedo (Editor): *La Generación del 40 y la Convención Constituyente*, Universidad Interamericana de Puerto Rico, San Juan, 2003, Ley 600 del 81er. Congreso de los Estados Unidos, p. 159. [Traducción de la cita: «Ley Pública 600 – 81 Congreso. Proporcionar la organización de un gobierno constitucional por el pueblo de Puerto Rico […] La susodicha Constitución debe proveer una forma de gobierno y debe incluir una carta de derechos […] Sección 3. A partir de la adopción de la Constitución por el pueblo de Puerto Rico, el Presidente de los Estados Unidos está autorizado para transmitir esa Constitución al Congreso de los Estados Unidos, si él considera que esa constitución es compatible con lo establecido en esta Ley y en la Constitución de los Estados Unidos.» (*N. del E.*)]

En la década de 1940 la expectativa de vida de los puertorriqueños era 40 años; el ingreso per capita no superaba los doscientos dólares; proliferaban enfermedades como la tuberculosis, padecimientos gastrointestinales, polio y otras; el grueso de la población vivía en la ruralía, en chozas y bohíos, sin servicios básicos de energía eléctrica, agua potable o alcantarillados. De nada había servido que nos hubieran hecho ciudadanos «americanos» en 1917 o que nos hubieran traído la «democracia americana».

> It was true that Puerto Ricans had been made citizens in 1917 on the only ocassion when serious revision of the Organic Act was undertaken after 1900, but it was done in a sudden realization of strategic possibilities, not as a part of a policy, and significantly enough, in time of war when Puerto Rican loyalty was important. Americans generally had not come to think of Puerto Ricans as real citizens –rather, when they thought of them at all, as citizens of a sort of second class.[8]

La segunda etapa arrancó en el período inmediatamente anterior a la intervención de los Estados Unidos en la Segunda Guerra Mundial. En 1941, Washington había convertido a Puerto Rico en una gran base militar, una suerte de avanzada en el Caribe para garantizar su hegemonía en la región. Grandes extensiones de terreno que antes se utilizaban para la agricultura fueron convertidas en bases militares, como es el caso de la ocupación de la isla-municipio de Vieques y la edificación de las inmensas bases de Ramey Fields (aérea) y Roosevelt Roads (naval). En esos años se fueron sentando las bases de cambios políticos, económicos, demográficos y sociales. Se anticipaba la pronta desaparición del monocultivo azucarero y su sustitución por industria liviana de capital igualmente estadounidense; se implantaban planes agresivos para estimular la emigración masiva de puertorriqueños hacia los Estados Unidos; se iban dando los cambios administrativos necesarios para echar a andar modificaciones políticas, de forma que no de fondo. Esa fue la ruta que condujo al proceso de industrialización del país,

---

[8] Rexford Tugwell: *The Stricken Land*, Greewood Press, New York, 1976, p. 70. Tugwell fue el último de una larga lista de gobernadores estadounidenses (1941-1946) impuestos por Washington desde 1898. Tuvo a su cargo garantizar la «paz social» en el país y crear las condiciones administrativas y políticas para la creación del Estado Libre Asociado. En ese libro de más de 700 páginas, Tugwell emite múltiples opiniones sobre la condición política y social del Puerto Rico de esos años. [Traducción de la cita: «Era cierto que los puertorriqueños habían sido hechos ciudadanos en 1917 en la única ocasión que se emprendió una revisión seria de la Ley Orgánica después de 1900, pero se hizo en virtud de la repentina identificación de posibilidades estratégicas, no como parte de una política, y de manera muy significativa, en un momento en que la lealtad puertorriqueña era importante. Los estadounidenses generalmente no habían llegado a pensar sobre los puertorriqueños como verdaderos ciudadanos, sino, si es que acaso pensaban en ellos, lo hacían como ciudadanos de segunda clase.» (*N. del E.*)]

a la liquidación progresiva de la agricultura, al exilio masivo y a la creación del Estado Libre Asociado en 1952.

En 1945 finalizó la Segunda Guerra Mundial. Ese mismo año se fundó la ONU y con esta se estableció un nuevo orden mundial, en el que, al menos formalmente, el colonialismo estaba proscrito. De manera que la fundación del ELA correspondía al interés de los Estados Unidos de no ser señalado como país con colonias, luego de haber salido de la guerra como gran abanderado de la libertad.

Desde el punto de vista económico –que es, después de todo, la razón principal de la conquista y la dominación colonial– el interés de los Estados Unidos en modernizar a Puerto Rico sin alterar la relación colonial, iba dirigido a maximizar las riquezas que pudiera generar el pueblo trabajador puertorriqueño. Una economía industrializada dirigida a generar inmensas ganancias, como la que comenzó a instalarse en Puerto Rico desde la segunda parte de la década de 1940, requería de una transformación socio-poblacional, de una elevación de las condiciones de vida, de una recreación de la estructura de clases que propendiera a la proletarización masiva de la población, del acceso a mejores condiciones de salud, educación y alimentación. Era necesario, además, levantar la infraestructura necesaria para la industria liviana primero, para la industria petroquímica después y, más tarde, para la industria altamente sofisticada como la farmacéutica, química, electrónica y alimenticia.

Lo que se fue dando en Puerto Rico desde mediados de la década de 1940 consistió precisamente en una transformación cualitativa de las formas de producción. La revolución ocurrida en Puerto Rico, a la que se refieren algunos analistas del ELA y el Partido Popular Democrático (PPD), fue una pequeña «revolución industrial» dirigida, como su gran predecesora histórica del siglo XVIII, a sacarle más ganancia a cada trabajador por cada minuto trabajado.[9]

En buena medida Puerto Rico fue transformado en un apéndice de la economía industrial capitalista de los Estados Unidos, con todas las consecuencias que ello conllevaría. Aumentaron, a niveles sin precedentes, la explotación económica, el control militar, la imposición de la legalidad metropolitana y el achicamiento de las prerrogativas políticas, económicas y sociales del pueblo puertorriqueño. Tanta modernidad, si bien supuso la elevación general de la calidad de vida en renglones como la educación, salud, vivienda, alimentación, comunicación, carreteras y otros, condujo a Puerto Rico a un callejón sin salida, de sometimiento creciente, empobrecimiento generalizado, violencia, criminalidad y corrupción, ausencia de proyectos económicos y profundización de la dependencia.

---

[9] Julio A. Muriente Pérez: «Impacto ambiental y uso del espacio geográfico a partir de la Operación Manos a la Obra en la región Norte de Puerto Rico: un acercamiento espacial e histórico», Tesis doctoral en Historia, Universidad de Puerto Rico, 2005, p. 154.

Algunos datos pueden ayudar a comprender mejor lo expresado. En la década de 1940 nos decían que había que salir de buena parte de la población, porque los puertorriqueños éramos demasiados, y muy pobres. En 2006, el número de compatriotas residentes en los Estados Unidos –cuatro millones, muchos de ellos en condiciones deplorables– ha superado a los boricuas residentes en Puerto Rico. Sin embargo, más del 50% de los puertorriqueños residentes en su país viven en niveles de pobreza.

La deuda externa pública supera los $40 000 millones y la deuda privada es superior a los $25 000 millones y, mientras el gobierno colonial enfrenta una creciente precariedad e insuficiencia económica, las ganancias anunciadas por las empresas transnacionales en 2005 ascendieron a $30 000 millones. De cada dólar que los Estados Unidos incorporan a la economía colonial por vía de los llamados fondos federales, las sucursales de las empresas capitalistas de ese país obtienen más de cinco dólares de ganancia.

La expectativa de vida es superior a los setenta años en ambos sexos, pero cada año son asesinadas más de 700 personas, sobre todo jóvenes; más de 150 000 personas son adictas a las drogas; el país es una de las rutas principales de la droga de América del Sur hacia los Estados Unidos y uno de los principales centros de lavado de miles de millones de dólares provenientes del narcotráfico. Son alarmantes las cifras de suicidios en niños y adultos, delitos de violencia doméstica, divorcios, embarazos precoces, deserción escolar y enfermedades sicosociales.

Muestras elocuentes de la ausencia de planificación económica y social, en este país utilizado como modelo que debe seguirse de la modernidad en la dependencia, son los más de 19 000 kilómetros de carreteras y 2,5 millones de automóviles (cifra proporcionalmente superior a la de los Estados Unidos); la depredación de las tierras agrícolas y cuerpos de agua para sepultarlos de concreto y brea en un proceso urbanístico desaforado y destructivo; los 500 000 boricuas que han tenido que emigrar durante la década de 1990; el 95% de productos del mar importados en una isla-nación; el apenas 1% de actividad agrícola correspondiente a la economía total, en este enclave industrializado en el que producimos lo que no consumimos y consumimos lo que no producimos, pues somos uno de los principales importadores de productos estadounidenses en América y en el mundo.

A todo esto añadamos que hoy, como desde hace tanto tiempo, miles de puertorriqueños son utilizados para ir a matar o morir en las guerras auspiciadas por los Estados Unidos en todo el mundo. Suman más de cincuenta los puertorriqueños muertos en Irak, y en la actualidad participan de esa agresión varios miles de ciudadanos de este país.

Tiempo de solidaridad y lucha renovada

A las alturas de 2006, en tiempos de unilatelaridad, leyes antiterroristas y recolonización de nuestros pueblos, Puerto Rico sigue siendo la misma colonia que comenzó a ser en 1898, y aún más. Es una colonia modernizada para asegurar su máxima productividad. Es una nación caribeña y latinoamericana ocupada en el corazón mismo de Nuestra América. Es el escenario de una lucha anticolonial más que centenaria, que ha logrado prevalecer y avanzar; que ha conocido la crueldad de las agresiones a sus hijos, como fue el asesinato del dirigente revolucionario Filiberto Ojeda Ríos, el 23 de septiembre de 2005; y que ha conocido de victorias contundentes como la alcanzada al lograr la desmilitarización de la isla-municipio de Vieques, tras la movilización y la lucha amplia y diversa del pueblo.

Por eso adquiere tanta pertinencia la resolución aprobada el pasado 13 de junio por el Comité de Descolonización de la ONU, reiterando el derecho inalienable de nuestro pueblo a su autodeterminación e independencia. De ahí, el inmenso valor hoy de la solidaridad que podamos acumular en todas las latitudes y sobre todo en América Latina y el Caribe. Si bien es, en primera instancia, nuestra responsabilidad y deber, la erradicación del anacronismo colonial que prevalece en Puerto Rico ¡hace más de medio milenio!, es también la responsabilidad y el deber de todos los hombres y mujeres de buena voluntad, porque siendo libre Puerto Rico, todos seremos más libres.

JULIO A. MURIENTE PÉREZ es co-presidente del Movimiento Independentista Nacional Hostosiano (MINH) y profesor de la Universidad de Puerto Rico.

Che y su «grito desde el subdesarrollo»*

OSVALDO MARTÍNEZ

Para los que hemos vivido en Cuba en el ciclo histórico donde el Che actuó, para los que Che significa el más alto escalón del revolucionario y el comunista, para los que hemos sido marcados por su ejemplo heroico y su magisterio moral, para los que leímos *Pasajes de la guerra revolucionaria*, «El socialismo y el hombre en Cuba», el *Mensaje a la Tricontinental*, la carta de despedida a Fidel y el *Diario en Bolivia*, parecía imposible que Che todavía pudiera sorprendernos y hacerse admirar y respetar aún más.

El libro tiene 397 páginas y ni una sola de ellas fue preparada por el Che para ser publicada, con el cuidado que una edición supone. Este caudal de páginas son, en su mayoría, apuntes de lecturas, esquemas de obras que se proponía desarrollar, anotaciones para sí mismo, en las que con su estilo capaz de sintetizar en pocas y precisas palabras un complejo problema, se interroga, se propone investigar más un asunto, acopiar datos, y de modo especial, deja escritos juicios críticos y agudas razones nacidas de su poderosa cultura, de su marxismo realmente dialéctico y de su incesante trabajo práctico.

El libro es fascinante por contener el pensamiento del Che, y también porque nos permite asomarnos a su intimidad de trabajo, en su taller intelectual, en el proceso de construcción de sus ideas, en las impresiones que le causaban ciertas lecturas, en los planes de obras que proyectaba escribir, pero no pudo, porque los deberes del revolucionario fueron más apremiantes que los afanes del teórico marxista.

Che nos sorprende con su síntesis biográfica de Marx y Engels que iba a ser uno de los contenidos del libro que pensaba escribir sobre economía

---

* Palabras del Dr. Osvaldo Martínez en la presentación del libro *Apuntes críticos a la Economía Política*, de Ernesto Che Guevara, publicado por el Centro de Estudios Che Guevara, Ocean Sur y la Editorial de Ciencias Sociales, La Habana, 2006. Todas las citas son tomadas de este libro y entre corchetes se indicará la página donde se encuentran. (*N. del E.*)

política, según el plan tentativo inicial. En veintitrés páginas nos ofrece una síntesis biográfica que cumple a cabalidad el objetivo de trasladar al lector:

> Ese ser tan humano cuya capacidad de cariño se extendió a los sufrientes del mundo entero, pero llevándoles el mensaje de la lucha seria, del optimismo inquebrantable, ha sido desfigurado por la historia hasta convertirlo en un ídolo de piedra.
>
> Para que su ejemplo sea aún más luminoso, es necesario rescatarlo y darle su dimensión humana. [47]

La síntesis biográfica es una pequeña joya de contenido y estilo, en la que aparecen balanceados el intelectual riguroso que fue Marx con el revolucionario y el ser humano de cálidos sentimientos familiares, de amistad ejemplar con Engels y de vida austera, enteramente dedicada a sustentar científicamente la necesidad del comunismo. Pero es la discusión crítica de la Economía Política la que ocupa el foco central del libro, discusión crítica de la economía política marxista que gira en torno a *El capital* de Marx, a las obras de Lenin, a la cultura filosófica del Che y a la Economía Política que, llamándose marxista, encontraba su plasmación en el *Manual de Economía Política* de la Academia de Ciencias de la URSS. Este *Manual...* redactado por orden de Stalin, publicado en 1954 en la primera de varias y cambiantes versiones y convertido por los años sesenta en Biblia económica que en la práctica, sustituía a *El capital,* en su parte más lamentable, presentaba una Economía Política de la llamada transición al socialismo, y también del socialismo desarrollado o maduro y del tránsito al comunismo, que tenía como característica la apología de la experiencia soviética, y consideraba como leyes generales y objetivas lo que no eran más que especificidades de aquel país o, peor aún, simples decisiones administrativas.

Che utiliza las expresiones herejía y osadía para referirse a su plan tentativo de escribir una verdadera economía política marxista no apologética y que fuera como «un grito dado desde el subdesarrollo». La enorme tarea intelectual que se proponía era la de repensar el contenido teórico de *El capital,* de las obras de Lenin y de otros autores, en el contexto de los problemas prácticos del imperialismo, tal como este existía en los años sesenta y de la revolución socialista, que tenía en el comunismo su realización estratégica. Y hacerlo desde la realidad y con la óptica de los países subdesarrollados. Era grande el tamaño de la osadía, por más que el Che tuviera la fuerza política e intelectual para hacerla.

En la década del sesenta, no era fácil advertir en la URSS los problemas que el Che apreció. Menos fácil aún era plantear las críticas sin ser tildado de antisoviético y anticomunista, pues era usual establecer una igualdad absoluta entre socialismo-comunismo y la URSS.

La función bíblica que desempeñaba el *Manual…* sin Ciencia de la Academia de Ciencias se asentaba, entre otras cosas, en más de cuatro décadas de existencia de la URSS, en la epopeya de su revolución pionera, en sus victorias sobre la contrarrevolución interna y la intervención extranjera en los primeros años y sobre la Alemania fascista en la Segunda Guerra Mundial, en su capacidad para romper el monopolio nuclear que poseía los Estados Unidos, en la industrialización y el crecimiento económico que escondía sus graves falencias detrás de logros y avances reales. Para la joven Revolución Cubana, agredida y acosada, era lógico ver en la Unión Soviética –que aparecía como el gran aliado natural frente al imperialismo agresor–, tal compendio de virtudes, experiencia y fortaleza que hacía muy difícil apreciar las debilidades.

La crítica del Che al *Manual de Economía Política* se basa –como él expresó– en el «mayor rigor científico posible» y en «la máxima honestidad». Su crítica fue profunda, pero nunca asumiendo la posición de los oportunistas que atacaban desde la extrema izquierda con el aplauso del imperialismo. Che declara que:

> Nos hemos hecho el firme propósito de no ocultar una sola opinión por motivos tácticos, pero al mismo tiempo, sacar conclusiones que por su rigor lógico y altura de miras, ayuden a resolver problemas y no contribuyan sólo a plantear interrogantes sin solución.
>
> Creemos importante la tarea porque la investigación marxista en el campo de la economía está marchando por peligrosos derroteros. Al dogmatismo intransigente de la época de Stalin ha sucedido un pragmatismo inconsistente. Y lo que es trágico, esto no se refiere sólo a un campo determinado de la ciencia; sucede en todos los aspectos de la vida de los pueblos socialistas, creando perturbaciones ya enormemente dañinas pero cuyos resultados finales son incalculables. [26]

Para el Che el momento crucial que marcó el principio del fin de la construcción socialista en la URSS fue la adopción de la Nueva Política Económica (NEP) por Lenin. Esto fue un paso atrás en condiciones muy difíciles de agobio y asfixia económica, una concesión en una desfavorable correlación de fuerzas, una «paz de Brest» en el terreno de la economía con todo su amargo significado de repliegue. Che sostiene que por la lógica del pensamiento de Lenin y ciertos indicios en sus escritos finales, de haber vivido más el líder de los bolcheviques, hubiera ido variando el esquema de relaciones que estableció con la NEP.

Después de la muerte de Lenin y a lo largo de un áspero y trágico período de agrias disputas que condujeron a turbios procesos judiciales y a una sucesión de penas de muerte, el debate teórico fue ahogado y sustituido por el dogmatismo y la apología. La NEP, impuesta por una penosa necesidad, fue convertida en virtud permanente y elevada al rango de método adecuado para avanzar en la construcción del socialismo e incluso para alcanzar el comunismo. Che lo expresa con palabras estremecedoras por su exactitud y por su asombrosa previsión un cuarto de siglo antes de que la URSS se derrumbara sin gloria:

> Nuestra tesis es que los cambios producidos a raíz de la Nueva Política Económica (NEP) han calado tan hondo en la vida de la URSS que han marcado con su signo toda esta etapa. Y sus resultados son desalentadores: la superestructura capitalista fue influenciando cada vez en forma más marcada las relaciones de producción y los conflictos provocados por la hibridación que significó la NEP se están resolviendo hoy a favor de la superestructura; se está regresando al capitalismo. [27]

Un cuarto de siglo antes de la desaparición de la URSS y la caída del muro de Berlín, Che apreció el proceso de restauración capitalista impulsado por la superestructura saturada de ideas mercantiles y expectativas consumistas. De su análisis se derivaba la falsedad del mito manualesco sobre la irreversibilidad del socialismo una vez establecido, y la suprema lección de que es en la conciencia y no en el estímulo material de los humanos donde el socialismo puede hacerse irreversible, si esa conciencia se educa y se alimenta con valores de solidaridad.

En las páginas del libro que comentamos, hay una impresionante cantidad de filosas observaciones y críticas sobre el *Manual de Economía Política*, que hace imposible referirse siquiera a todas ellas, aunque no sea más que mencionando el tema tratado. Pero, no resisto la tentación de seleccionar algunas pocas.

Sobre el aumento de la cohesión de la clase obrera y de su organización y grado de conciencia:

> Esto está dentro del marxismo ortodoxo en la forma, pero choca con la realidad actual. La clase obrera de los países imperialistas ha aumentado en cohesión y organización pero no en conciencia, a menos que se le dé ese nombre a la conciencia de formar parte de los explotadores mundiales. [61]

Sobre categorías económicas entre las que se incluye el «cálculo económico»:

> Entre las categorías económicas, junto a las importantes del capitalismo y a definiciones, como día de trabajo, se introduce el cálculo económico. Hay que tenerlo presente, para examinar las razones en que se basan para hacer de un método de administración una categoría económica. [55]

Sobre la expresión «capitalismo agonizante»:

> Hay que tener cuidado con afirmaciones como esta. «Agonizante» tiene un significado claro en el idioma; un hombre maduro ya no puede sufrir más cambios fisiológicos, pero no está agonizante. El sistema capitalista llega a su madurez total con el imperialismo, pero ni siquiera este ha aprovechado al máximo sus posibilidades en el momento actual y tiene una gran vitalidad. Es más preciso decir «maduro» o expresar que llega al límite de sus posibilidades de desarrollo. [83-84]

Sobre el papel de la clase obrera como supuesta fuerza dirigente del movimiento de liberación nacional:

> Se insiste en una afirmación que va palpablemente contra la realidad. Es un caso de apologética ciega. [88]

Sobre «cambios en la correlación de fuerzas y la posibilidad de conjurar una nueva guerra mundial»:

> Ésta es una de las más peligrosas tesis de la URSS, que puede aprobarse como una posibilidad extraordinaria, pero no convertirse en el *leit motiv* de una política. Tampoco ahora las masas son capaces de impedir la guerra y las manifestaciones contra la de Vietnam se deben a que la sangre corre. Es el heroísmo del pueblo vietnamita en lucha el que impone la solución; la política de apaciguamiento, por otro lado, ha reforzado la agresividad yanqui. [91-92]

> Sería bueno precisar a qué es lo que llaman guerra estas gentes. [92]

Sobre la «vía no capitalista de desarrollo»:

> Habría que investigar dónde Lenin pronunció o escribió esa frase «vía no capitalista»; es ambigua y no creo que lo haya hecho. De todas maneras, si no es capitalista, ¿qué es? ¿Hermafrodita? ¿Híbrida? Los hechos han demostrado que puede haber un corto período de lucha política antes de definir la vía, pero esta será capitalista o socialista. [99]

Sobre la «ley económica de la distribución con arreglo al trabajo»:

> Muy vago y muy inexacto en cuanto a la realidad de hoy. ¿Cuánto trabajo invierte un mariscal y cuánto un maestro?, ¿cuánto un ministro y cuánto un obrero? Lenin en *El Estado y la Revolución* tenía una idea (marxista) que luego desechó de la equiparación de sueldos de funcionarios y obreros pero no estoy convencido de que su marcha atrás sea correcta. [103]

Sobre la «construcción de la economía socialista en los países europeos de democracia popular»:

> La puntilla. Esto parece escrito para niños o para estúpidos. Y el ejército soviético ¿qué?, ¿Se rascó los huevos? [106]

Sobre la «eliminación del peligro de restauración del capitalismo en la URSS»:

> Afirmación que puede ser objeto de discusión. Las últimas resoluciones económicas de la URSS se asemejan a las que tomó Yugoslavia cuando eligió el camino que la llevaría a un retorno gradual hacia el capitalismo. El tiempo dirá si es un accidente pasajero o entraña una definida corriente de retroceso.
>
> Todo parte de la errónea concepción de querer construir el socialismo con elementos del capitalismo sin cambiarles realmente la significación. Así se llega a un sistema híbrido que arriba a un callejón sin salida o de salida difícilmente perceptible que obliga a nuevas concesiones a las palancas económicas, es decir al retroceso. [112-113]

Sobre el tránsito al comunismo basado en alcanzar un nivel de producción y productividad más alto que el capitalismo:

> El modelo comunista de producción presupone una abundancia considerable de bienes materiales pero no necesariamente una comparación estricta con el capitalismo. Cuando el comunismo se haya impuesto como sistema mundial, vivirán en él pueblos de diferente desarrollo, hasta que se nivelen luego de muchos años. Hacer del comunismo una meta cuantitativa y cambiante, pues debe aparearse al desarrollo capitalista que sigue hacia delante, es mecanicista por un lado y derrotista por el otro. Sin contar que nadie ha reglamentado, ni puede hacerlo, la tal emulación pacífica con el capitalismo, aspiración unilateral, noble en su sentido superficial, pero peligrosa y egoísta en su sentido profundo, pues desarma moralmente a los pueblos y obliga al socialismo a olvidarse de otros pueblos atrasados por seguir su emulación. [185-186]

Notas tan reveladoras de un pensamiento dialéctico afianzado en un marxismo creador y antidogmático, aparecen también en la selección de notas críticas sobre obras económico-filosóficas del marxismo que incluye el *Manifiesto del Partido Comunista*, el *Anti-Dühring*, *El Estado y la revolución* y otros trabajos de Lenin, así como *Sobre la contradicción*, de Mao Tse Tung.

En la selección de actas de reuniones efectuadas en el Ministerio de Industrias se encuentra otro tesoro de análisis sagaces, profundos; esta vez en el tono y a veces el desenfado del lenguaje oral en medio de reuniones de trabajo donde el Che aborda con flexibilidad y estilo didáctico, temas que van desde las complejidades conceptuales de la oposición al cálculo económico hasta el análisis de los datos estadísticos diarios de la industria y sus problemas de organización y operación.

Che cumpliría hoy setenta y ocho años. Sería retórica gastada decir que no se ha ido, que nos acompaña, pero en cierta forma profunda y entrañable, no es retórica. ¿Cómo explicar que nuestro pequeño y pobre país, acosado por la guerra económica, a pocas millas de la «Roma Americana» haya resistido en soledad tanto la agresión como la seducción y que asombre al mundo derramando solidaridad en el Himalaya, en Indonesia, en Venezuela, en ¡Bolivia!, donde Che entregó su vida y hoy su nuevo presidente le rinde honores en La Higuera?

Las razones de esa descomunal resistencia, que contrasta con el triste derrumbe de aquellos que el Che critica en este libro, son diversas y la primera de ellas es la clarividencia estratégica, el liderazgo, la tenacidad y la autoridad moral de Fidel, e inmediatamente aparece el Che, símbolo por excelencia de la moral comunista, del combate al individualismo, a la banalidad, al lucro como ideal de vida.

Si estamos aquí, Comandante Guevara, ha sido también porque tu ejemplo caló bien adentro en el pueblo y eres parte de la coraza con que protegemos nuestro derecho a construir el socialismo después que otros capitularon.

Tus *Apuntes críticos a la Economía Política* son mucho más que una interesante información sobre una polémica de los años sesenta, si bien hemos resistido a las ofertas del neoliberalismo, de la «tercera vía», del capitalismo disfrazado de socialismo, se mantiene viva tu advertencia contra «las armas melladas del capitalismo», tu suprema lección de ética y tu llamado aún no cumplido, para avanzar en una necesaria economía política del socialismo, que no existe aún y reclama un profundo trabajo teórico-práctico que los economistas cubanos no hemos sido capaces de hacer.

Esa economía política pendiente de escribir tendrá que surgir utilizando como base general a Marx, Engels, Lenin e incorporando la revisión crítica –en el ambiente de debate a fondo que el Che practicó–, del pensamiento elaborado sobre el filo de la contradicción imperialismo-socialismo, esto es, Rosa Luxemburgo, Trotsky, Preobrazhenski, Bujarin, Gramsci y otros muchos, con especial atención al de Fidel y sin olvidar el renaciente pensamiento de izquierda latinoamericano.

En esta tarea la obra teórico-práctica del Che es de obligada presencia, pues en mi opinión, además de otros títulos de superior jerarquía histórica, Che es también el más creativo y original de los economistas cubanos. Nos ha entregado hasta el plan tentativo de la obra que no alcanzó a redactar y que en ausencia de su talento, será probablemente el resultado de un trabajo colectivo.

La obra que el Che no pudo escribir es de Economía Política marxista. No se trata de un texto de economía neoliberal en el que la palabra política ha sido eliminada y que pretende encerrar el pensamiento de los economistas en una jaula de trivialidades teóricas vestidas con lujoso aparato matemático. Las técnicas empresariales y de mercadeo, y los modelos matemáticos son útiles instrumentos auxiliares cuya aplicación tiene que estar determinada por la Economía Política que continúe alumbrando el camino que nos ha mantenido en el socialismo durante cuarenta y siete años.

Para avanzar en la tarea, ya no es necesario enfrentar la Biblia que en forma de *Manual...* pretendía ser compendio de supuestas verdades universales. Aquel texto quedó enterrado junto a los escombros del derrumbe. De ese derrumbe es necesario también extraer y sintetizar conclusiones, así como repensar la economía política del socialismo en las condiciones de un país que continúa económicamente bloqueado, que se vio obligado a hacer concesiones en los inicios del período especial a una cierta ampliación de las relaciones mercantiles y otorgar facultades a las empresas en cuanto al uso descentralizado de la divisa, pero que nunca convirtió la necesidad en virtud ni perdió de vista el peligro que enfrentaba.

El uso descentralizado de la divisa comenzó a emitir, después de algún tiempo, síntomas –aunque en escala incipiente– coincidentes con los análisis del Che sobre los efectos a favor del capitalismo, de la ampliación de las relaciones mercantiles en la construcción del socialismo. En las decisiones para la rápida rectificación de esas desviaciones, que incluyen el establecimiento de la Cuenta Única de Ingresos del Estado, la eliminación del dólar de la circulación y la lucha frontal contra la corrupción, están presentes las enseñanzas del Che.

Los *Apuntes críticos a la Economía Política* escritos por el Che son mucho más que una instructiva lección de historia acerca del debate de los años sesenta sobre el socialismo, el cálculo económico y el sistema presupuestario de financiamiento. Es este libro lo que –me atrevo a decir– el Che quiso que fuera: un arma político-intelectual de alta eficacia para contribuir a ese permanente combate contra el imperialismo, el egoísmo y la complacencia que cada día debemos expulsar de nosotros. En esa batalla incesante de ideas el Che es imprescindible.

OSVALDO MARTÍNEZ es director del Centro de Investigaciones de la Economía Mundial (CIEM) y presidente de la Comisión de Asuntos Económicos de la Asamblea Nacional del Poder Popular de la República de Cuba.

nuevos títulos de che guevara publicados por ocean sur

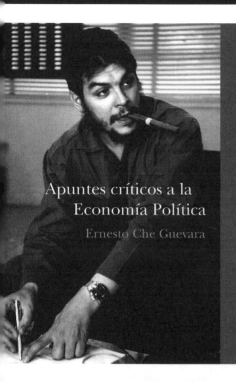

APUNTES CRÍTICOS A LA ECONOMÍA POLÍTICA

Primera publicación de los escritos, hasta ahora inéditos, del controversial y crítico análisis del Che Guevara sobre el modelo económico soviético. Como ministro de Industrias y luego como presidente del Banco Nacional de Cuba, Che Guevara preparó este manuscrito para comparar la experiencia cubana con la del bloque soviético. Con extensos apéndices, esta es una amplia antología del pensamiento del Che sobre economía política.
430 páginas, ISBN 1-920888-63-2

Publicado en asociación con el Centro de Estudios Che Guevara

EL GRAN DEBATE
Sobre la economía en Cuba

¿Por qué es importante el estudio de la economía marxista en la era post-soviética? Como ministro de Industria en los primeros años de la Revolución cubana, Che Guevara comenzó un controversial debate sin precedentes sobre los retos a los que se enfrentan las economías en transición al socialismo. Publicados por primera vez en un solo volumen, este libro contiene las contribuciones a ese gran debate entre 1963–1964, incluyendo cinco ensayos que el mismo Che escribió.
416 páginas, ISBN 1-876175-68-0

Publicado en asociación con el Centro de Estudios Che Guevara

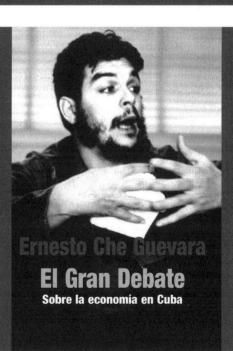

www.oceansur.com ■ info@oceansur.com

Cultura artística y mercado: algunas consideraciones

ALBERTO FAYA MONTANO

Hace ya mucho más de un siglo que Karl Marx planteó la esencia de su sistema teórico cuando, en *El Capital*, expresaba que vivíamos en un mundo rodeado de mercancías que eran, «en primer término, objetos externos, cosas aptas para satisfacer necesidades humanas de cualquier clase que estas fuesen».[1] Hoy esta aseveración se torna una realidad cada vez más dramática y mucho más compleja a partir de nuevos «productos» que la tecnología al servicio del mercado ha venido desarrollando. El imperativo de las ganancias constituye la esencia del enriquecimiento del poseedor del capital. Al respecto, Marx nos dice:

> El capitalista no produce la mercancía por la mercancía misma, en gracia al valor de uso que encierra ni con vistas a su consumo personal. El producto que en realidad interesa al capitalista no es el producto material de por sí, sino el remanente de valor que deja el producto después de cubrir el valor del capital consumido en él.[2]

Estas «necesidades» del capitalista para perpetuarse como tal, han generado el desarrollo de un consumo que no se detiene, hasta el punto en que la proliferación de algunos productos está amenazando tanto a la naturaleza como al equilibrio psíquico de los seres humanos.

En el mundo contemporáneo, esa producción capitalista destinada al comercio y realizada en él, ha ido produciendo un «mercado de necesidades». Se venden y compran objetos, ideas y toda una amplísima gama de productos

---

[1] Carlos Marx: *El capital*, Ediciones Venceremos, La Habana, 1965, t. I, p. 3.
[2] Carlos Marx: ob. cit., t. III, p. 63.

que no están destinados a cubrir las necesidades ya existentes de los compradores, sino a crear nuevas necesidades. Estos productos se logran mediante una mínima inversión, con un uso limitado que los convierte, en muchas ocasiones, en «desechables», con una vida, por tanto, efímera y destinados a responder a los dictámenes de «modas». Es una producción que enfatiza la creación de bienes espirituales y se presta, como ninguna otra, a la existencia de este tipo de mercancías: productos con un apariencia artística pero no destinados a la «purificación catártica» del consumidor, es decir, a su mejoramiento en tanto ser humano mediante el contacto con la emoción de la belleza y mucho menos destinados a un mejoramiento de la sociedad en general. Se trata de mercancías para usar y proporcionar la ilusión de la contemporaneidad, mercancías que permiten al usuario «estar a la moda», sentirse «informado» y demostrárselo a sus congéneres e incluso mercancías para la alienación. En este sentido, los medios masivos de comunicación desempeñan un papel fundamental.

Desde el momento en que la radio, después de una breve etapa filantrópica, se puso al servicio del mercado mediante el surgimiento de programas patrocinados por firmas comerciales y los anuncios se convirtieron en la esencia de su existencia, desde el surgimiento de la televisión y más tarde de Internet, con la globalización de los «gustos», el desarrollo del «mercado de necesidades» se ha hecho cada vez más amplio.

Una enorme cantidad de personas consumen Coca Cola o se sientan a comerse un Big Mac sin cuestionárselo y, al mismo tiempo, un tema musical como *Las caderas no mienten* (*Hips don't lie*: nombre original del tema), cantado por Shakira ocupa el primer lugar de las cartas de «preferencias» (Top 40's) en las Islas Mauricio, Rumania, Australia y Honduras, por solo citar algunos países bien distantes entre sí. A nadie se le ocurriría pensar que la Shakira de quien hablamos es una humilde tejedora de paños en el Líbano, que Coca Cola es una medicina para la tos o que MacDonald es un distinguido señor escocés; es más, se nos ha creado tal necesidad de consumirlos que si preguntáramos quiénes son, pudiéramos pasar por tontos y, en el mejor de los casos, por ignorantes. Ahora, unas preguntas que me parecen esenciales: ¿Son la Coca Cola y las comidas rápidas de MacDonald realmente alimenticios? ¿Es la canción citada de Shakira una muestra del mensaje que nos alimenta de verdad el espíritu? Pero... ¿podemos prescindir de ellos absolutamente?

La globalización de la cultura artístico-literaria tiene precios muy caros aun cuando una soda, una hamburguesa o una canción sean, aparentemente cosa de centavos. El espacio mundial que ocupan estos productos contemporáneos no es ocupado por alguno de los exquisitos platillos o bebidas creados por expertas cocineras de nuestros barrios populares, ni hay tampoco mucho espacio para disfrutar, a nivel mundial, un hermoso yaraví o el sabroso merengue de un Perico Ripiao.

En el caso de la música se ha creado una casilla global llamada World Music que acopia numerosas mercancías producidas entre las culturas artísticas de los pobres, un lugar donde se puede acudir para disfrutar una muestra, a veces buena, de la creatividad de los pueblos, pero es solo un lugar, un ghetto, un espacio entre las ventas de CD's o de los mucho más escasos DVD's. Para colmo, ese espacio de ventas es denominado Música del Mundo, es decir, del «otro mundo» porque el importante, valedero, reconocido y dominante es el de la Corriente Fundamental de la música que está manipulado por las grandes transnacionales con sus rutilantes estrellas.

Más allá de World Music y de las ventas millonarias de las celebridades, existe un mundo también real donde las personas se expresan con una originalidad increíble, pero ese mundo solo se tendrá en cuenta cuando, por una razón u otra, constituya un interés comercial. Un ejemplo: *Compay Segundo*, alias de Francisco Repilado, fue un compositor y cantor que creaba con singularidad desde el ámbito del son cubano. Los jóvenes creadores del Movimiento de la Nueva Trova, en Cuba, lo conocíamos y, para nosotros, era un paradigma a la hora de interpretar y componer. Había grabado interesantes temas con su conjunto musical para la empresa estatal cubana EGREM y tocaba en un Círculo Social (club para obreros) en La Habana. Cualquier persona tenía fácil acceso a él. Después de su éxito mundial, la pertenencia a Cuba de su música y aun su imagen deberá compartirse con el Warner Music Group y con World Circuit, y eso tiene innumerables consecuencias que van mucho más allá de beneficios materiales para sus descendientes. Hay, además, una advertencia clara en la carátula de algunos de sus discos más recientes: «La reproducción no autorizada de esta grabación está prohibida por Ley Federal y sujeta a proceso criminal». Quienes compran sus discos están «al día» y su visión del son y la cultura cubana tiene el nombre de Buenavista Social Club. Esos compradores forman parte de la masa que adquiere los soportes digitales de la música para su placer, pero no saben mucho de la cultura que sustenta a Compay, salvo por las limitadas e incluso distorsionadas informaciones que proporciona un documental como el que realizara, bajo el mismo nombre, Wim Wender. El mensaje es incompleto pero ha aportado mucho dinero.

En este momento, rememoro lo que escribiera el ensayista e intelectual estadounidense Reebee Garofalo cuando hacía la crítica a la manera en que el sonido del *rock and roll* desvirtuaba sus esencias. Refiriéndose a cómo el programa de televisión *American Bandstand*, desarrollado por Dick Clark, promovía una visión de la música para los adolescentes en la que las versiones del *rock and roll* estaban «extremadamente lavadas» y «recordaban más al estilo de los primeros *crooners* de los años cincuenta que a rocanrroleros como Carl Perkins o Chuck Berry», Garofalo añadía:

> La degeneración de la música no le molestaba a Clark en lo más mínimo, por supuesto. Él estaba ganando alrededor de 500 000 al año

mediante su salario en *Bandstand*, sus propiedades en corporaciones musicales y los royalties como compositor: Yo no hago cultura –dijo más tarde– yo la vendo.[3]

Los procesos mercantiles son fríos. El vendedor expone su mercancía que, por su naturaleza, está concebida, básicamente, a partir de los dividendos que pudiera aportar; los compradores la aceptamos o no. Esta relación matiza una cultura en la que los valores artísticos no son los esenciales aun cuando las apariencias así lo definan. Los compradores somos solo eso: consumidores y como tal somos tratados. El producto será siempre una especie de esquema que permitirá un intercambio comercial seguro donde no deben existir pérdidas. El proceso de globalización de los mensajes musicales ha exacerbado esta relación entre capital vendedor y los consumidores.

El producto comercial en forma de obra de arte pudiera llegar a ser imperecedero cuando se trata de obras que verdaderamente llegan a formar parte de una cultura determinada y, entonces, la obtención de plusvalía es descomunal pues la reproducción de una obra implica una inversión muy reducida. Todavía existen empresas del disco que cobran dividendos por la venta de grabaciones hechas por músicos y cantores muertos hace muchos años. Por otro lado, cuando la mercancía es una obra realmente artística, el proceso de venta implica el reconocimiento y respeto a una cultura determinada, por lo que se convierte en un proceso moralmente válido y justifica lo que pudiera haber sido un frío intercambio al transformarlo en la preservación de un patrimonio. Esto «salva» la honra del frío comerciante, pero no cambia la esencia del proceso mercantil.

La «cosificación» de los productos artísticos es creciente porque el valor de los mismos está cada vez más determinado por las inversiones hechas, no por su función social la cual debía ser el objetivo esencial de una obra de arte.

Los medios desempeñan una función esencial, cuando se encargan de reproducir la relación mercantil, por lo que mercado y medios masivos constituyen una unidad indisoluble fortalecida en el proceso de compra-venta. Para una empresa de discos, por ejemplo, la inversión realizada en promoción y divulgación del producto es fundamental y sobre todo cuando la competencia se intensifica al paso del tiempo y cada vez más aceleradamente.

El papel que ejercen los medios ha ido creando, además, una cultura en la cual la relación entre el público consumidor y el artista, sobre todo en el caso de la música y el espectáculo, se va haciendo muy estrecha aunque virtual. Poco a poco vamos teniendo la oportunidad de familiarizarnos con el artista hasta el punto en que se pudiera llegar a tener la sensación de estar «haciendo el amor» con la estrella de nuestra preferencia.

---

[3] Reebee Garofalo y Steve Chaple: *Rock and Roll is Here to Pay*, Nelson-Hall, Chicago, 1977, p. 51.

Al mismo tiempo, la extensión y fuerza de los medios van creando una sensación de pertenencia. Todos participamos de una cultura común que se hace día a día más global. Esto permite que tengamos la sensación de que se nos tiene en cuenta y que se satisface nuestro gusto sin percatarnos de que nos movemos en una especie de círculo vicioso destinado a alimentar un mercado. Vamos habitando un mundo virtual y cerrado al cual accedemos mediante nuestra condición de consumidores.

Se habla continuamente de un nuevo y necesario reparto del mundo, se habla, con creciente preocupación, de cómo la acción del descontrol capitalista ha ido depauperando el entorno natural, pero comentamos muy poco el impacto del mercado en nuestra apreciación de la realidad.

La tendencia a la homogenización es creciente frente a la realidad que es esencialmente rica y llena de particularidades diferentes. De ello emana la preocupación de muchas personas en relación con la defensa de la diversidad la cual se expresa en la Declaración Mundial de la Diversidad Cultural de la UNESCO, aprobada en la 31ra. Reunión de la Conferencia General, en París, el 2 de noviembre de 2001.

Entre los principios generales establecidos, se habla de la necesaria diversidad como patrimonio común de la humanidad; del pluralismo cultural como «respuesta política al hecho de la diversidad cultural». Se plantea en el documento cómo esa diversidad constituye un factor del más profundo desarrollo humano y cómo los derechos negados a minorías étnicas o a pueblos autóctonos, limitan el acceso de la humanidad a lo diverso.

La empresa privada, atada a intereses ganancials, es, por su naturaleza, incapaz de resolver los problemas del acceso a la diversidad a gran escala, por lo que la función estatal termina siendo esencial en la implantación de políticas culturales. Los grandes procesos de privatización que ocurren en algunos países del llamado Tercer Mundo atentan contra el papel del Estado y limitan el necesario desarrollo hacia la diversidad.

El documento mencionado de la UNESCO expresa:

> Ante los cambios económicos y tecnológicos actuales, que abren vastas perspectivas para la creación y la innovación, se debe prestar particular atención a la diversidad de la oferta creativa, al justo reconocimiento de los derechos de los autores y de los artistas, así como al carácter específico de los bienes y servicios culturales que, por ser portadores de identidad, de valores y sentido, no deben ser considerados como mercancías o bienes de consumo como los demás.[4]

---

[4] UNESCO: «Artículo 8. Los bienes y servicios culturales, mercancías distintas de las demás», Declaración Mundial de la Diversidad Cultural, 2 de noviembre de 2001 (www.portal.unesco.org/cultura/es).

La mercantilización del arte, lejos de contribuir a un entendimiento mutuo, al acercamiento entre los seres humanos, pretende conducirnos por el camino estrecho de la estandarización donde no cuenta la rica experiencia acumulada por siglos ni la que puede surgir día a día de la vida misma. Inmersos en este estado de cosas, debemos encontrar los caminos hacia la liberación de los seres humanos y hacia la construcción de un mundo que no solo merecemos sino que debemos salvar.

ALBERTO FAYA MONTANO es cantor, profesor universitario y promotor cultural. Fundador del Movimiento de la Nueva Trova en Cuba, fue director de la Dirección de Música de la Casa de las Américas y del Departamento de Programas Musicales de la Televisión Cubana.

El teatro latinoamericano: una instancia para pensar y transformar el presente

VIVIAN MARTÍNEZ TABARES

Desde sus propios orígenes, el teatro se afirma en las contradicciones esenciales del hombre y su medio, como conciencia reflexiva y peculiar sensor, en la esfera simbólica, del inconsciente colectivo. Por su propia naturaleza conflictual, debate tensiones y diferencias entre el individuo y la sociedad, entre la libertad del ser humano y la autoridad del poder y, si bien por sí solo no puede cambiar el mundo, ha movilizado y moviliza ideas para pensarlo y repensarlo a lo largo de la historia. También, desde la representación, como espacio vivo de materialización metafórica de la realidad, que se realiza en el encuentro comunicativo, racional, sensorial y emotivo entre los hombres y mujeres que representan la acción y quienes acuden a disfrutar de sus actos, el teatro es una vía de eficaz diagnóstico de signos que a nivel del comportamiento humano revelan desórdenes, anticipan crisis de valores y los fijan a nivel simbólico, desde la distancia que promueve la perspectiva crítica y el análisis productivo, como una instancia de reflexión y activación de las conciencias políticas a escala microlocalizada en la sociedad.

En América Latina, un continente convulso a través de siglos de colonización, saqueo e injerencia imperial, la perspectiva del teatro frente a la realidad ha ido describiendo una trayectoria que cada vez más se focaliza hacia el sujeto social, como centro de los procesos históricos y como responsable principal de impulsar las ideas emancipadoras y de ponerlas en práctica. Esto ocurre a través de formas y lenguajes que no siguen un relato lineal ni buscan un didactismo fácil, sino que metaforizan la complejidad del mundo, en el cual sobreviven las condiciones de vida premoderna junto a discursos de la «poshistoria», y para el cual las batallas políticas que se avizoran, al menos desde la escena, tienen que superar caminos trillados y moverse en una dirección transversal, que ofrezca múltiples puntos de vista, racionalidades alternativas –como propone la nueva antropología–[1] y modos de repensar un mundo cada vez más complejo y desigual.

Vale aclarar que este comportamiento responsable y reflexivo de la escena se refiere al teatro entendido como arte comprometido con el destino del hombre, que responde a una dinámica circulación de ideas vinculadas con el contexto sociocultural, y que no se cumple en la vertiente distorsionada de su esencia que constituye el teatro comercial, presente en no pocas capitales y grandes ciudades de la América Latina, la mayor parte de las veces como una copia burda, un simple calco de los éxitos de Broadway o de otros «centros» culturales,[2] por ende inauténtico y disminuido en recursos materiales y técnicos, en correspondencia con el alcance –mucho menor en relación con la meca niuyorquina– de la infraestructura local. Esta forma escénica está motivada en última instancia por la ley de la oferta y la demanda, y se sustenta desde la platea por la concurrencia de espectadores provenientes de sectores sociales que ven en ese acto una ocasión de legitimación de estatus, un sitio de encuentro social, disfrute banal y exhibición que poco tiene que ver con el debate de ideas o la confrontación conceptual.

Raíces políticas de la escena latinoamericana

En la región que ocupa hoy Nicaragua, entre fines del siglo XVI y principios del XVII, aparece la primera obra conocida del teatro latinoamericano: *El güegüense o macho-ratón*, que llegó a nosotros trasmitida a través de la memoria oral hasta su transcripción en 1947, y que debe tanto al legado precolombino como al injerto hispánico. El profesor e investigador guatemalteco Manuel Galich la considera el primer boceto satírico del latinoamericano y una joya de la picaresca popular, al ser pionera en protestar con astucia contra el impuesto económico del poder extranjero. La pieza es portadora del mestizaje nahuatl-español y de signos de su cepa americana: el baile, la música, y la máscara como un personaje animado por el actor.

En fecha tan remota como los albores de gestación de la conciencia nacional cubana, allá por 1838, el drama iniciador de la corriente romántica, *Pedro de Castilla*, de Francisco Javier Foxá, provocó el primer choque frontal entre teatro y gobierno colonial, al ocurrir violentos incidentes durante su representación, que fue prohibida por las autoridades, y se llegó a afirmar que «el objeto de la comedia […] era inducir al odio y al menosprecio del Rey y de la grandeza de España».[3]

---

[1] Cf. Santiago García: «Racionalidades alternativas contra la cultura de los tomates cuadrados», *Conjunto* no. 129, julio-septiembre de 2003, pp. 21-31.
[2] Entrecomillo el término «centros» por compartir el planteamiento del antropólogo argentino Adolfo Colombres de que todos somos centro, según desde donde se nos mire. Cf. Adolfo Colombres: *Teoría transcultural del arte*, Ediciones del Sol, Buenos Aires, 2004.
[3] Citado por Rine Leal: *La selva oscura*, Editorial Arte y Literatura, La Habana, 1975, p. 261.

Años más tarde, el 21 de enero de 1869, poco después de iniciada la guerra de independencia de la Isla en el ingenio La Demajagua, propiedad de quien se ha considerado el Padre de la Patria, Carlos Manuel de Céspedes y durante la primera temporada de los bufos, una función del Teatro Villanueva fue el marco para que el guarachero Jacinto Valdés diera vivas a la independencia y a Céspedes, para «radicalizar al pueblo y demostrar que no existía otro camino que la insurrección».[4] Al día siguiente, durante la representación de la pieza *Perro huevero, aunque le quemen el hocico*, de Francisco Valerio, tuvo lugar una manifestación popular en la que se dieron vivas a Cuba y se gritó «muera España», se enarbolaron pañuelos de colores patrios, a lo que respondió el ejército de voluntarios españoles con la matanza conocida como los Sucesos de Villanueva.

Ya en el siglo xx, en Argentina, el dramaturgo, director teatral, narrador, periodista, poeta y ensayista Leónidas Barletta (1902-1975), creó en 1930 el Teatro del Pueblo, un colectivo que abrió un camino de rectificación ética y estética de la escena, en desafío al teatro comercial u oficial y convencional: el movimiento de teatro independiente, que encontraría eco en múltiples grupos de Argentina así como en buena parte de Latinoamérica.

Al frente del Teatro del Pueblo, Barletta se propuso poner al alcance de los sectores populares obras notables de la dramaturgia universal: *Edipo rey*, de Sófocles, *El emperador Jones*, de O'Neill, *El círculo de tiza caucasiano*, de Brecht; estrenó las piezas de Roberto Arlt, abiertamente renovadoras en su contexto artístico, y estructuró una programación semanal para niños. Se proponía elevar el nivel cultural del pueblo, un nuevo teatro que cultivara la sensibilidad y el pensamiento y suplantara la cómoda distracción.

El movimiento generado a partir del Teatro del Pueblo impulsó experiencias similares en su país y también se hizo sentir, o tuvo coincidencia cronológica con otras muestras de rebeldía política, social, ética y estética en el teatro de la América Latina: en Uruguay, donde surgió otro Teatro del Pueblo, y en Brasil, Venezuela, Colombia, Puerto Rico y Guatemala.

Década de 1960

El triunfo de la Revolución Cubana y la demostración de que un pequeño país podía derrotar al imperialismo y emprender su propio destino insufló nuevos aires también al quehacer y al pensamiento teatral latinoamericanos. Sumada a los influjos del teatro independiente y del teatro de orientación marxista de Bertolt Brecht, que entendía la escena como un instrumento de transformación de la realidad, la oleada revolucionaria marcó una opción

---

[4] Rine Leal: *La selva oscura. De los bufos a la neocolonia*, [tomo II], Editorial Arte y Literatura, Ciudad de La Habana, 1982, p. 55.

estética, ética e ideológica como la creación colectiva, que alcanzó su auge a fines de la década del setenta e inicios de los años ochenta.

Surgida al calor de las búsquedas hacia un verdadero teatro latinoamericano, como expresión que supliera la ausencia de dramaturgias propias que abordaran las contradicciones y necesidades de los pueblos, la creación colectiva se propuso también enfrentar, por medio de lenguajes escénicos auténticos y elaborados, problemáticas actuales, como las injusticias, la dominación imperial y las deformaciones de la historia, acercar el teatro a las masas y crear un nuevo público.

Uno de los grandes maestros de la creación colectiva latinoamericana fue Enrique Buenaventura, fundador y director del Teatro Experimental de Cali, primero en elaborar un estudio sobre lo que en principio consideraba una metodología de trabajo, necesario para modificar la autoridad del director como elemento dominante de la creación. Esto amplió la participación de los actores e impuso a la improvisación como punto de partida e instancia para la creación del texto.

La creación colectiva se vale de diversas fuentes: la tradición popular y nacional, las teorías de los formalistas y estructuralistas rusos, los estudios de la semiología, y el legado de la antropología teatral con nociones como dramaturgia del actor, entre otras. Aparece la práctica que da lugar a la noción de texto espectacular, en tanto el grupo, al elaborar sus propias propuestas, no necesita partir de una obra preescrita sino que crea un texto escénico que incluye el verbal.

Santiago García, director del Teatro La Candelaria, otro de los líderes y teóricos de la creación colectiva, considera hoy que: «Es una estructura que va de abajo a arriba y que va sumando habilidades».[5] Y no la ve como un método rígido sino como una actitud o una perspectiva de colaboración transdisciplinaria frente al trabajo.

El cubano Teatro Escambray abordó problemas específicos de la región, y propició una participación activa de los espectadores que llevó incluso a modificar la estructura de las obras. En esta experiencia la creación colectiva mantuvo siempre el respeto a la individualidad, y la mayoría de los textos, aunque resultan del proceso de investigación del grupo, están firmados por un dramaturgo. Igualmente ocurre con otro grupo cubano, el Cabildo Teatral Santiago, al rescatar el teatro de relaciones, una forma dramática popular y callejera desarrollada en Santiago de Cuba por las clases oprimidas durante la colonia.

A pesar de que al auge de la creación colectiva siguió una etapa de oposición maniquea a la dramaturgia de autor, que polarizó buena parte de la escena en los años 1970-1980, y de que en los últimos años aparece un rechazo

---

[5] Liz Perales: «Santiago García y Arístides Vargas, cara a cara. La experiencia de crear en colectivo», *El Cultural*, 12 de julio de 2005.

manifiesto o velado hacia el término por parte de nuevas generaciones de artistas quienes, en un contexto marcado por la globalización neoliberal que amenaza la sobrevivencia del teatro de grupo, alegan defender la naturaleza estética de su obra por encima de las filiaciones políticas o quieren negar la tradición y encontrar una denominación propia, los principios esenciales de la creación colectiva forman parte de la formación orgánica y de un sentido de compromiso que anima buena parte del teatro de arte en la América Latina.

De la escena americana de hoy

El Teatro La Candelaria, de Colombia, acaba de celebrar cuarenta años con un montaje de Patricia Ariza que versiona *Antígona*, ese clásico sobre el que el teatro latinoamericano ha vuelto tan a menudo, por su significado como emblema humanista del enfrentamiento del poder arbitrario.[6]

Entre las creaciones más importantes de este colectivo, están obras con personajes de raigambre popular como el guerrillero traicionado Guadalupe Salcedo, los campesinos golpeados por la mafia, o los indigentes que han dejado una larga secuela de desplazamientos humanos, siempre en diálogo con los principales problemas del país. En *De caos & deca caos* van por primera vez al otro extremo del mapa social, al tomar como centro a la oligarquía y sus escenarios: grandes cenas, fiestas de salón, ceremonias fúnebres formalizadas, canchas de tenis, ámbitos de negocios y transacciones, pero también la trastienda privada, en la que afloran las más críticas miserias espirituales y las relaciones tortuosas; los baños donde se inhala la droga o se comenta la información impronunciable, las alcobas de desamor, incesto, impotencia culposa o amor violentado. El grupo aprovecha la jerga popular que llama cacaos a los adinerados, y titula la obra con una doble aliteración, para estimular, tras el equívoco, el juego imaginativo.

Para sumergirse en el caos que pretende diseccionar, el grupo obvió consabidas verdades ideológicas y trató de descubrir, desde el asombro, los

---

[6] Un inventario preliminar de Antígonas en Latinoamérica, ilustra al respecto: *Antígona Vélez* (1952), del argentino Leopoldo Marechal, *Antígona en el infierno* (1958), del nicaragüense Rolando Steiner, *La fiesta de los moribundos* (1966), del venezolano César Rengifo, *La pasión según Antígona Pérez* (1968), de Luis Rafael Sanchez, *La joven Antígona se va a la guerra* (1968), de José Fuentes Marel, de México, *Antígona-Humor*, del dominicano Franklin Domínguez (1968), *Pedreira dos almas* (1979), de Jorge Andrade, de Brasil, y *Antígona furiosa* (1986), de la argentina Griselda Gambaro. Cf. Rómulo Pianacci: «Antígona: una tragedia latinoamericana», Tesis de Maestría en Letras Hispánicas, de la Universidad de La Habana, diciembre de 2002 [inédita]. Hay que añadir, además de las mencionadas aquí, que en Cuba, el Estudio Teatral de Santa Clara (Joel Sáez-Roxana Pineda) concibió una versión unipersonal a partir de textos de *Edipo en Colona* y de *Antígona* de Sófocles. Y Marianela Boán creó para DanzAbierta un guión que bailaron dos hombres. Ambas en los años noventa.

vínculos entre comportamiento privado y público de una clase, las paradojas entre desarrollo material y confort, y entre inhumanidad e incultura. Se valió de la teoría de los fractales y del sicoanálisis, si bien en modo alguno esta imaginería visual implica un retorno a fórmulas como las del teatro psicologista, la comedia de salón o de costumbres. La composición elude lo narrativo para subrayar la acción de mostrar personajes en situaciones intensas que destapan esencias del contexto. Lo más tremendo consiste en la revelación de lo que se oculta, y se disimula. El caos tras el orden, y su consecuencia en los enormes desórdenes sociales. Una manera que ha logrado conectarles con los modos de recepción de los espectadores más jóvenes.

Con *NaYra (La memoria)*, estoy convencida de estar frente a una experiencia extraordinaria de exploración en el lenguaje del teatro, fronteriza con el arte del *performance,* y de un audaz diálogo del arte y la ideología con la ciencia y la fe. Singular hecho escénico, participativo y emocional, no parte de un texto preescrito ni sigue una historia ni un argumento, sino que involucra a los espectadores como un extraño ritual en el que, junto con los actores, formamos parte de un espacio octogonal que es la maloka –casa de la sabiduría de los indígenas–, y a la vez, un circo en el que se representan los dolores del mundo, las angustias, sueños y anhelos del hombre contemporáneo, en medio del caos que provocan la desigualdad social, las guerras genocidas y el derrumbe de valores.

El proceso de búsquedas, está centrado en una investigación sobre la energía que involucró físicos, médicos, chamanes, desde un criterio transdisciplinario, y a partir del cual cada actor –en el más arduo proceso de creación colectiva emprendido en más de treinta y cinco años de labor conjunta y a la vez el de mayor libertad– construyó esbozos de personajes, situaciones, y compuso instalaciones de notable riqueza plástica.

La sincronicidad con que se cruzan arquetipos y figuras vinculadas a la memoria latinoamericana, el discurso múltiple que impide afiliarse a una única lectura y a que la atención del espectador decaiga un instante, el bombardeo de estímulos que comprometen las emociones, la memoria personal y colectiva y el universo sensorial, hacen de *Nayra* una curiosa instancia imaginal, desde el dolor y la hermosura, para pensar en el hombre contemporáneo y para descubrir cómo tras la aspiración del conocimiento y la búsqueda de la verdad, por caminos en los que se cruzan la espiritualidad y la ciencia, se abre otro espacio para la utopía.

El Teatro Yuyachkani, de Perú, al querer celebrar su treinta aniversario consecuentemente con su compromiso con el país y la sociedad peruanos, creó *Hecho en el Perú, vitrinas para un museo de la memoria*, fusión de códigos de la instalación plástica y del trabajo desarrollado por el grupo en la calle, con el cual intervinieron el espacio de una galería con imágenes que dialogan con el presente del país.

Seis actores se muestran como en vitrinas, alineados de a tres en los extremos opuestos de un espacio de galería. En medio deambulan los espectadores al compás de una ensordecedora technocumbia –género musical preferido y cultivado por el ex presidente y prófugo Alberto Fujimori. El *collage* exhibe una feria de dolorosos *leit motiv*, iconos de la sociedad y la cultura peruanos. Cada actor lanza señales legibles para el espectador común, el mismo que merodea en las vendutas populares de la calle o busca cómo ganarse la vida, y este lenguaje híbrido, que arma significativas imágenes visuales, penetra más adentro que muchos discursos didácticos.

El personaje El Dorado alude a los infinitos significados de la coca –de hoja sagrada a polvo satánico–, y denuncia la asunción del indio autóctono como pieza museable o como objeto del deseo para visitantes foráneos hastiados de poseerlo todo. Otro personaje, La Mano Poderosa, mezcla confusa de los caminos de la fe y la manipulación del poder que enturbia hechos de la historia nacional, revela escenas grabadas del terrible desenlace de la toma de la embajada de Japón; vincula a Sarita Colonia, el icono religioso popular, con los sesenta y nueve mil desaparecidos denunciados por la Comisión de la Verdad, cuya labor el grupo siguió de cerca con acciones artísticas. La Madre Patria de las láminas escolares se trasmuta de maja española a geisha japonesa mientras pasa un noticiero intemporal. Doloridas Pieles de Mujer lavan, venden, cuidan hijos y se las arreglan solas, buscan eternamente a un familiar, o logran sobrevivir a las intervenciones del ejército en las zonas de emergencia; El Migrante carga maletas y souvenirs mientras oculta el dolor del desarraigo con botellas de pisco y de Inca Cola y se instala en un aeropuerto –uno entre los más de dos millones de personas en el exterior, entre legales e ilegales. Y El Asesor, como un chispazo noticioso, recrea el encarcelamiento del asesor presidencial –Vladimiro Montesinos–, y el destape de enormes niveles de corrupción, trasmutados en la representación por los conocidos videos y por un imaginario de sadismo sobrecogedor, que remeda el Hannibal de *El silencio de los corderos*.

Es elocuente cómo una de las actrices participantes, documenta la experiencia en su diario de trabajo:

> Se trata de retomar la utopía. De hacernos parte de América Latina. [...] Es un museo en vida donde las cosas se ven de verdad y no en réplica. Vemos lo sucedido durante 10 años en movimiento. [...] A nosotros nos define la mezcla; que esta no vaya a un lugar común sino que se transforme.
>
> Los temas (dentro del gran objetivo colectivo que es derrocar culturalmente a la dictadura) son el racismo, el género, la democracia, el híbrido cultural, lo urbano marginal. Revisar qué lugar se les asigna a las mujeres en la historia. Trabajar sobre lo

híbrido, lo abigarrado, el humor y la ironía. Qué herencia recibimos y cuál vamos a dejar. El poder detrás de la imagen. El espectador tiene libertad del tránsito o se queda de acuerdo a su interés o a la perturbación que le provoque la imagen. Se le otorga la libertad de armar su propio guión.[7]

Antes, la actriz Teresa Ralli, miembro de Yuyachkani, había llevado a escena otra Antígona como unipersonal, recreado por ella en diálogo constante con el poeta José Watanabe, que escribió un gran poema dramático en veintidós escenas. La gestación de la puesta acompañó el proceso de investigación emprendido por la Comisión de la Verdad, y dialogó con numerosas mujeres que, en situación semejante a la heroína griega, perdieron a sus seres queridos y se afanaron en la recuperación de sus cuerpos para rendirles tributo, un tema caro a la cultura andina. Y la actriz se alimentó también, en gestos y referentes, de los modelos vivos de su entorno para hablar de la inacción en que sumió la violencia a tantos peruanos, de algún modo cómplices del horror.

El año pasado, la escena americana toda celebró como propios los cuatrocientos años de la primera publicación del *Quijote*, de Cervantes, no sólo por el hecho curioso de que haya sido en este lado del mundo, en Lima, donde en 1607, fuera representado por primera vez como personaje de la escena por un tal Luis de Córdoba, durante unas fiestas de carnaval,[8] sino sobre todo porque su espíritu utópico se emparienta con muchas de nuestras batallas trascendentes y cotidianas.

De entre variados acercamientos al personaje y a la obra cumbre que proliferaron en diversos escenarios, sobresale la versión del dramaturgo, director y actor Arístides Vargas, líder del ecuatoriano Teatro Malayerba, titulada *La razón blindada*. Exiliado político de su Argentina natal, Arístides ha hecho de la memoria, como enlace del inconsciente colectivo, un elemento clave de toda su obra. En *La razón blindada* recupera los recuerdos reales de su hermano y regresa a la cárcel de Rawson, en la Patagonia, tristemente recordada por la masacre de Trelew, donde fueran engañados y asesinados un grupo de presos de la dictadura. El artista ubica como dos prisioneros a Quijano y a Panza, y los sienta a dialogar sobre la vida, la razón, la libertad y la utopía. Dos presos que sólo podían coincidir unas horas cada tarde de domingo, sentados a una mesa, intercambian historias quijotescas y sueñan con ideales libertarios que hacen volar la imaginación en medio del encierro. El desempeño de los dos actores –el propio Vargas y Gerson Guerra– casi estático, sólo alguna vez movido en una suerte de danza surreal, cobra un

---

[7] Rebeca Ralli: «Diario de trabajo» [inédito].
[8] Cf. Santiago García: «Teatro y Literatura en *El Quijote*», *El Quijote*, Ediciones Teatro La Candelaria, Bogotá, 2002, p. 24.

nivel de sutileza que suscita la catarsis –y formula la denuncia– desde la alta poesía escénica.

En Cuba, donde el proceso revolucionario popular, antimperialista y de orientación socialista –encaminado desde hace más de cuatro décadas a conquistar ideales de justicia social y equidad–, ha debido replantear estrategias de acuerdo con los avatares del mundo, el teatro es también un espacio crítico que, desde los ideales humanistas revolucionarios, se plantea su perfeccionamiento y fustiga los errores.

Un montaje como *Vida y muerte de Pier Paolo Pasolini*, a partir del texto del francés Michel Azama, sirve a Argos Teatro para proponer una aproximación sin dobleces, sin máscaras ni subterfugios, al tema de la intolerancia y la segregación hacia el otro, y la puesta de Carlos Celdrán es un alegato límpido por el derecho a la diferencia, que se focaliza en un tema sensible, el del homosexualismo, no reprimido como sí lo fuera en la Cuba de los años setenta, pero tampoco entendido ni asumido por el discurso oficial dentro de una cultura en la que sobreviven patrones machistas y, por eso mismo, atrincherado como una suerte de guetto en el que esa condición pasa defensiva y forzadamente a un primer plano en la proyección del individuo, y banalizado desde posturas defensivas reduccionistas, que a la larga se vuelven asociales.[9] Pero lo más notable es que el superobjetivo del montaje va más allá, enfilado hacia la defensa de la libertad de elección humana y la validación de un mundo propio, no reñido ni excluyente con otras posturas sociales e ideológicas.

Deudora del teatro documento de Peter Weiss, la puesta metaforiza la imposibilidad del artista para alcanzar una vida plena, a pesar de su enorme talento y de su vocación liberadora, y que corporeiza las tres dimensiones de su existencia abordadas por el texto: la política –activo militante del Partido Comunista Italiano, fue expulsado por su condición de homosexual–, la judicial –en veinte años fue víctima de treinta y tres procesos por su obra narrativa y cinematográfica censurada, y luego reivindicada por premios y reconocimientos tan contradictorios como los de la Oficina Católica de Cine–, y la intelectual y privada, que revela su pasión por la creación, la entrega al arte y a la defensa de sus ideales, el amor por la madre, el afecto hacia el compañero elegido, la búsqueda del amor.

Desde la austeridad material y la precisión de cada intérprete, el montaje defiende un teatro de la verdad, y elige para el desenlace una mirada nada ingenua, en la cual en vez de lo oscuro de la circunstancia ambigua de la

---

[9] El tema, otrora tabú, comenzó a abordarse por el arte con el cuento de Senel Paz «El lobo, el bosque y el hombre nuevo», internacionalizado por la versión fílmica de Tomás Gutiérrez Alea y Juan Carlos Tabío, *Fresa y chocolate*. Desde entonces es frecuente en obras literarias, teatrales y en el discurso de la plástica cubana.

muerte, opta por revelar y juzgar a los que considera los verdaderos culpables. A la vez, invita a pensarnos a nosotros mismos, como una propuesta escénica de enaltecimiento de la dignidad humana.

En experiencias como las reseñadas, y en muchas más que sobreviven en la memoria de sus espectadores, el arte se erige en *summa* de saber para tratar de hacer mejor la vida, para revelar manifestaciones y causas, y contribuye a pensar en una sociedad donde se privilegie al ser humano. Procesada la herencia sociológica del teatro político de acción directa, asumido el legado crítico y dialéctico de Brecht, explorado el camino de búsquedas antropológicas que remite al comportamiento más esencial del hombre, hoy la mejor escena latinoamericana remueve procedimientos y aproximaciones para intentar responder, desde la propia génesis del hecho estético, a la complejidad de la vida. En busca de una eficacia política solo alcanzable desde la eficacia artística, desde el develamiento del mundo interior de los valores humanos, la escena valida su papel activo, cuando las ideas valen más que las armas.

VIVIAN MARTÍNEZ TABARES es crítica teatral y profesora del Instituto Superior de Arte de La Habana (ISA). Dirige el Departamento de Teatro de la Casa de las Américas y su revista *Conjunto*.

El paraíso ha muerto: arte y sociedad como interlocutores

IVÓN MUÑIZ

«El "paraíso" ha muerto», declaraba un titular de la edición colombiana de *Le Monde Diplomatique* de febrero de 2004, enunciado simbólico que pudiera encabezar la primera plana de cualquier publicación en nuestros días. Las últimas décadas de la centuria pasada y los años que hemos transitado en este nuevo milenio, están marcados por un «orden» caótico que coloca en el borde de un abismo la existencia humana. Los cambios climáticos a escala planetaria, la contaminación atmosférica, los efectos catastróficos de las guerras, la agresiva unipolaridad imperialista, la propaganda terrorista y otras amenazas repercuten de manera irremediable en nuestras vidas.

Cierto es que la creciente carrera armamentista nada tiene que ver con el jardín del Edén ni con los pactos de Dios con Noé. Más allá de la utopía de entendernos los unos a los otros, el ser humano, constantemente amenazado por diluvios –cercanos a lo *Star Wars* no al del Génesis–, se debate entre la vida y la muerte, al punto de desdibujarse las propias razones de su existencia. *La balsa de la Medusa* de Géricault reencarna en otras barcas de salvación-muerte de millones de migrantes. Entre la incertidumbre y la sed de antropofagia, nos desplazamos en un viaje interminable, prisioneros de un tiempo y un nuevo orden mundial en el que sus polaridades hace mucho entraron en crisis.

Las brutales prácticas belicistas delinean las ficciones y los relatos de San Sebastianes modernos, en quienes habita la política corporal del miedo y el terror como representación de un imaginario público reconfigurado en permanente desasosiego y, como un sabio *griot* del apocalipsis de estos tiempos, se manifiesta el arte, desde diversos enfoques y múltiples discursividades.

Gracias al poder evocativo y sensorial de la imagen, las artes plásticas constituyen un hábil territorio desde el cual se provoca, dialoga y concientiza sobre el destino y supervivencia de la especie humana.

Distantes en un tiempo cronológico, *El grito* (1893) de Edvard Munch, *What are we fighting for?* (1915) de Oskar Kokoschka y el *Guernica* (1937) de Picasso, conforman una tríada que evidencia, con marcado expresionismo, el rumbo que siguió la humanidad: en medio de un ambiente delirante, un hombre situado en un primer plano grita y a la vez tapa sus oídos para no escuchar(se); una madre aplastada por la miseria, una máquina que traga huesos y expulsa proyectiles, un obispo que bendice a las tropas, un hombre que aparece torturado, visualizan los horrores generados por la Primera Guerra Mundial; y el desgarrador testimonio del bombardeo indiscriminado por los aviones alemanes contra la ciudad vasca, denuncian la tensión destructiva de la cual todavía somos víctimas.

Las consecuencias de las dos Guerras Mundiales, conmocionaron violentamente los ejes de una producción artística europea que había proclamado su *status* de «modernidad» en la medida que rompía con los valores decimonónicos, cuya unidad espiritual y cultural se vieron quebradas con el fin de las revoluciones europeas del siglo xix.

A pesar de las inquietudes por la justicia social y del fuerte rechazo ante la doctrina del «arte por el arte»[1] inherentes al realismo y al expresionismo, de la actitud de los primeros románticos al polemizar contra el mundo burgués (Baudelaire) y de la fuga individual protagonizada por los «salvajes» (Rimbaud, Gauguin), la jerarquía de los temas en el arte europeo mucho navegó en los mares de un pseudorrealismo que satisfacía a la burguesía financiera. El arte oficial solo tenía una función, la apologética. Los episodios de la vida real se cubrían en el plano de la representación artística tras un velo bendecido por el poder y, aunque no estuvo exento de fisuras en momentos de gestas y epopeyas de gran conmoción –como en la impresionante y monumental tela del pintor francés Delacroix, *El 28 de julio de 1830: la Libertad conduciendo al pueblo*, y en el dramatismo reflejado por el artista español Francisco de Goya, en *Fusilamiento del 3 de mayo de 1808*, al narrar el barbarismo de las tropas francesas contra civiles españoles–, se incentivó el arte que obviaba la historia de los otros: los marginados, los conquistados, los colonizados.

Con anterioridad, mientras Luis XIV –quien durante más de setenta años dirigió la vida artística en la escena de Versalles– era representado paseando en medio de un despliegue de colgaduras, bordados y encajes, y *Las Meninas* de Diego Velázquez dejaba retratada la intimidad de la corte de Felipe IV, otros rostros y otras escenas, violentas y traumáticas, eran omitidas del escenario del retablo del arte occidental.

---

[1] «La doctrina del arte por el arte, había encontrado en Francia las condiciones más favorables en el período de la Restauración, pero la revolución de 1830 había supuesto un duro golpe a tal teoría», Mario de Micheli: *Las vanguardias artísticas del siglo xx*, Alianza Editorial, 2001, p. 20.

El drama de la población africana esclavizada y forzosamente trasladada al «Nuevo Mundo», convertida en el sustrato de un *in crecendo* económico europeo al sufragar gran parte del costo de la revolución industrial, fue silenciado en los sacralizados templos del arte. Ni la travesía del barco negrero, ni el cepo, ni el mayoral, ni el suicidio, ni los salvajes castigos a que eran sometidos preocupaba a los «civilizados». Entre los siglos XVI y XIX, las potencias europeas, valiéndose del sistema de la trata [trata legal: 1518-1820 y trata ilegal (consentida: 1820-1845, y reprimida: 1845-1866)], importaron en el continente americano 12 160 300 esclavos africanos. Portugal introdujo 3 586 800; Inglaterra, 3 330 000; Francia, 3 163 400; España, 1 552 100; y Holanda, 528 000.[2] Una migración forzosa, que en su inserción violenta y traumática, otorgó valiosos aportes al proceso de transculturación. Solo algunos viajeros europeos, en su mayoría grabadores, al llegar a América, graficaron el *habitat* o la suerte de estos hombres y mujeres, componentes esenciales de la fusión de nuestras culturas mestizas, mientras otros artistas, imbuidos por un lenguaje costumbrista, no testimoniaron más que una «placentera» presencia en plantaciones, labores domésticas y fiestas tradicionales.

Tampoco habían sido tomadas en cuenta las historias de las masacradas poblaciones precolombinas que abarrotaron de oro las bodegas de los navíos metropolitanos, ni se reparó después en las infrahumanas condiciones de vida de los engañados culíes chinos, ni tampoco en el destino no siempre exitoso de innumerables emigrantes europeos que enrumbaron proa hacia nuestras tierras americanas. El arte oficial no podía dar paso más que al enmascaramiento, el ocultamiento o el desdibujamiento de todo aquello que cuestionase el poder político y económico que lo sustentaba.

Pocos voceros tuvieron las guerras de independencia en Nuestra América en el arte académico. Fueron las vanguardias latinoamericanas de inicios del siglo XX las que abrieron por vez primera las compuertas a la otredad: el indio, el negro, el campesino, el proletario, la mujer, la cultura popular, la nación toda.

América Latina y el Caribe: entre pesadillas y simulacros

En medio de una travesía existencial azarosa se forjaron las híbridas culturas latinoamericanas y caribeñas. Historias de saqueos, depredación, colonialismo, neocolonialismo y dictadura marcaron nuestras subjetividades. La supervivencia ha dependido de viajes apocalípticos, traumáticos, simuladores, y en estos viajes, el cuerpo ha sido tatuado con impensadas escrituras y fantásticas lecturas: el cuerpo como receptáculo de infinitos gustos, soporte

---

[2] Philip D. Curtin, citado por Manuel Lucena Salmoral: *La esclavitud en la América española*, Centro de Estudios Latinoamericanos, Universidad de Varsovia, Varsovia, 2002, p. 115.

de *strip tease* políticos, asidero de expectativas ilusorias, intervenido por la manipulación mercantil publicitaria y degradado por la explícita imaginería pornográfica; el cuerpo como construcción en sí mismo, narrado en relatos, reales o imaginarios, sacralizado o desacralizado, esperanzado y desesperanzado, diseccionado y orientado en torno a sus nociones de identidad y su (con)fusión existencial.

Artistas y sociedad como interlocutores

La grabadora dominicana Belkis Ramírez, quien se coloca a la vanguardia del discurso femenino en la región, nos muestra mujeres tristes, de amarga sonrisa, marcadas por traumas y por las huellas de conflictos sociales aún no resueltos como los tabúes, el maltrato psíquico y físico, la exclusión, incluso el homicidio. La instalación *De mar en peor* (2001), mujeres que cuelgan de ganchos como trofeos en un matadero, denuncia amparada en la metáfora la violación de los derechos de la mujer como ser humano.

Desde el sutil discurso hasta la perversa mordacidad, un sinnúmero de artistas mujeres, revelan testimonios y perspectivas sobre su papel protagónico en la procreación, la maternidad, las experiencias de convivencia y educación de sus hijos, sus vínculos genealógicos, la familia, la relación con su entorno, su papel como estandartes y reservorios de culturas y su capacidad como agentes potencialmente transformadores de la sociedad; así quedan conformados imaginarios y representaciones icónicas que operan cual fetiches de identidad en las parcelas de las escrituras del *yo*.

La memoria, las reflexiones antropológicas, etnológicas, los afectos y devociones íntimos, el misterio de ser y existir se funden con las realidades inmediatas, lo político y lo social, la complejidad y trascendencia de lo cotidiano, los nexos entre lo privado y lo público, entre lo individual y lo colectivo.

La pintora y serígrafa puertorriqueña Lizette Lugo, representa a la mujer y su universo psicológico tomando como referente sus vivencias en el mundo doméstico cotidiano. La exaltación de una subcultura de la mujer en el espacio de la casa que, según la artista, ha sido devaluada al considerarse intrascendente, sin embargo, para ella tiene más implicaciones en el acercamiento hacia lo espiritual como símbolo de una presencia transformadora de la existencia humana. La tendedera de ropa llena de múltiples significados será su clave temática, el hilo conductor de su creación, recurrente en su arte y en su propia vida. Esa cuerda que recuerda al cordón umbilical es estandarte y pretexto para mostrar sus sueños, sus inquietudes; en ocasiones puede mutilarla y atraparla; le brinda la posibilidad de la comunicación con sus semejantes; será el soporte para reafirmar su credo político independentista.

Otra puertorriqueña, la artista Anaida Hernández, representa la violencia doméstica. *Hasta que la muerte nos separe* (la palabra como recurso de ironía), denuncia y desenmascara una zona patológica y neurálgica de la sociedad. Cien cajas-nichos refieren y documentan la muerte de cien mujeres asesinadas violentamente por sus amantes, esposos o ex esposos, en el período de tres años (enero de 1990 a junio de 1993) en su país. Sus cuerpos aparecen fragmentados en la composición: corazones, labios, manos, piernas, pies, senos, caderas, ojos, trabajados como signos de la eroticidad «subordinada» y «conveniente», que destruye el propio consumidor. Aparecen también incorporados en las lápidas los nombres y fechas de nacimiento y muerte de cada una de las víctimas y una serie de objetos que se acostumbran a dejar en las tumbas como ofrendas. Su propuesta que va más allá de lo estético, se sitúa en un plano de trascendencia catártica histórica y social para proyectar un arte «curativo», que en un acto de fe cree en la salvación del ser humano y la sociedad.

La cubana Martha María Pérez Bravo recurre a los mitos como manera de establecer un puente armónico entre el ser humano y sus circunstancias. Sus preocupaciones ontológicas traspasan la vocación indagatoria de las tradiciones, de la sociología popular y de los cuerpos filosóficos de los complejos religiosos, para captar desde el manejo inteligente de sus intuiciones, la manera de fundirnos con un mundo espiritual en el que nos reconciliaremos con nosotros mismos. Su propio cuerpo es el territorio conductor de sus conceptos, el soporte de su poética fotográfica, el espacio contenedor de su mística. Un cuerpo desnudo de mujer que se despoja conscientemente de todo asidero erótico o sexual para crear una visión sacralizada que muestra la realidad desde la comprensión del misterio.

Entre 1985 y 1986 trabajó la sorprendente serie *Para Concebir;* un conjunto de cinco fotos que testimonian la propia experiencia de gestación por la que atravesaba en esos momentos. Este hecho la condujo a reflexionar sobre el efecto que podían tener las supersticiones, los tabúes y las creencias populares al ser transmitidas a la mujer embarazada. «No matar ni ver matar animales», «Muchas venganzas se satisfacen con el hijo de una persona odiada» y «Te nace ahogado con el cordón» exploran desde su propia topografía corporal nuevas maneras de representación de la maternidad que alteran sin dudas las ya canonizadas.

Un año después vuelve a inspirarse en su propia experiencia para, desde un tratamiento paródico, problematizar ciertas convenciones, atributos y cualidades «femeninas» sobre la capacidad de procreación, la «responsabilidad» maternal y sus implicaciones filosóficas. La vigilia y el sueño, el desgarramiento del cuerpo, la cicatriz de la cesárea, su entrega en beneficio de «otro» son abordados en la serie *Recuerdos de nuestro bebé*, 1987, conjunto de ocho fotos, muy lejanas de las que habitualmente llenan los álbumes tradicionales.

Quizás la propia urgencia con que transitamos por el presente no nos permita reparar en objetos con los que compartimos la intimidad del hogar y que al apartarlos del escenario de lo utilitario, pueden llegar a funcionar como fetiches y portavoces de la «temperatura» de nuestra sociedad. Alguien con una aguda sensibilidad, como la joven artista cubana Yami Martínez, les concede un significado simbólico, con el fin de convertirlos en mediadores discursivos, fugaces pero problematizadores, de la interpretación subversiva de ciertas realidades. En insinuantes composiciones, las cafeteras con que colamos el sorbo de café cada mañana, narran fábulas sobre el diario acontecer. La sugerencia conduce el ojo crítico hacia parcelas neurálgicas: el cultivo de actitudes machistas que desbordan al portador masculino y brotan cual sustancia inmanente a nuestra subjetividad colectiva. Como embrión de «obligaciones» domésticas predestinadas, germinan cafeteras en el vientre de una mujer para nacer luego en involuntarios o traumáticos partos.

Desde la sátira y la ironía, el puertorriqueño Carlos Rivera Villafañe se acerca al tema de la creciente tenencia de armas en su país. Cuchillos, revólveres, balas, tiros al blanco son elevados a la categoría de emblemas, ídolos y trofeos. Su arte reacciona ante la manera fetichista con que los *mass media* presentan las armas y la «normalización» social de la violencia.

El dominicano Tony Capellán, denuncia la indefensión infantil ante el abuso, el ultraje, la violación, la miseria, la falta de alimentación, salud y educación, experiencias por la que atraviesa, lamentablemente, una zona de la niñez en su país y otros sitios de nuestro planeta.

Marcada por lo caótico de la existencia humana, la cubana Rocío García rompe las fronteras de la isla y se universaliza cuando viaja a los intersticios de la psiquis que la mirada habitual prefiere ignorar, en zonas alimentadas o silenciadas, públicas o encubiertas, en comportamientos rechazados, tolerados o exacerbados. Sus personajes atrapados por los infinitos trastocamientos de la violencia, son actores que vacían y mutan sus cuerpos como mismo entran y salen de la acción: una patinadora descabezada cuelga de un gancho como una res y todavía se aferra a su existencia; «la fiera» disfruta cínicamente el placer de un cigarro antes de reanudar la sesión de tortura; inescrupulosamente el jefe se coloca unos guantes para castigar al soldado; la caníbal, enmascarada y amordazada, no frena su turbulenta necesidad de devorar tanto a hombres como a mujeres; luego de una metamorfosis, la modelo es bestia domesticada; la mujer-bestia es torturada para ser controlada; el domador castiga al ver su poder amenazado.

Una mujer negra, vestida –casi aseguro– con su mejor ajuar, un traje color rosa y zapatos blancos, repetida tantas y tantas veces en otros rostros y otros cuerpos de mujeres en las calles y suburbios de Puerto Príncipe, no posa para un cartel de *Benetton*, sabemos que la cara de la miseria no vendería los *true colors*. Ella es atrapada por el lente de la periodista y fotógrafa dominicana, Silvestrina Rodríguez, quien desde el género del testimonio y lo documental, registra a una población haitiana transfronteriza y transterrada. Esta mujer negra, que atraviesa la frontera dominico-haitiana y carga con la tragedia de su propia vida, sus dos pequeños hijos y sus escasas pertenencias, no tiene tiempo para mostrar su rostro; tampoco cuenta con el privilegio del llanto. Esta mujer-madre, que acrecienta desde el silencio su coraje, huye –quizás sin saberlo– hacia un similar destino, y solo la escoltan su historia en minúscula, sus espejismos y el polvo del camino.

Una centuria después de que Munch estremeciera el arte europeo con su grito de protesta, la joven artista haitiana Marie Louise Fouchard, tradujo en un sobrecogedor tríptico, titulado como la paradigmática obra del artista noruego, el desgarramiento de su pueblo: un grito de dolor, rebelión y denuncia, amordazado y mutilado, elipsis de vivencias reales de un Haití bajo el caos y la represión.

Luego de que se hicieran públicas las bochornosas y abominables fotos de las torturas a que fueron sometidos prisioneros iraquíes por militares estadounidenses en la prisión de Abu Ghraib, el artista colombiano, Fernando Botero, denunciaba en cincuenta obras de marcada fuerza expresionista, estos repugnantes hechos.

Mundos tituló el artista cubano Roberto Fabelo a una muestra personal exhibida en 2005. Cinco visiones del mundo representadas en cinco esferas gigantes se mantenían suspendidas a manera de aviso. *Mundo K* se mostraba con más de 17 000 cucarachas disecadas, única especie que pudiera sobrevivir al exterminio atómico; *Petromundo* cubierto de casquillos de balas denunciaba los conflictos armados por el control del preciado combustible; *Mundo del día a día* aparecía vestido de cubiertos que clamaban por algún alimento; *Mundo cero* emitía una señal sobre el exterminio al mostrarse colmado de huesos; una esfera revestida de carbón vegetal no portaba nombre, se debatía en el enigma de lo que pudiéramos desaparecer o de lo que pudiéramos salvar.

Sería imposible ocultar que el «paraíso terrenal» llegó a desaparecer. En un tiempo en que la inmediatez consumista nos invade con sarcasmo y la evasión es el mayor paliativo existencial; en un mundo donde la ingerencia militar no cesa y la cacería humana queda registrada como una noticia más, la única ruta que tenemos por delante es luchar para que otro mundo pueda germinar.

Hoy más que nunca reclamamos un arte al servicio de la sociedad. Un arte provocador y vocero de nuestras vidas, un arte de resistencia y denuncia que rechace cuanto haya de complaciente y reaccionario. De qué otra manera pudiéramos concebir e imaginar el universo de la creación artística, si a pesar de las constantes campañas internacionales de acusación por la masacre y exterminio en Faluya y las torturas en Abu Ghraib, la administración Bush mantiene desplegados en suelo iraquí a más de 132 000 soldados estadounidenses; una mujer como Cindy Sheehan, madre del soldado Casey muerto en Irak en 2004, es reprimida por protestar contra la presencia de tropas norteamericanas en ese país árabe; el número de víctimas civiles en el Líbano aumenta al escarbar entre los escombros; medio millón de mujeres mueren cada año en el planeta durante el embarazo y el parto; la mitad de la población mundial es discriminada por razón de género; son miles y miles los niños que en distintas latitudes del mundo, víctimas del hambre y la guerra, dicen adiós a la vida.

IVÓN MUÑIZ es crítica de arte e investigadora del Centro de Estudios del Caribe de la Casa de las Américas, en La Habana.

enlaces

Los primeros pasos del Foro Social Mundial

Uno de los propósitos de *Enlaces* es informar sobre el proceso del Foro Social Mundial (FSM), que no sólo abarca la celebración de sus encuentros mundiales y continentales, sino también el funcionamiento de las redes y campañas que convergen en este espacio. Si bien la primera acción de gran envergadura del denominado movimiento antiglobalización fue la protesta masiva realizada contra la III Conferencia Ministerial de la Organización Mundial del Comercio (OMC), celebrada en Seattle del 30 de noviembre al 3 de diciembre de 1999, el nacimiento del FSM constituye un paso cualitativamente superior en su articulación.

El I Encuentro del FSM se efectuó en Porto Alegre, Brasil, entre el 25 y el 30 de enero de 2001, con la participación de más de 16 000 representantes de movimientos sociales de todo el mundo. Su objetivo era erigirse en la contrapartida al Foro Económico de Davos. Hasta entonces, el movimiento antiglobalización realizaba sus protestas contra ese emblemático evento del Primer Mundo en la propia Davos. Sin embargo, el reconocimiento internacional alcanzado por la gestión del Partido de los Trabajadores de Brasil (PT) en la Prefectura de Porto Alegre, devenida símbolo de los espacios institucionales conquistados por la izquierda latinoamericana mediante la lucha electoral, determinó que esa ciudad fuese seleccionada como la sede original del FSM.

El Encuentro de Porto Alegre se caracterizó por la pluralidad política de sus participantes y la diversidad de posiciones contra el neoliberalismo. Aunque la mayor parte de las organizaciones no gubernamentales europeas (ONG's) que ejercen un papel determinante en la organización del FSM, lo concebían como espacio de desactivación del potencial político acumulado en las luchas sociales, las invitaciones cursadas por el Comité Organizador Brasileño a oradores como Pablo González Casanova, Samir Amín, François Houtart, Ricardo Alarcón y varias representantes de las Madres de la Plaza de Mayo ayudaron a su politización. Al mismo tiempo, los sectores de izquierda –entre ellos el Movimiento de los Trabajadores Rurales sin Tierra (MST) y la Central Unitaria de Trabajadores (CUT), ambos de Brasil, y varios grupos marxistas europeos– lograron introducir una agenda anticapitalista.

Si bien el carácter «no deliberativo» del FSM fue sometido a prueba por parte de la izquierda, debido a las limitaciones impuestas por las ONG's europeas, este evento no emitió una declaración final. En su defecto, sus participantes asumieron el *Llamamiento de Porto Alegre para las próximas movilizaciones*, redactado por el Comité Organizador Brasileño, que definió la composición e identidad del FSM,[1] reflejó de manera general los temas abordados y estableció un calendario de movilizaciones que debían desarrollarse antes del II FSM, el cual se realizaría en el propio Porto Alegre, en fecha coincidente con el Foro de Davos de 2002.

En atención a su carácter mundial y con el propósito de garantizar la continuidad del proceso del FSM, sus organizadores decidieron rotar la sede de los encuentros anuales por todos los continentes a partir de su tercera edición, y crear el Consejo Internacional como instancia encargada de garantizar su continuidad más allá de 2002. Dentro de este proceso de institucionalización:

- el 9 de abril de 2001, el Comité Organizador Brasileño redactó una Carta de Principios que ratificaba las decisiones de no permitir la asistencia al FSM de representantes de gobierno y partidos políticos, y de no emitir declaraciones finales ni trazar líneas de acción y,

- entre el 9 y el 11 de junio de 2001 se creó el Consejo Internacional del FSM, oportunidad en la que esta nueva instancia aprobó, con modificaciones, la Carta de Principios elaborada por el Comité Organizador Brasileño.[2]

---

[1] «Los movimientos sociales, procedentes de todas partes del mundo, nos hemos reunido aquí en el Foro Social Mundial. Construimos una gran alianza para crear una nueva sociedad, distinta a la lógica actual que coloca al mercado y al dinero como la única medida de valor. Davos representa concentración de la riqueza, la globalización de la pobreza y la destrucción de nuestro planeta. Porto Alegre representa la lucha y la esperanza de un nuevo mundo posible, donde el ser humano y la naturaleza son el centro de nuestras preocupaciones». *Llamamiento de Porto Alegre para las próximas movilizaciones*, emitido por el Comité Organizador Brasileño del Foro Social Mundial (http://www.spaimarx.org).

[2] «El Foro Social Mundial es un espacio plural y diversificado, no confesional, no gubernamental y no partidario, que articula de manera descentralizada y en red a entidades y movimientos que estén involucrados en acciones concretas por la construcción de un mundo diferente [...]

»No deben participar del Foro representaciones partidarias ni organizaciones militares. Podrán ser invitados a participar, en carácter personal, gobernantes y parlamentarios que asuman los compromisos de esta Carta [...]

El II Encuentro del FSM se realizó en Porto Alegre del 31 de enero al 5 de febrero de 2002, con la asistencia de más de 60 000 representantes de movimientos sociales, participantes en alrededor de 1 200 conferencias, seminarios, talleres y otras actividades de diverso carácter. Para evitar la radicalidad de los pronunciamientos realizados por los invitados especiales el año anterior, en esta segunda edición las ONG's europeas limitaron la presencia y la relevancia de los portavoces de la izquierda y, en los casos en que les resultó imposible evitar sus intervenciones, los desplazaron hacia escenarios secundarios, dispersos y distantes de la sede central del Encuentro. De esta manera se encausaba la lucha entre las corrientes interesadas en convertir al FSM en un espacio de acción y las que quieren mantenerlo como un espacio de catarsis colectiva, cuyo desarrollo posterior analizaremos en las próximas ediciones de *Contexto Latinoamericano*.

»Las reuniones del Foro Social Mundial no tienen un carácter deliberativo, o sea, nadie estará autorizado a manifestar, en nombre del Foro y en cualquiera de sus encuentros, posiciones que fueran atribuidas a todos sus participantes. Los participantes no deben ser llamados a tomar decisiones, por voto o aclamación –como conjunto de participantes del Foro– sobre declaraciones o propuestas de acción que incluyan a todos o a su mayoría y que se propongan a ser decisiones del Foro como tal». *Carta de Principios del FSM* (http:// www.forumsocialmundial.org.br).

Reseñas de libros de Ocean Sur

Venezuela y Chávez

Fidel Castro

Editado por David Deutschmann y Javier Salado

En 1959, Fidel Castro llegó a Caracas en su primera visita internacional tras la victoria de la Revolución Cubana. Fidel le habló al pueblo venezolano de la liberación, la unidad y la integración de América Latina. En 2004, en La Habana, Fidel y el presidente venezolano, Hugo Chávez, firmaron el Acuerdo Bolivariano para la América (ALBA), que inició un proceso de integración de nuevo tipo. Este libro se refiere, precisamente, a la unidad latinoamericana soñada por Bolívar y Martí.

336 páginas, ISBN 1-921235-04-7

Che Guevara y la revolución latinoamericana

Manuel Piñeiro

Manuel Piñeiro, conocido como "Barbarroja", fue por décadas una figura misteriosa. Primero como viceministro del Interior y después como jefe del Área de América del Departamento de Relaciones Internacionales del Partido Comunista, Piñeiro supervisó el apoyo de Cuba a los movimientos de liberación en América Latina y África. En cumplimiento de esa tarea, participó en la planificación de las misiones internacionalistas del Che Guevara en el Congo y Bolivia. Este libro incluye revelaciones sobre la solidaridad de Cuba en América Latina y profundas valoraciones sobre el Che.

300 páginas, ISBN 1-920888-85-3

La revolución del otro mundo

Jesús Arboleya

La revolución en un mundo globalizado, regido por la dominación neocolonial, se aborda en este libro mediante el estudio de la historia de Cuba y los Estados Unidos, dos países ubicados en los polos opuestos del espectro político. El autor analiza el concepto de socialismo y las similitudes y diferencias entre la Revolución Cubana y otros procesos como la Revolución Bolivariana en Venezuela. Más que llegar a conclusiones, esta obra reivindica la importancia de la dialéctica para la comprensión de los procesos políticos y sociales contemporáneos.

304 páginas ISBN 1-921235-01-2

ocean sur
una nueva editorial latinoamericana

OCEAN SUR

Cuba:　　　　Tel: (53-7) 961456 • E-mail: oceanhav@enet.cu

El Salvador:　Tel: (503) 73006325 • E-mail: elsalvador@oceansur.com

Venezuela:　 Tel: (58) 4122955835 • E-mail: venezuela@oceansur.com

EE.UU:　　　 PO Box 1186, Old Chelsea Station, New York, NY 10113-1186, USA
　　　　　　 Tel/Fax: (1-212) 260 3690 • E-mail: info@oceansur.com

DISTRIBUIDORES DE OCEAN SUR Y *CON*TEXTO LATINOAMERICANO

ARGENTINA
　Cartago Ediciones S.A.
　E-mail: ventas@e-cartago.com.ar

CHILE
　Editorial "La Vida es Hoy"
　Tel: 2221612
　E-mail: jrsolecerda@yahoo.es

COLOMBIA
　Ediciones Izquierda Viva
　Tel/Fax: 2855586
　E-mail: cedano85@hotmail.com

CUBA
　Ocean Sur
　E-mail: oceanhav@enet.cu

EL SALVADOR
　Editorial Morazán
　E-mail: editorialmorazan@hotmail.com

VENEZUELA
　Ocean Sur
　E-mail: venezuela@oceansur.com

AUSTRALIA
　Ocean Press
　Tel: (61-3) 9326 4280
　E-mail: info@oceansur.com

EE.UU. Y CANADÁ
　CBSD
　Tel: 1-800-283-3572
　www.cbsd.com

GRAN BRETAÑA Y EUROPA
　Turnaround Publisher Services
　E-mail: orders@turnaround-uk.com

www.oceansur.com ■ info@oceansur.com